本书获得以下资助

◆ 河南师范大学学术专著出版基金
◆ 河南省高校科技创新人才支持计划（人文社科类）
◆ 河南省社会工作与社会治理软科学研究基地
◆ 国家社科基金项目（16CRK004）
◆ 社会福利研究与服务中心

"生"或"不生"

A Study
on the Women's Fertility Behavior
under the "Two-Child" Policy

薛君 著

二孩政策下的生育响应

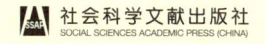

社会科学文献出版社
SOCIAL SCIENCES ACADEMIC PRESS (CHINA)

目录 CONTENTS

第一章　绪论 …………………………………………… 001

第二章　**低生育率理论与生育抑制因素** ………………… 007
　一　低生育率的相关理论 …………………………… 009
　二　生育的决策机制 ………………………………… 016
　三　生育行为的抑制因素分析 ……………………… 020
　四　小结 ……………………………………………… 030

第三章　**中国生育政策的变迁与影响** …………………… 031
　一　生育政策的变迁 ………………………………… 031
　二　生育政策对生育水平的影响 …………………… 034
　三　生育政策对人口结构的影响 …………………… 039
　四　生育政策对人口红利的影响 …………………… 045
　五　适度生育水平与完善生育政策 ………………… 047
　六　小结 ……………………………………………… 052

第四章　分歧与共识：生育政策调整前后生育水平研究回顾 …… 054
- 一　生育政策调整前的生育水平争论 …… 054
- 二　生育政策调整后生育响应的争论 …… 057
- 三　完善生育政策的相关争论 …… 063
- 四　小结 …… 067

第五章　生育政策调整下生育行为预测研究的不足与改进 …… 068
- 一　生育政策调整下二孩生育行为预测研究的回顾 …… 070
- 二　生育政策调整下二孩生育行为预测的不足 …… 073
- 三　生育政策调整下二孩生育行为预测的改进 …… 080
- 四　小结 …… 085

第六章　生育水平度量与生育模型 …… 087
- 一　生育数量的测量 …… 088
- 二　相关生育模型 …… 096
- 三　小结 …… 105

第七章　生育政策调整前后生育行为分析 …… 107
- 一　中国人口生育的转变 …… 108
- 二　生育政策调整前后生育行为分析 …… 110
- 三　受教育程度与女性生育率 …… 119
- 四　小结 …… 124

第八章 生育政策调整对生育率的影响 ……………… 126
    一 研究设计与数据来源 ……………………………… 127
    二 结果分析 …………………………………………… 131
    三 小结 ………………………………………………… 138

第九章 生育政策调整下"80后"生育意愿分析 ………… 143
    一 研究综述 …………………………………………… 144
    二 研究设计与样本分析 ……………………………… 148
    三 结果分析 …………………………………………… 149
    四 小结 ………………………………………………… 154

第十章 "生"或"不生":流动人口的生育响应 ………… 156
    一 数据来源与研究设计 ……………………………… 157
    二 结果分析 …………………………………………… 162
    三 小结 ………………………………………………… 167

第十一章 生育困境与选择效应:职业女性的生育响应 …… 170
    一 相关研究 …………………………………………… 172
    二 研究设计 …………………………………………… 174
    三 结果分析 …………………………………………… 178
    四 小结 ………………………………………………… 184

第十二章 生育政策调整下未来生育响应预测 …………… 187
    一 生育政策调整下总和生育率预测 ………………… 187

二　总和生育率变动对人口规模和年龄结构的影响 …… 194

　　三　小结 ……………………………………………… 201

第十三章　生育政策调整对中国人口红利的影响 ………… 204

　　一　我国人口红利的形成与发展 …………………… 205

　　二　相关研究回顾 …………………………………… 207

　　三　模型构建与参数确定 …………………………… 213

　　四　结果分析 ………………………………………… 215

　　五　小结 ……………………………………………… 219

第十四章　低生育率与鼓励生育的家庭政策 ……………… 222

　　一　低生育率国家和地区生育水平变化 …………… 223

　　二　家庭政策 ………………………………………… 227

　　三　鼓励生育的家庭政策 …………………………… 231

　　四　小结 ……………………………………………… 245

第一章
绪论

中国当下人口与发展问题已经呈现错综复杂的局面,生育率过低造成的少子化和老龄化等人口数量与结构问题日益突出,人口发展战略面临历史性的抉择。党中央审时度势,分别于2013年的十八届三中全会启动实施单独两孩和2015年的十八届五中全会启动实施全面两孩的有关生育政策数量限制的重大调整,并指出逐步调整完善生育政策,以促进人口长期均衡发展的目标。《国务院关于印发国家人口发展规划(2016—2030年)的通知》(国发〔2016〕87号)提出,适度生育水平是维持人口良性再生产的重要前提。引导生育水平提升并稳定在适度区间,保持和发挥人口总量势能优势,促进人口自身均衡发展;到2020年,全面两孩政策效应充分发挥,生育水平适度提高,人口素质不断改善,结构逐步优化,分布更加合理;到2030年,人口自身均衡发展的态势基本形成,人口与经济社会、资源环境的协调程度进一步提高[①]。

从以上有关生育政策一系列调整和人口长期均衡发展目标等表述中可以得出以下两个判断:一是中国当下生育水平偏低;二

---

① 《国务院关于印发国家人口发展规划(2016—2030年)的通知》(国发〔2016〕87号),http://www.gov.cn/zhengce/content/2017-01/25/content_5163309.htm。

是希望通过放松计划生育政策中有关生育数量限制来提升生育水平（适度生育水平的判断标准是人口结构完善，人口实现长期均衡发展）。基于这些判断衍生出需要回答的相关问题：第一，为什么中国当下的生育水平偏低？第二，生育政策调整能否提升生育水平？第三，生育率的适度区间是多少？生育数量回升到什么水平才能促进人口的长期均衡发展？要想回答以上问题，必须从宏观层面的生育形势和微观层面的生育行为两个方面去分析生育政策调整下目标人群的生育响应。具体而言，宏观层面的生育形势判断来源于生育率相关理论和生育抑制因素的探讨，即在国家经济发展、社会结构和文化嬗变等背景下把握人口发展的规律；微观层面的生育行为分析着重探讨生育政策外部控制与家庭意愿内部约束的关系，在梳理生育政策变迁及其影响的基础上得出当下中国家庭的生育决策机制。最后，通过目标人群对生育政策调整的生育响应程度验证和预测未来的人口发展趋势，回答生育政策的调整能否提升生育水平并稳定在适度区间等问题，找寻生育政策调整下的人口发展规律，以及生育政策调整对社会、经济等的综合影响，并基于分析结论判断不同的生育响应对我国中长期人口形势产生的影响和基于研究结论提出我国生育政策完善、构建家庭政策相关建议，以促进人口长期均衡发展。

围绕上述研究思路，可把本书分为三部分：一是生育理论、生育政策和生育水平相关文献综述部分，形成整体的分析框架；二是着重分析生育政策调整对生育行为和生育率的影响，并以流动人口和职业女性为例，描述他们在生育政策调整中的生育响应；三是在低生育率趋势、生育政策调整遇冷和生育率适度水平标准的判断下，提出构建鼓励生育的家庭政策，以实现生育率回升至适度水平，促进人口长期均衡发展。

第一部分对应本书中"低生育率理论与生育抑制因素"、"中国生育政策的变迁与影响"、"分歧与共识：生育政策调整前后生育水平研究回顾"、"生育政策调整下生育行为预测研究的不足与改进"和"生育水平度量与生育模型"五章内容。

随着经济社会的发展，宏观、中观和微观的生育间接抑制因素逐渐取代生育直接因素，成为影响生育行为的主导变量，并通过成本－效用最大化决策机制、供给－需求分析生育均衡机制、财富流动家庭收入平滑机制和生命周期理论下家庭风险最小化机制形成了人口生育的转变和低生育率陷阱。梳理中国生育政策的变迁，在时间维度探讨生育政策中生育数量控制的调整对人口数量和结构的影响得出：生育政策曾经对生育水平产生显著的影响，使中国人口增量下降，提高人均卫生、教育投资水平，改善人民群众的生存发展状况，缓解人口对资源环境的压力，提高国家可持续发展能力，但当下家庭意愿生育内部约束已超越了政策生育外部控制，成为实际生育水平的主导因素。将两者结合起来我们可以认为，人口政策的作用主要表现在生育率下降的启动方面，随着社会经济发展以及生育规范和生育意愿的剧烈改变，限制生育数量的人口政策的作用会变得越来越微弱，宏观的社会、经济、环境、文化传统和社会政策等抑制因素形成了中国低生育率的现状以及未来生育率进一步下降的趋势。

回顾学界关于生育政策调整前后生育水平研究的分歧与共识，可得出不管是实际生育数据，或者基于生育意愿推测出的未来生育水平，还是国内外人口转变规律都支持生育政策调整遇冷的结论，说明家庭意愿生育水平的内部约束正在逐步取代国家计划生育的外部控制，成为影响我国未来生育水平的关键因素。回顾学界关于生育政策调整前后生育行为预测研究的不足与改进，得出生育政策调整下目标家庭数量的数据分析、目标家庭生育意愿的数据分析以及用生育意愿预测生育行为方法等方面的不足，提出用生育意愿对生育行为进行短期预测来假定生育意愿时间影响因素固定不变的改进和利用年龄－孩次递进预测方法结合人口普查数据在生育政策调整背景下预测二孩生育行为有着一定的优势，可以在一定程度上弥补生育意愿预测二孩生育行为的不足。最后，对比了测量生育水平各指标的优劣，指出最常用的指标时期总和生育率在婚育年龄发生较大变化的情况下，会高估或低估人口的终身生育水平，并针对此缺陷引入了去进度效应总和生育率指标。梳理国内生育率度量指标和生育模型文献发现，相关研究建立在国外已有研究工具引进的基础上，对国内生育水平变化规律进行解读，对各因素作用机制进行分析以及对工具本身适用性进行探讨，但对生育政策与生育水平的作用机制的探讨缺乏系统性。

总之，上篇五章的论述为生育政策调整下目标人群生育响应研究提供了理论指导与范式，研究框架与方向、研究方法与工具，为下篇更为深入的生育行为分析提供了一定的基础。

第二部分着重以"生育政策调整前后生育行为分析"、"生育政策调整对生育率的影响"、"流动人口的生育响应"、"职业女性的生育响应"，以及"生育政策调整下未来生育响应预测"为主题开展论述。

我国正处于生育水平下行阶段，体现为生育水平的快速下降，在不同的生育抑制因素影响下，1968~1992 年的 20 多年间，总和生育率从 6.45 下降至 2.1 以下，全国近 10 年的年均生育率约为 1.65；生育政策调整后的生育率波动较大，最高年份接近 1.8；生育率具有一定的回升空间，年轻一代婚育进度效应较为明显，高收入家庭、低养育成本地区及传统观念较强的群体生育意愿仍然较高；分孩次来看，近年来一孩总和生育率的大幅度下降并不表明一孩生育水平真的有如此明显的下降趋势，而在很大程度上反映了妇女婚育年龄推迟的进度效应；婚育年龄的显著推迟与城镇化的快速推进，特别是 1990 年以来高等教育扩张带来的女性受教育程度大幅度提高有很大关系。同时，近年来二孩总和生育率的大幅度上升也不表明二孩生育水平真的达到了这么高的水平，有很大程度是全面两孩政策带来的生育堆积效应。

在生育政策调整对年龄别生育率的影响分析中，通过控制育龄妇女的年龄结构，并基于生育率分解和标准化生育模式进行一定时间内的纵向对比发现，生育政策调整不仅影响了二孩生育模式，而且对一孩生育模式造成一定的影响，即二孩政策调整后一些原来终身只生一孩的家庭改变计划打算生育两孩，因此提前了一孩的生育时间，从而造成了 2014 年 20～24 岁一孩生育率的上升；单独两孩政策调整对低年龄段二孩生育计划并没有显著的影响，一定的堆积生育主要集中在 30～44 岁，进一步对比高年龄段其他年份的二孩生育率，2015 年并未超过往年，说明生育反弹有限，2015 年低年龄段二孩生育率并未出现显著增长，证实了学界关于单独两孩政策遇冷的判断；最后得出年龄结构对生育率变动的影响式微，即生育旺盛年龄段育龄妇女已大量减少，育龄妇女年龄结构已逐步老化，从而导致育龄妇女的年龄结构对人口出生率的影响逐步下降，而生育意愿的变动则相对稳定，即生育观念变化、经济发展、城镇化等因素导致生育意愿下降相对平缓，基于生育意愿的年龄别生育率对生育率变动的影响正逐渐上升。

基于 2016 年全国流动人口动态监测调查数据，以生育政策调整前已生育一孩的育龄妇女为研究对象，探讨在二孩政策背景下流动人口生育行为的影响因素得出，传统生育惯习、经济压力和女性的职业发展显著影响流动人口的二孩生育行为。而基于 2015 年中国综合社会调查数据，利用反事实框架的倾向值匹配方法，在控制年龄、受教育程度、户口、家庭收入、社会阶层和生育观念等混淆变量下探讨职业女性和非职业女性生育行为的差异是否存在选择效应以及劳动参与率提高是否降低女性的生育行为研究发现，职业女性低生育行为存在选择效应，生育意愿的选择效应检验结果不显著,且劳动参与减少了职业女性的生育行为,证实了职业女性生育困境的存在,因此有必要在"按政策生育"背景下探讨如何通过社会支持、家庭支持和规范就业环境等来缓解职业女性的生育困境,促进生育水平的提升。

最后,生育政策调整下未来生育响应预测结果显示全面两孩政策调整后5年内累计新增二孩出生人口在900万人以内,出生人口堆积高峰下年度新增二孩出生人口不大可能达到或超过300万人,5年内累计新增二孩出生人口不大可能达到或超过1200万人;对比不同生育政策下出生人口规模、劳动年龄人口规模、老年人口规模、60岁及以上抚养比和65岁及以上抚养比分析结果发现,生育政策调整不但不能减少未来的老年人口规模,反而会增加60年后老年人口的规模,但能够在一定程度上放缓老龄化进程。

总之,下篇五章分析了生育政策调整前后生育行为和生育政策调整对生育率的影响,并通过流动人口和职业女性这两个群体,进一步深入从微观层面探讨了生育政策调整下的生育行为响应。最后,对生育政策调整下未来生育响应和生育政策调整对社会、经济等的综合影响进行初步预测。

第三部分从生育政策调整下我国人口发展趋势和不同群体的生育响应对中长期人口形势产生的影响出发,认为中国已经进入低生育率国家行列且生育形势不容乐观,而横向对比低生育率国家鼓励生育政策实施时生育水平与政策效果的关系可以看出,中国生育政策调整和鼓励生育的政策实施已经明显滞后。应党的十九大报告提出"促进生育政策和相关经济社会政策配套衔接"的要求,提出构建包括现金和税收补贴的生育福利、工作-家庭冲突的平衡机制、儿童照料和儿童发展服务体系三个方面鼓励生育的家庭政策,以实现促进人口长期均衡发展的目标。

第二章
低生育率理论与生育抑制因素

在过去的 100 年间,世界人口的增长率经历了两次巨大的变化——人口的快速增长和人口的急剧下降。在几千年、几万年甚至是十几万年的历史中,人口的增长速度是非常缓慢的,但从 18 世纪中期开始,人口增长率慢慢变得越来越快,到 20 世纪后半叶,人口增长率快速增长,全世界每年的人口增长率达到了 2.06%,这种人口增长速度被称为"人口爆炸";进入 21 世纪,世界人口增长率又开始急剧下降,50 年间人口增长率下降到高峰时期的一半左右,为 1.16%;结合联合国对未来的世界人口增长率的预测,21 世纪末全世界的人口增长率将可能为 0,甚至接近 -1%;从人口总数来看,世界人口经历 1950 年到 2000 年左右 20 亿到 70 亿的快速增长阶段和 2000 年之后 80 亿到顶峰 100 亿再开始减少的阶段。

对比 1970 年以来,不同国家总和生育率变动趋势可以看出,不管是什么政治制度、什么文化背景、什么经济发展水平、什么宗教信仰,生育率下降都是一个全球的趋势。如韩国 1980 年后的生育率一路往下走,现在差不多是世界上生育率最低的国家;泰国 1990 年后的生育率已下降至更替水平以下,并保持继续下降的趋势;伊朗和阿拉伯联合酋长国从 20 世纪 90 年代开始生育率大幅度下降,2000 年后总和生育率相继低于更替水平,伊朗的生育率1990~2000年下降的速度快于中国的70年代。因此，低生育趋势是个全球现象。①

低生育率是个动态标准，国际上有两种关于低生育率的划分口径：一种是极低生育率（lowest-low fertility），指总和生育率在1.3以下；另一种是很低生育率（very low fertility），指总和生育率在1.5以下。陈友华认为低生育率应以更替水平为标准②，国家计划生育委员会也称生育水平在更替水平以下为低生育水平③。胡鞍钢④认为，总和生育率保持在更替水平很窄的范围内才能保持人口的可持续发展，总和生育率小于1.8或者大于2.1都是不可持续的，当总和生育率小于1.8时，会出现少子化；小于1.5时，会出现严重少子化；小于1.35时，会出现超少子化⑤。根据联合国人口数据库，1995~2000年中国妇女总和生育率不足2，为1.80；2000~2005年中国妇女总和生育率降为1.77，其中城镇妇女总和生育率已经低于1.3，农村低于1.8⑥。

如果对低生育率的探讨以低于更替水平为标准的话，从1992年起中国就已经进入低生育水平⑦。陈友华认为，中国未来将面

---

① 王丰：《人口能决定什么？》，一席网，2019-11-01，http://www.douban.com/note/740325918/。
② 陈友华：《稳定低生育水平：经验观察与理论思考》，《中国人口科学》2005年第1期，第216~223页。
③ 参见《中共中央、国务院关于加强人口与计划生育工作稳定低生育水平的决定》。
④ 胡鞍钢：《为何需要调整人口生育政策》，《人口与发展》2018年第1期，第10~17页。
⑤ 曾毅：《老年人口家庭、健康与照料需求成本研究》，北京：科学出版社，2010，第259页。
⑥ 曾毅：《老年人口家庭、健康与照料需求成本研究》，北京：科学出版社，2010，第259页。
⑦ 郭志刚：《对中国1990年代生育水平的研究与讨论》，《人口研究》2004年第2期，第11~18页；中国国家统计局、美国东西方中心编《中国各省生育率估计：1975-2000》，北京：中国统计出版社，2007；翟振武、陈卫：《1990年代中国生育水平研究》，《人口研究》2007年第1期，第23~29页。

临低生育率带来的各种结果,如人口老龄化加速、家庭功能的急剧弱化、社会保障压力增大、独生子女家庭的抗风险能力的弱化、社会缺乏生机与活力、经济因人口负债而陷入结构性衰退等①。因此,对于低生育率现象的探讨,解释背后的原因和变化的动力机制更有利于理解中国当下的生育形势,从更为宏观的角度分析生育政策调整下的生育行为。下文着重梳理低生育率的相关理论,由此分析生育行为的抑制因素。

一 低生育率的相关理论

一般而言,学界对低生育率研究的相关理论可分为三类:一是生育率理论,重点关注生育率的影响因素和关键变量,包括邦戈茨生育率理论和理性选择理论②;二是生育率转变理论,主要研究生育率从高到低或者从低到高的转变过程以及动力机制,包括人口转变理论、文化理论和扩散理论③;三是低生育率理论,主要研究低生育率的原因、机制、后果和干预等命题,包括低生育率陷阱理论和性别均衡理论④。

(一) 生育率理论

约翰·邦戈茨(John Bongaartz)以意愿生育数量为基数建

---

① 陈友华:《人口变迁与国家和民族的兴衰——〈大国空巢〉读后感》,《人口与发展》2009 年第 5 期,第 40~50 页。
② Bongaartz, J., "Fertility Decline in the Developed World: Where Will It End?" *American Economic Review* 1999, 89 (2).
③ Van le Kaa, D. J., "The Idea of a Second Demographic Transition in Industrialized Countries." *Birth* 2002, 35; Lesthaeghe, R., & Surkyn, J., "When History Moves on: The Foundations and Diffusion of a Second Demographic Transition," in Jayakody, R., Thornton, A., & Axinn, W. (eds.), *International Family Change Ideational Perspectives*. N. J.: Lawrence Erlbaum Associates, 2008.
④ Lutz, W., & Skirbekk, V., "Policies Addressing the Tempo Effect in Low-Fertility Countries," *Population and Development Review* 2005, 31 (4).

立了估计总和生育率的理论模型，模型中的变量包括抑制性影响因素和提升性影响因素，具体为竞争效应（competition）、性别偏好（gender preference）、不孕效应（infecundity）、替补效应（replacement effect）、进度效应①（tempo effect）、非意愿生育（unwanted fertility）和意愿生育数（intended family size）。当抑制性变量的连乘积大于提升性变量的连乘积时，实际生育率低于生育意愿的结果就会出现，反之亦然。

理性选择理论认为家庭会精心计算生育成本和收益来决定生育孩子的数量，生育率的下降意味着家庭对生育孩子成本和收益的效用函数发生了改变，如城市中住房成本的上升，生育导致的培训和工作经验积累中断等间接成本上升或替代生育其他商品的相对收益上升等，那么家庭倾向于放弃生育孩子。

分孩次来看，随着孩子数量的增加，养育的成本和收益具有收敛性，从而在效用函数下得到最优的生育数量。以分孩次收益变动为例，一孩的收益包括后继有人、拥有一个有趣的孩子以及孩子的成长带来的喜悦等；二孩的收益可能是有兄弟姐妹陪伴或者拥有与一孩不同性别的可能等；三孩、四孩的收益可能是三个孩子才能算一个真正意义上的家庭或拥有不同性别的孩子和对孩子的纯粹喜欢等。因此，生育数量的收益是递减的，与递增的成本曲线相均衡会形成最优的生育数量决策。

而风险理论质疑理性选择理论中家庭有关生育的成本和收益精确计算的知识储备和判断能力假设，其认为有关生育的成本和收益是指向未来的，家庭缺乏准确预测未来成本与收益的能力，因此有关生育的判断是不确定的，不确定即意味着风险。生育的风险包括父母角色的压力、夫妻关系的破裂、家庭－工作的矛盾等，家庭可能会通过限制生育孩子的数量来回避上述风险，最终

---

① 进度效应理论是指育龄妇女生育年龄的推迟降低了时期指标的总和生育率。

形成了孩子不友好的社会倾向（child-unfriendly societies）和低生育率社会①。

（二）生育率转变理论

人口转变最早发生在欧洲，但是随着生育率下降在全世界的扩散与蔓延，人口转变越来越被认同为一个反映人口变动规律性的普遍现象②。兰德里、汤普森、诺特斯坦等人在研究欧洲人口变动的历史过程中提出并发展了第一次人口转变理论。该理论认为在社会经济发展和医疗卫生水平提高的背景下，一个国家的人口结构从"高出生率、高死亡率"向"高出生率、低死亡率"和"低出生率、低死亡率"的转变③，呈现小规模队列的高生育率和大规模队列的低生育率交替进行的周期性特点④。这种出生率和死亡率的相对变化把人口增长率的变动划分为更替水平以上增长阶段、快速下降到更替水平稳定阶段和更替水平以下低生育率阶段，最终总和生育率稳定在更替水平是发展中国家完成生育转变的重要标志⑤。

然而20世纪60年代中期，西北欧部分国家的总和生育率并没有像经典人口转变理论所预计的那样稳定在更替水平，而是降

---

① Beck, U., *World Risk Society*, Malden Mass: Polity Press, 1999: 184.
② 刘爽、卫银霞、任慧：《从一次人口转变到二次人口转变——现代人口转变及其启示》，《人口研究》2012年第1期，第15～25页。
③ Davis, K., "The World Demographic Transition," *Annuals of the American Academy of Political & Social Science* 1945, 237 (1); Caldwell, J. C., "Toward a Restatement of Demographic Transition Theory," *Population & Development Review* 1976, 2 (3/4).
④ Easterlin, R. A., *Birth and Fortune: The Impact of Numbers on Personal Welfare*. Chicago: University of Chicago Press, 1980.
⑤ Bongaartz, J., "The End of the Fertility Transition in the Developed World," *Population & Development Review* 2002, 28 (3); Goldstein, J. R., Sobotka, T., & Jasilioniene, A., "The End of 'Lowest-Low' Fertility?" *Population & Development Review* 2009, 35 (4).

到更替水平之后持续下滑，总和生育率不足 1.5 的国家数量不断增加。因此，列思泰赫（Lesthaeghe）和冯德卡（van de Kaa）提出第二次人口转变理论，其着重探讨了许多国家出现的低生育率，甚至极低生育率现象[1]，并对欧洲的婚姻模式、家庭模式、生育行为的变化及其彼此之间的关系进行了概括和描述，试图通过变化背后的原因及作用机制对欧洲的低生育率现象进行解释和在后现代化背景下认识和分析人口变化的新趋势、新特点。其认为婚姻模式、家庭模式、文化结构与生育模式的变化彼此相关联并导致了超低生育率[2]，即女性的受教育程度、劳动参与率、生育自主意识等社会和生育观念变化是低生育现象出现的原因[3]，作用机制可以理解为在"后工业社会"和"消费社会"的背景下，当生育与女性受教育机会、职业发展、自我价值实现等相冲突时，生育就成为被牺牲的对象，生育的价值和重要性的重新审视导致了低生育率现象。

---

[1] Mason, K. O., "Explaining Fertility Transitions," *Demography* 1997, 34 (4); Foster, C., "The Limits to Low Fertility: A Biosocial Approach." *Population & Development Review* 2000, 26 (2); Bongaartz, J., "The End of the Fertility Transition in the Developed World," *Population & Development Review* 2002, 28 (3).

[2] van de Kaa, D. J., "Europe's Second Demographic Transition," *Population Bulletin* 1987, 42 (1); van de Kaa, D. J., "The Second Demographic Transition Revisited: Theories and Lxpectations," in Beets, G. et al. (eds.), *Population and Family in the Low Couratries* 1993: *Late Fertility and other Current Issues*, Lisse NL: Zwets and Zeitlinger, 1994: 81 – 126; Lesthaeghe, R., and Surkyn, J., "Cultural Dynamics and Economic Theories of Fertility Change," *Population and Development Review* 1988, 14 (1); Lesthaeghe, R., "The Second Demographic Transition in Western Countries: An interpretation," in Mason, K. O., and Jensen, A. (ed.), *Gender and Family Change in Industrialized Countries*, Oxford: Oxford University Press, 1995. Lesthaeghe, R., "The Unfolding Story of the Second Demographic Transition," Paper Presented at the conference on "Fertility In the History of the 20th Century-trends, Theories, Public Discourses, and Policies," *Akademia Leopoldina & Berlin-Brandenburgische Akademie*, 2010.

[3] Beck, U., *World Risk Society*. Cambridge: Polity Press, 1999; Ryder, N., "Norman Ryder on the Sociology of Fertility Reduction." *Population & Development Review* 2010, 36 (3); 鲍德里亚·让：《消费社会》，刘成富、全志刚译，南京：南京大学出版社，2014。

第二章 低生育率理论与生育抑制因素

从时间维度划分,第一次人口转变是指 1920 年至第二次世界大战,欧洲大部分国家的生育率从更替水平以上下降到更替水平以下;第二次人口转变是指战后经历了短暂的"婴儿潮"后,生育率持续下降,达到低生育率水平,甚至超低生育率水平。从形式上看,两次人口转变都表现出生育率显著和持续的下降,但背后的原因显著不同。简单来说,死亡率的下降是第一次人口转变的起因,而生育率的下降带来了第二次人口转变[1]。

对于生育率的转变,文化视角认为文化既有可能阻碍生育率转变,也有可能促进生育率转变,具有双重功能。具体而言,如果将文化视为限制行动的一系列固定的共享信念,那么文化是生育率转变的障碍;如果将文化视为通过行动者协商的共享意义,那么文化可以促进生育率转变。有关第三世界国家生育率下降的文献印证了文化阻碍生育率转变,那些试图缩减家庭生育规模的计划生育项目遭遇了很大的阻力,传统的生育模式与文化信念相结合使第三世界国家的夫妇拒绝生育行为的改变。

生育文化属于宏观视角,生育行为属于微观个体决策,宏观层面的文化是如何影响微观个体的决策以及生育文化观念是如何转变的?扩散理论试图通过知识的获取和模仿的过程两个机制[2],来解释革新性的个体低生育偏好是如何在通信网络和大众传媒两个主要渠道中传播形成群体低生育观念的,最终形成一定的低生育文化和社会低生育率现状[3]。具体的扩散过程包括意识、知识、评估和试验以及采纳。Tsui 认为避孕措施革新的扩散和广

---

[1] 蒋耒文:《"欧洲第二次人口转变"理论及其思考》,《人口研究》2002 年第 3 期,第 45~50 页。

[2] Casterline, J. B., "Diffusion Processes and Fertility Transition: Introduction," in Casterline, J. B. (ed.) *Diffusion Processes and Fertility Transition: Selected Perspectives*. Washington D. C. National Research Council, 2001: 1-38.

[3] Montgomery, M. R., and Casterline, J. B., "The Diffusion of Fertility Control In Taiwan: Evidence from Pooled Cross-Section, Time Series Model," *Population and Development Review* 1993, 47 (3): 457-479.

泛使用是发展中国家的生育率下降的主要原因[1]。总的来说，扩散理论搭建了宏观生育文化和微观生育行为之间的桥梁，其通过影响生育率控制的成本和收益加深了对生育政策和家庭决策的理解。但是，扩散理论的不足在于没有解释革新性生育偏好的形成，以及社会比较和社会凝聚等可能的其他社会学习形式。

（三）低生育率理论

基于生育激励政策提升生育率效果不显著的现实，鲁茨（Lutz）等人提出了低生育率陷阱理论，其主要描述了低生育率的发展趋势以及自我强化的特征，其认为当总和生育率降低到1.5的水平时，就会触发"自我强化机制"（self-reinforcing mechanisms），使生育率进一步降低和生育率难以提升，这种现象被称为"低生育率陷阱"。低生育率国家的出生人数会在人口学机制、社会学机制和经济学机制这三个自我强化的机制下持续减少。

而性别均衡理论认为不同社会部门性别平等结构的失衡造成了发达国家的低生育率现状。不同社会部门性别平等程度是有差异的，高均衡的教育、劳动力市场与低均衡的家庭、福利系统之间的冲突会抑制女性的生育率，即如果女性在教育或劳动力市场拥有和男性相同的机会且机会的获取与生育相冲突时，那么女性将选择限制孩子的生育数量。冲突的原因在于个人本位的部门性别平等的进步与家庭本位传统制度中性别不平等的惰性差异，家庭系统越传统，社会部门性别平等越进步，两者的失衡越大，生育率就越低。性别均衡理论解释了世界最低的生育率与南欧国家中传统男性主导家庭制度的相关性[2]。

---

[1] Tsui, A. O., "The Rise of Modern Contraception," in Cleland, J., and Hobcraft, J. *Reproductive Change in Developing Countries Insights from the World Fertility Survey*, Oxford University Press, 1985.

[2] McDonald, P., "Gender Equity, Social Institutions and the Future of Fertility," *Journal of Population Research* 2000, 17 (1): 1–16.

其他理论还包括孩子数量质量替代理论（Quantity Quality Substitution Theory），其认为生育行为与经济之间的关系曲线呈"N"形①，即社会经济地位高和地位低的两部分群体生育二孩的意愿与比例都比较高，而社会经济地位处于中等位置的群体生育二孩的意愿和比例较低。这也意味着经济发展和生育率之间的关系可以理解为，经济发展不仅是最好的避孕药，而且当经济发展到一定程度并继续发展时也会促进生育率回升②。

（四）研究评述

邦戈茨生育率模型中影响生育率的关键变量较为全面，但主观因素较多。理性选择理论利用经济学分析方法从微观视角审视生育率下降的动力机制，但对选择偏好、文化等宏观因素的变动缺乏解释。人口转变理论重点阐述了现代化和后现代化背景下生育率的变迁，但对生育率下降的终点以及生育率的波动缺乏关注。扩散理论主要从传播、模仿等行为合理性的角度探讨社会结构、文化对生育观念、行为的影响机制，以及如何形成了低生育水平的现状，但对低生育率的起点缺乏解释。文化视角主要从第三世界国家的生育文化角度分析了文化对生育率的影响机制，而缺乏对发达国家的低生育率现象的解释。低生育率陷阱理论试图对低生育率现状进行解释，但低生育率陷阱的关键值 1.5 的认定存在主观随意性，且三个机制还难以令人完全信服③。吴帆通过对 66 个进入后生育率转变阶段的国家和地区的生育率变动趋势

---

① Varvarigos, D., "A Theory of Demographic Transition and Fertility Rebound in the Process of Economic," *Development Working Paper*, 2013: 13 – 19.
② Luci, A., and Thevenon, O., "Does Economic Development Drive the Fertility Rebound in DECD Countries?" Part of the International Collaborative Research Project "REPRO" (*Reproductive Decision-making in a Macro-micro Perspective*) *for the European Commission*, 2010.
③ 石人炳：《低生育率陷阱：是事实还是神话？》，《人口研究》2010 年第 2 期，第 107~112 页。

分析得出：低生育率陷阱广泛存在，即低生育率陷阱风险已经从22个国家和地区向世界其他国家和地区蔓延；低生育率陷阱可以避免，21个国家和地区的总和生育率保持在1.5以上，其中部分国家和地区的总和生育率在1.7以上；低生育率陷阱可以摆脱，但摆脱的国家和地区目前只是少数①。性别均衡理论从女性主义视角探讨了性别平等结构失衡与低生育率的关系，认为性别平等的失衡造成了低生育率现状，但性别均衡理论对导致这种失衡的经济和文化因素缺乏探讨。

学界对进度效应是否能扭转低生育率发展趋势存在一定的争论。有学者指出21世纪以后，进度效应的存在使欧洲一些极低生育率国家的总和生育率出现了回升，并乐观地认为这一事实挑战了低生育率陷阱理论②。但吴帆对比了欧洲17个国家1990~2013年的生育数据，指出虽然有些国家的生育率在2000年以后出现了回升，但回升幅度很小，不足以摆脱低生育率陷阱，而且最近几年中几乎所有欧洲国家的生育率继续回落，欧盟28国的总和生育率从2010年的1.62降到了2012年的1.58，欧元区的总和生育率从1.59降到了1.54③。因此，进度效应的存在不足以改变低生育率的现状。

二 生育的决策机制

生育决策机制主要是关注影响生育行为各要素之间的结构关系和系统化、理论化运行方式。梳理有关文献后，我们可以将生

---

① 吴帆：《低生育率陷阱究竟是否存在？——对后生育率转变国家（地区）生育率长期变化趋势的观察》，《人口研究》2019年第4期，第50~61页。
② 靳永爱：《低生育率陷阱：理论、事实与启示》，《人口研究》2014年第1期，第32~41页。
③ 吴帆：《欧洲家庭政策与生育率变化——兼论中国低生育率陷阱的风险》，《社会学研究》2016年第1期，第49~70页。

育决策机制分为：成本-效用分析基础上的效用最大化决策机制；供给-需求分析基础上的生育均衡机制；财富流动分析基础上的家庭收入平滑机制；生命周期理论下家庭风险最小化的生育行为决策机制；人口转变理论的社会结构、文化和技术作用机制；低生育率陷阱的人口、经济和社会三个自我强化机制。

最早采用成本-效用分析方法研究生育问题的是H. 莱宾斯坦，其认为家庭将从子女带来的成本和效用的均衡来决定生育的子女数。加里·贝克尔（Gary S. Becker）以此为基础，提出从新古典框架解释家庭微观生育行为决策机制，即家庭会在收入、时间、养育成本、知识水平等有限资源和个人偏好约束条件下，通过对比成本与收益的效用最大化来进行生育行为的决策[1]。

伊斯特林（Easterlin）采用供给-需求均衡理论分析生育行为决策。供给主要是指受自然生育率影响的家庭潜在的生育数量，一般家庭自然生育供给是能够满足生育需求的，因而主要从需求端来分析家庭生育数量的决策，即家庭收入、市场商品的价格和孩子价格影响家庭的生育需求，从孩子数量质量替代理论来看，随着家庭收入的增加，父母会改变对孩子的偏好，即从数量偏好转变为质量偏好，家庭会投入更多的时间和商品以获得更高质量的孩子，抚养和教育孩子成本上升降低了家庭对孩子数量的需求，而家庭生育决策变化最终导致社会生育水平下降。

考德威尔（J. C. Caldwell）从代际财富流动角度分析家庭收入平滑下的生育行为决策机制，其认为传统社会缺乏风险抵御机制，在社会的低流动率和传统赡养义务下以家庭为单位的财富流动能够有效降低风险损失，如养儿防老观念，成年子女向年老父母财富流动需要大家庭、高生育意愿和高生育率；而现代社会中

---

[1] Becker, G. S., *Human Capital: A Theoretical and Empirical Analysis*, New York: National Bureau of Economic Research. 1964: 29-240.

个人抵御风险能力的提高和社会保障制度的完善，降低了对家庭内部财富流动的依赖性，随着社会生存成本上升，甚至出现家庭财富逆流动，即年老父母财富流向成年子女，加之育儿成本的上升，最终导致低生育意愿、低生育率和低生育水平[1]。在传统社会，家庭净财富主要是从下一代流向上一代；而在现代社会，家庭净财富主要是从上一代流向下一代。这两种不同的代际财富流向形成了不同的家庭生育决策。在家庭生育决策是家庭财富流向的经济理性反应假设下，在净财富向上流动的传统社会，家庭倾向于生育较多的孩子，而在净财富向下流动的现代社会，家庭倾向于生育较少的孩子，家庭净财富流从向上到向下的转变导致生育率由高到低的转变[2]。

彭希哲结合生命周期理论，认为家庭会在风险最小化原则下做出最优的生育决策，即根据不同社会环境下家庭养育子女的风险和成年子女的抗风险能力大小来综合考虑生育的最优数量[3]。如在传统农村社会环境下，家庭会通过更多的子女来分散养育风险；根据家庭对成年子女在抵御年老父母养老风险能力大小的认知来调整生育意愿和生育决策。

人口转变理论解释生育行为及其影响因素可分为"成本－效用"、"文化－实践"、"结构－行为"、"压力－从众"和"场域－惯习"五种研究范式。其中，"成本－效用"和"结构－行为"可以简单理解为影响生育行为的经济因素及其作用机制，"文化－实践"、"压力－从众"和"场域－惯习"可以简单理解为影响生育行为的文化因素及其作用机制。

第二次人口转变理论认为人口转变的动力机制包括社会结构

---

[1] Caldwell, J. C., *Theory of Fertility Decline*. London Academy Press.
[2] Caldwell, J. C., "Toward a Restatement of Demographic Transition Theory," *Population and Development Review* 1976, 2: 321-366.
[3] 彭希哲：《实现全面二孩政策目标需要整体性的配套》，《探索》2016年第1期，第71~76页。

变迁、文化嬗变和技术革新,其中文化嬗变是最为核心的推力①。其外在表现为婚姻、家庭、生育的变化,而内在表现为个人价值观的转变,将文化因素视为改变人类婚育行为的内驱力。从社会结构变迁来看,在以制造业为主的经济结构向以服务业为主的经济结构转变下,人们生活水平的提高和社会安全制度的完善使个人降低了对国家、教会或家庭的依赖性。从文化嬗变来看,社会价值和政治体制的"无声的革命"体现在崇尚宽容、自由、权利和个人价值的实现。在此背景下,传统婚姻和家庭模式受到离婚、同居和同性恋等新模式的冲击,两性关系从传统的女性依附变为趋于平等,强调双方应维持和延续个人独立的生命历程,保持家庭和职业双重角色,一旦这种期望难以实现,婚育就会推迟。从技术革新来看,人员流动的加速、信息传播的发达和避孕方式的便捷直接影响了人们关于性和生育的观念与行为②。

低生育率陷阱理论认为三个自我强化机制会导致 1.5 以下的总和生育率很难得到回升。具体而言,三个自我强化机制的内涵包括:人口学机制把出生人数的下降解释为高生育风险育龄妇女规模的不断减小,属于宏观层面的解释;社会学机制是指现实家庭人口规模减小的趋势会通过社会化降低下一代关于理想家庭规模(ideal family size)的生育意愿;经济学机制认为预期收入能力的下降和渴望消费水平的上升等会约束家庭实际生育行为。后两者都属于微观层面的解释③。

---

① van de Kaa, D. J. , "The Second Demographic Transition Revisited: Theories and Expectations," in Beets, G. et al. (eds.), *Population and Family in the Low Countries* 1993: *Late Fertility and other Current Issues*, Lisse NL: Zwets and Zeitlinger, 1994: 81 – 126.
② 蒋耒文:《"欧洲第二次人口转变"理论及其思考》,《人口研究》2002 年第 3 期,第 45~50 页。
③ Lutz, W. , Skirbekk, V. , and Testa, R. , "The Low Fertility Trap Hypothesis: Forces That May Lead to Further Postponement and Fewer Births in Europe," *Vienna Year Book of Population Research* 2006: 167 – 192.

总的来说，以上生育决策机制从不同角度、不同层面探讨了家庭生育行为背后的逻辑并有着一定的解释力，如结合中国的社会发展，利用财富流动生育决策机制可以很好地分析生育率的区域差异，即欠发达地区家庭财富主要是从子女流向父母，对家庭来说，多子女是看得见、摸得着的实惠，生育意愿相对较高；而发达地区家庭财富主要是从父母流向子女，多子女意味着家庭的经济负担加重，生育意愿相对较低。分层次来看，宏观层面对生育行为的理论主要关注育龄妇女数量和包括年龄的婚育结构变动等人口要素本身对生育水平的影响；微观层面影响生育行为的机制可简单分为经济因素和文化因素，经济因素可以理解为育儿成本与效用的变化和经济结构变迁带来生活方式的变化，而文化因素则是代表传统观念的生育惯习在压力-从众机制下和特定场域中的变迁和作用机制。

三　生育行为的抑制因素分析

生育抑制因素分析可分为直接因素和间接因素两大类，直接因素是指与是否生育、生育数量和生育时间密切相关的生物学及行为学因素，间接因素关注更为宏观的社会、经济、环境、文化传统和宗教等因素。两者的关系可以理解为，间接因素以直接因素为中间变量影响着生育行为。

（一）生育抑制直接因素分析

生育抑制直接因素是在女性自然生殖力的基础上，探讨各种导致生育水平下降的变量。1956 年，Kingsley Davis 与 Judith Blake 发表一篇文章，提出社会经济文化因素会通过 11 个中间生育变量来影响人口的生育率，这 11 个变量可分为三类：影响性交的因素，如年龄、婚姻等；影响受孕的因素，如哺乳、避孕套使用程度等；影响怀孕和成功分娩的因素，如自然流产、堕胎等①。邦戈茨利用敏感度和稳定性两个标准简化了这11个中间变量，提出了生育抑制的7项直接因素②，其中最为重要的4项因素是已结婚比例、产后哺乳不孕期、避孕套使用程度及人工流产情况。

以中国婚姻状况变动为例，历次全国人口普查数据显示，25～29岁年龄组未婚率从1990年的4.3%上升至2000年的8.6%、2015年的35.64%；30～34岁年龄组未婚率从1990年的2%上升至2015年的10%；25～29岁年龄组的城市女性，1990年未婚的不到5%，2015年有超过30%的未婚，且这个趋势并没有停下来，还在不断地延续；2013年中国结婚登记对数达1347万对，之后持续下滑至2017年的1063万对，粗结婚率从9.9‰降至7.7‰，离婚登记对数从1995年之前的不到100万对攀升至2017年的437万对，粗离婚率攀升至3.2‰；晚婚现象日益突出，1990～2015年女性平均初育年龄从24.1岁推迟至26.3岁。1990～2010年男性平均初婚年龄从23.6岁推迟至25.9岁，女性平均初婚年龄从22.0岁推迟到23.9岁。其中，女性、男性平均初婚年龄分别在1996年、1998年超过晚婚年龄（女23岁、男25岁）。根据民政部统计，2005～2016年20～24岁结婚登记人数（含再婚）占比从47.0%降至24.2%，25～29岁、30～34岁、35岁及以上结婚登记人数占比分别从34.3%、9.9%、8.8%增至38.2%、12.8%、24.8%。

从生育年龄的变动可以看出，晚育现象日益突出。1990～2015年女性平均初育年龄从24.1岁推迟至26.3岁，平均生育年

---

① 〔美〕塞缪尔·普雷斯顿、〔美〕帕特里克·霍伊维兰、〔美〕米歇尔·吉略特：《人口统计学：人口过程的测量与建模》，郑真真译，北京：社会科学文献出版社，2012，第83页。

② Bongaartz, J., and Potter, R. G., *Fertility, Biology, and Behavior: An Analysis of the Proximate Determinants. San Diego*, CA: Academic Press, Inc, 1983.

龄（所有孩次）从 24.8 岁推迟至 28.0 岁。1990 年主要初育年龄、主要生育年龄均为 20～27 岁，生育一孩数、生育子女数占比分别为 86.6%、74.9%。2015 年主要初育年龄推迟至 22～29 岁，且生育一孩数占比降至 66.7%；主要生育年龄推迟至 23～30 岁，且生育子女数占比降至 59.1%。1990～2015 年 30 岁以上高龄产妇的生育一孩数占比从 4.2% 增至 19.2%，生育子女数占比从 14.0% 增至 32.3%。

生育抑制直接因素探讨得更多的是生育的潜能，如以哈特莱特人生育状况接近的人类极限自然生育率为基础，得出 15 岁结婚，整个生育期都有配偶到生育期结束平均生育 12.44 个孩子的结论[①]，而绝大多数社会中生育数量远远低于这个生育水平。随着避孕手段便利性和普及性的提升，生育抑制直接因素已经不是影响生育水平的主导因素，而受社会传统、制度、文化等外生变量影响的生育抑制间接因素逐渐成了主导生育水平的关键变量。

（二）生育抑制间接因素分析

Rindfuss 和 Kim 从制度、传统、文化规范等方面分析了日本、韩国、新加坡和中国香港、台湾地区的生育率的抑制因素[②]，Gavin W. Jones 和 Wajihah Hamid 进一步归纳了亚洲低生育率社会的共同特点[③]，以下试图从宏观层面、中观层面和个人层面三个层面分析生育率的抑制因素。

宏观层面的抑制因素包括增加育儿成本的社会制度、经济制度、家庭模式和性别文化规范。在传统文化、家庭角色期望、性别

---

① 曾毅：《人口分析方法与应用》，北京：北京大学出版社，2011，第 188 页。
② Rindfuss, R. R., and Choe, M. K. (eds.), *Low and Lower Fertility: Variations Developed Countries*, Cham: Springer International Publishing, 2015.
③ Jones, G. W., and Hamid, W., "Singapore's Pro-Natalist Policies: To What Extent Have They Worked?" in Rindfuss, R. R., and Choe, M. K. (eds.), *Low and Lower Fertility: Variations Developed Countries*, Springer, 2015: 33 - 61.

意识和经济结构转变的背景下,女性遇到物质生产者和人口再生产者双重身份的冲突。在几乎没有任何女性和母婴支持政策的自由竞争经济制度下,女性参与劳动力市场与女性承担子女和老人照料、家务劳动等传统家庭性别分工模式,以及社会性别角色期待下激化了的工作-家庭冲突,提高了女性生育的机会成本,从而减少了生育行为。中观层面的抑制因素包括育儿支持政策的缺乏,大城市的住房、育儿设施有限且成本高昂,劳动力市场对女性的歧视,竞争激烈的教育系统,过度育儿的焦虑心态。个人层面的抑制因素包括在高生育率和生育率下降的情境下,女性受教育程度、经济地位的上升,包括女性劳动参与率的提高被认为是导致生育率下降的重要因素。

(1) 宏观层面的分析

宏观层面的生育抑制因素主要关注的是文化、制度、家庭性别分工模式和社会性别角色期待下激化了的工作-家庭冲突。代表是第二次人口转变理论,试图在后现代化背景下认识和分析人口变化的新趋势、新特点和从文化层面揭示人口行为转变的动力机制,其认为社会经济结构变化、意识形态变化以及技术变化等是低生育率的主要动因。

有研究表明,20 世纪 90 年代以来,经济因素已逐渐取代政策因素,成为影响中国生育率变动的主导因素[1]。如陈卫对中国省级经济发展和生育数据分析得出,不同省份之间经济发展水平和生育率变动是相对一致的[2]。蔡泳对 2000 年浙江和江苏两省生育数据分析得出,县级生育水平差异的 50% 可以归因为经济因素[3]。

---

[1] 计迎春、郑真真:《社会性别和发展视角下的中国低生育率》,《中国社会科学》2018 年第 8 期,第 143~160 页。

[2] 陈卫:《"发展—计划生育—生育率"的动态关系:中国省级数据再考察》,《人口研究》2005 年第 1 期,第 12~19 页。

[3] 蔡泳:《社会经济发展对生育率下降的作用——国际的经验和江浙的比较》,载曾毅等《低生育水平下的中国人口与经济发展》,北京:北京大学出版社,2010。

经济的发展导致生育率的下降,而长期低生育率会演变为一种文化,使年轻人的生育率低于更替水平[1]。

20世纪80年代后欧洲国家生育率对比发现,传统价值观和家庭观念较强的国家的总和生育率远低于传统家庭观念较弱的国家,如持"男主外、女主内"的家庭性别分工模式的德国、荷兰的生育率均低于欧洲平均水平[2]。分孩次来看,传统的家庭分工模式和性别平等的分工模式对一孩和三孩及以上的生育意愿没有显著影响,但在二孩生育意愿方面,性别平等分工的家庭模式能促进二孩的生育意愿[3]。

从工作-家庭平衡视角分析得出,德国和瑞士的低生育率在很大程度上是因为女性较高的主动不生育的比例,如1965年瑞士出生的女性40岁没有生育的比例为21.0%,2011年德国40~44岁女性没有生育的比例为33.6%[4]。究其原因,传统家庭角色和现代职业角色的冲突抑制了生育行为,使职业女性不得不推迟或者放弃生育。虽然中国女性劳动参与率高但就业权益保障不够,生育的机会成本高。根据国际劳工组织统计,1990~2017年中国女性劳动参与率从73.2%降至61.5%,下降11.7个百分点。与此同时,尽管中国保护女性就业权益的相关法律法规不少,但职场的性别歧视仍然较为严重,1990~2017年中国女性劳动参与率和男性的差距从11.6个百分点扩大到14.6个百分点,而全球、美国、欧盟、日本男女性的劳动参与率差距均呈缩小态势。

从性别平等视角分析得出,社会性别平等的缺乏抑制了家庭

---

[1] Goldstein, J., Lutz W., & Testa, M. R., "The Emergence of Sub-replacement Family Size Ideals in Europe," *Population Research and Policy Review* 2003, 22.
[2] Chesnais, J. C., "Fertility, Family, and Social Policy in Contemporary Western Europe," *Population and Development Review* 1996, 22 (4): 729–739.
[3] Billingsley, S., & Ferrarini, T., "Family Policy and Fertility Intentions in 21 European Countries," *Journal of Marriage and Family* 2003, 76 (2).
[4] 吴帆:《欧洲家庭政策与生育率变化——兼论中国低生育率陷阱的风险》,《社会学研究》2016年第1期,第49~70页。

政策对生育政策鼓励的作用，如社会性别平等程度较低的匈牙利、斯洛伐克、波兰和葡萄牙生育政策鼓励作用也低①。社会性别视角相关理论逐渐成为解释低生育率现象的主流理论②。

总的来说，宏观层面的生育率影响因素分析包括经济因素、传统价值观和家庭观念、女性的工作-家庭角色冲突、性别角色分工等，其中包括经济发展的社会转型与传统保守价值观念引发的女性在职场和家庭场域中的角色冲突和性别不平等是生育行为的抑制因素。

（2）中观层面的分析

中观层面的生育抑制因素是指有关育儿成本的社会政策，家庭的居住、生活成本和托幼、教育成本，这些可以统称为家庭育儿福利政策，包括妇幼保健服务、育儿补贴在内的现金补贴及减免税收等福利和儿童发展支持环境，涵盖了学前、小学和中学教育的公共支出，分担家庭对儿童成长和发展的成本投入。

对比欧洲不同国家间生育水平与家庭政策相关关系发现，强有力的生育支持政策使英国的生育率高于欧洲平均水平，而地中海国家经济长期低迷，加之缺乏家庭友好的生育支持政策导致很低的女性劳动参与率和超低的生育率长期并存③。但欧洲现行的家庭政策未能挽救已陷入低生育率陷阱的国家，家庭政策需要达到一定强度才能对生育产生激励效应；具有促进女性发展和社会性别平等取向的家庭政策更有利于鼓励生育，需要运用综合的家庭政策手段才能使生育率维持在一个相对较高的水平④。对比传

---

① 吴帆：《欧洲家庭政策与生育率变化——兼论中国低生育率陷阱的风险》，《社会学研究》2016年第1期，第49~70页。
② 计迎春、郑真真：《社会性别和发展视角下的中国低生育率》，《中国社会科学》2018年第8期，第143~160页。
③ 吴帆：《欧洲家庭政策与生育率变化——兼论中国低生育率陷阱的风险》，《社会学研究》2016年第1期，第49~70页。
④ 吴帆：《欧洲家庭政策与生育率变化——兼论中国低生育率陷阱的风险》，《社会学研究》2016年第1期，第49~70页。

统儒家文化影响下亚洲不同国家间生育率与生育政策相关关系可以发现，政府采取各种鼓励生育的政策并未产生明显的效果①。中国低生育率的原因，有生育、养育成本的提高，家庭支持政策的缺乏，社会竞争的加剧和生活成本的高企②。

育儿设施有限且成本高昂是生育的抑制因素之一，教育成本主要包括私立幼儿园学杂费、幼儿园及小学初高中阶段辅导班费用、大学学费及生活费等。其成本明显攀升，特别是公立幼儿园供给严重不足，1997~2017年中国公立幼儿园在读人数比例从95%降至44%。根据新浪教育《2017中国家庭教育消费白皮书》抽样统计，学前教育阶段教育支出占家庭年收入的26%，义务教育和高中教育阶段占21%，大学阶段占29%。公立幼儿园供给大幅下降，许多家庭被迫选择价格昂贵的私立幼儿园，这是学前教育费用高昂的一个重要原因。1997年公立幼儿园数占比为86.5%，在园人数占比为94.6%。2001~2017年全国幼儿园数从11.2万所增至25.5万所，公立幼儿园数从6.7万所减少至2010年的4.8万所，再回升至2017年的9.5万所，占比从60.1%降至30.7%，再回升至37.1%；但公立幼儿园在园人数占比未有回升，从83.1%持续降至44.1%。城市、县镇、农村的公立幼儿园在园人数占比分别从75.5%、74.8%、90.6%下降至2016年的35.7%、33.4%、57.7%。

房价快速攀升，居民债务压力快速增加也是生育的抑制因素之一。1998年房改以来，房价总体保持大幅上涨，给家庭抚养孩子和为子女结婚购房带来了很大的压力，1998~2018年全国新建商品住宅销售均价从1854元/米^{2}上涨至8542元/米^2。2004~2017年中国个人购房贷款余额从1.6万亿元增至21.9万亿元，

---

① 计迎春、郑真真：《社会性别和发展视角下的中国低生育率》，《中国社会科学》2018年第8期，第143~160页。
② 吴帆：《欧洲家庭政策与生育率变化——兼论中国低生育率陷阱的风险》，《社会学研究》2016年第1期，第49~70页。

增长12.7倍，占居民贷款余额的比例在50%以上，2017年为54%。房贷收入比①从17%增至44%，带动住户部门债务收入比②从29%增至80%。

中观层面的生育抑制因素也包括城镇化降低生育水平的研究结论，国家卫计委（现国家卫生健康委员会）编写的《分区域人口与计划生育形势》在分析东北地区低生育水平的原因时指出，城镇化对低生育有着显著影响，并进一步指出东北地区长期相对较高水平的城镇化是生育率较早降低与保持低水平的重要原因。曾毅在分析人口城镇化与生育率之间的关系时发现，农村向城镇迁移人口的终身生育水平不但比迁出地的农村人口低，而且比原城镇人口还要稍低一点。他进而解释，迁移人口的三个方面特征造成这一结果：一为选择性，迁移到城镇的人口一般是文化程度和技术水平高于农村平均水平、头脑相对灵活、主观上比较容易接受低生育观念的年轻人；二为适应性，迁移到城镇的人口刚进入城镇，未站稳脚跟，需要一个很长时间的适应阶段，从而有效地控制了生育率；三为间断性，迁移人口以男性为主，往往与农村配偶处于分居阶段，夫妻性生活频率大大下降，有利于控制生育。最后，他补充道，城镇世代之间的财富流向有别于农村，是从父辈流向子女，而不是从子女流向父辈，多子女是城镇一般家庭难以承受的。可见，城镇化率的提高能使生育率降低③。

总的来说，积极构建家庭友好型的制度环境，减少家庭育儿成本、支持儿童成长与发展可以有效缓解生育率的下降。

（3）个人层面的分析

个体生活方式的不同抉择、经济状况的分化、不稳定的就业和工作环境、竞争带来的受教育时间的延长等，都对人们的婚

---

① 房贷收入比：个人购房贷款余额/可支配收入。
② 债务收入比：居民债务余额/可支配收入。
③ 曾毅：《中国人口分析》，北京：北京大学出版社，2004，第37页。

姻、生育以及迁移行为产生了广泛且深刻的影响。第二次人口转变理论认为个人价值观的普遍改变是社会最深层次的革命,它导致了个体生育行为的改变,并引起整个社会的人口结构的变化,即价值观、个人态度和行为正从循规蹈矩向随心所欲转变,具体表现为对宗教、权威和制度的尊重,伦理道德保守,不强调价值表达,物质主义等向世俗化、个体自主、道德弱化、对制度的不信任、全球取向和后物质主义等的转变,体现在福利国家的建立、现代女权主义运动和性解放运动的爆发[1]。个人层面的生育抑制因素包括受教育程度、社会地位、劳动力参与、生活方式和价值观念的转变等。

研究指出,女性受教育水平的提高等社会整体性变革对生育水平的负效应超过家庭政策的正效应推动着社会整体生育率的下降[2]。女性的教育不仅可以促使女性从事家庭外的活动、提高社会地位,而且可以延迟初婚年龄,从而降低生育率[3]。数据显示,不同文化程度的居民生育意愿发生了逆向转变。从历次全国人口普查来看,文化程度越高,生育率越低。王晓峰在东北人口形势分析报告中指出在只生一个、双独二孩、单独两孩的政策限定下,也就是在生育不超过 2 个的限定下,除小学和文盲人员外,基本上显示为文化程度越高的人再生育的比例越高[4]。

对女性权益、社会地位与生育选择的文献梳理得出,生育选择是个人偏好和社会结构共同作用的结果,女性的社会地位影响生育意愿、性别偏好和生育决策,女性社会地位越高,在生育决

---

[1] Berger, P. L., and Luckmann, T., *The Social Construction of Reality: A Treatise in the Sociology of Knowledge*, NY: Anchor Books, 1967.
[2] Bjorklund, A., "Does Family Policy Affect Fertility? Lessons from Sweden," *Journal of Population Economics* 2006, 19 (1).
[3] Ojo, S. S., "Women Empowerment and Fertility Management in Nigeria: A Study of Lafia Area of Nasarawa State," *Mediterranean Journal of Social Sciences* 2014, 5 (26): 9.
[4] 参见国家卫计委编《分区域人口与计划生育形势》。

策方面越具有话语权，生育意愿越低，生育子女数量越少①。中国各省份 20 世纪 80 年代女性地位变化与生育率相关关系分析结果表明，女性社会地位与生育率之间呈负向关系②。

有学者认为，在竞争激烈的职场中，女性劳动参与率提高是中国生育率的抑制因素，数据显示从事非农工作的女性因生育而中断就业的比例从 1981~1990 年的 10.3% 上升到 2001~2010 年的 36.0%③。研究显示，二孩生育与城镇青年女性劳动参与的相关性最显著④。对欧洲不同国家的女性劳动参与率和生育水平相关关系对比分析发现，两者并没有呈现稳定的负向关系，北欧国家相对较高的女性劳动参与率和接近更替水平的生育率并行不悖，而地中海国家很低的女性劳动参与率和超低的生育率长期并存，体现在 1983~1995 年德国、荷兰和丹麦的 30~34 岁女性的劳动参与率分别为 57.8%、43.1% 和 88.4%，而 1995 年对应的三个国家的总和生育率分别为 1.24、1.53 和 1.80⑤。

总的来说，女性经济地位、社会地位和受教育水平提高，劳动参与率的提升所带来的生活方式、价值观念转变，以及工作-家庭矛盾冲突被认为是生育率下降的重要因素。随着经济的发展和社会福利制度的完善，家庭育儿的抵御风险的功能逐渐被市场经济和国家政府取代，加之年轻一代更注重自我的价值和个人生活的追求，女性受教育程度提高和参加工作的机会增多，避孕措

---

① 石智雷、杨雨萱：《女性权益、社会地位与生育选择：相关文献评述》，《人口学刊》2019 年第 1 期，第 31~35 页。
② Liu, P., *Women's Status and Fertility Transition in China in the 1980's: Integrating Quantitative and Qualitative Approaches*. State of Texas: Texas A&M University, 1996: 16-68.
③ 黄桂霞：《生育支持对女性职业中断的缓冲作用——以第三期中国妇女社会地位调查为基础》，《妇女研究论丛》2014 年第 4 期，第 34~42 页。
④ 赖德胜等：《2016 中国劳动力市场发展报告——性别平等化进程中的女性就业》，北京：北京师范大学出版社，2017，第 147~160 页。
⑤ 吴帆：《欧洲家庭政策与生育率变化——兼论中国低生育率陷阱的风险》，《社会学研究》2016 年第 1 期，第 49~70 页。

施的便利性等都显著抑制了生育水平。从家庭选择的角度和微观经济学的孩子成本与效用理论来看，随着经济社会发展，特别是生育子女抚养成本和机会成本的大幅度提高，绝大多数城乡居民选择少生。国家卫计委编写的《分区域人口与计划生育形势》利用"五普""六普"数据分析的结果显示，10年内，已婚比例的下降和结婚年龄的推迟对东北地区生育率的影响已经大于生育控制的影响。王晓峰在东北人口形势分析报告中指出，人口流动、城镇化、婚姻、家庭、少数民族人口生育率等因素均对人口增长、生育率有抑制作用①。而且，定量分析表明，有的影响因素，如婚姻、家庭方面的影响因素，对人口增长、生育率的抑制作用很大，甚至超过生育控制的作用。

四 小结

本章以生育率低于更替水平为标准，探讨了有关低生育率的相关理论和假说，以及生育的决策机制和生育行为的抑制因素，试图回答低生育率的现状是如何产生的以及未来的发展趋势。分析结论显示，随着经济社会的发展，宏观、中观和微观的生育间接抑制因素逐渐取代生育直接抑制因素，成为影响生育行为的主导变量，并通过成本 - 效用最大化决策机制、供给 - 需求分析生育均衡机制、财富流动家庭收入平滑机制和生命周期理论下家庭风险最小化机制形成了人口的转变和低生育率陷阱。

---

① 参见国家卫计委编《分区域人口与计划生育形势》。

第三章
中国生育政策的变迁与影响

生育政策,是指由政府制定的规范育龄夫妇生育行为的准则,旨在通过正向激励、负向惩罚等措施,控制生育数量、减缓人口增长速度和提升人口质量。生育控制目标由最先单一控制生育数量,转变为优生优育、计生服务、妇幼保健、奖励扶助等复合目标。鉴于本书的研究主题,本章以生育政策中的重要内容——生育数量控制为重点,分析政策控制下的中国人口数量和结构的变化。

一 生育政策的变迁

新中国成立以来,生育政策的变迁可归纳为四个阶段:一是1949~1953年鼓励生育阶段,限制节育;二是1954~1977年宽松计划生育阶段,从节制生育到"晚、稀、少"政策;三是1978~2013年严格计划生育阶段,独生子女政策、一孩半政策、双独二孩政策;四是2014年至今放松计划生育阶段,从单独两孩政策到全面两孩政策。

其中,对生育数量有相对显著影响的主要是指第三个阶段开始的严格计划生育和第四个阶段的放松计划生育。梳理政策文件,以生育数量的严格控制为核心内容,我们可把计划生育政策划分为独生子女政策、一孩半政策、双独二孩政策、单独两孩政策和全面两孩政策（见表3-1）。自1980年《关于控制我国人口增长问题致全体共产党员、共青团员的公开信》提倡"一对夫妇只生育一个孩子"的独生子女政策以来，生育数量的控制变化还包括："农村第一个是女孩的还可以生第二个孩子"的一孩半政策，"夫妻双方均为独生子女的可以生育第二个孩子"的双独二孩政策，"一方是独生子女的夫妇可生育两个孩子"的单独两孩政策，以及"一对夫妇可生育两个孩子"的全面两孩政策。

表3-1 生育政策的主要变迁

年份	生育政策	内容
1980~1982	独生子女政策	《关于控制我国人口增长问题致全体共产党员、共青团员的公开信》提倡"一对夫妇只生育一个孩子"；1982年，党的十二大把计划生育政策确定为基本国策，同年12月写入宪法
1984	一孩半政策	中央七号文件指示在认真贯彻执行党中央对计划生育工作方针政策的基础上做好照顾农村二胎生育的工作。在大多数农村一孩为男孩的不得再生，而一孩为女孩的农户在间隔4到5年后允许生育二孩
2011	双独二孩政策	允许双方都是独生子女的夫妇生育两个孩子
2013	单独两孩政策	党的十八届三中全会《决定》启动实施一方是独生子女的夫妇可生育两个孩子的政策
2015	全面两孩政策	党的十八届五中全会《决定》实施一对夫妇可生育两个孩子的政策

1955年3月1日，中共中央批准了卫生部党组《关于节制生育问题的报告》，并发出《关于控制人口问题的指示》，指出节制生育是关系广大人民生活的一项重大政策性问题，在当前的历史条件下，为了国家、家庭和新生一代的利益，我们党是赞成适当地节制生育的。

20世纪70年代后我国逐步执行"晚、稀、少"的生育政策，生育率迅速下降。1978年3月"国家提倡和推行计划生育"写入宪法。1978年10月中央明确提出"提倡一对夫妇生育子女数最好一个,最多两个"。1980年9月25日中共中央发出了《关于控制我国人口增长问题致全体共产党员、共青团员的公开信》,提倡"一对夫妇只生育一个孩子";1982年,党的十二大把计划生育确定为基本国策。以此为标志,"独生子女政策"成为中国计划生育政策的核心内容。但"只生育一个孩子"的生育要求与民众实际生育意愿差距很大,导致抢生超生、瞒报漏报等问题。1984年国家对独生子女政策进行微调,即"开小口子",放松了部分地区的独生子女政策,全国19个省份的农村逐渐调整为一孩半政策,即头胎生女孩的,可再生一个孩子。生育率也出现短时间的小幅度反弹,1990年第四次全国人口普查的生育率开始接近2.1的更替水平,而1995年的调查数据表明生育水平已经低于2.1的更替水平。

2000年第五次全国人口普查后,国家统计局公布的人口总和生育率为1.22,由此引发对生育水平和生育政策调整的激烈争论,有学者开始建议按"分步实施、逐步放开、两步到位、平稳过渡"调整"一胎化"的生育政策。2001年底通过、2002年9月施行的《人口与计划生育法》规定,双方均为独生子女且已生育一个子女的,可以生育第二个子女。

2006年原国家人口计生委在全国120个监测县对全国的生育状况进行调查,调查结果显示育龄妇女的总和生育率为1.87。同年原国家人口计生委组织了独生子女总量结构和领证独生子女研究,试图得出全国独生子女数量。2007年以后原国家人口计生委陆续开展了全国百村和千村生育率调查,试图回答农村生育水平到底有多高,还包括独生子女、失独家庭和伤残独生子女父母总量结构方面的调查研究。

2008年有学者再一次提出"先行试点、先易后难、先点后面、逐步推开"和"放开二孩，防止多孩"的主张，建议加强对低生育率下的人口规律的研究。2009年原国家人口计生委还进行了"独生子女婚育状况调查"和"试点地区独生子女状况调查"，核算了全国0~9岁人口信息。

2010年第六次全国人口普查数据显示中国总和生育率为1.18，再次引发了学者们对生育政策调整可能性的关注与探讨，直到2013年11月15日，党的十八届三中全会《决定》启动实施一方是独生子女的夫妇可生育两个孩子的政策，逐步调整完善生育政策，促进人口长期均衡发展。同年12月30日，中共中央、国务院发布了《关于调整完善生育政策的意见》，明确了实施单独两孩政策的步骤。在学界普遍认同单独两孩政策实施一年遇冷等结论下，2015年10月29日，党的十八届五中全会《决定》实施一对夫妇可生育两个孩子的政策。

2016年《国务院关于印发国家人口发展规划（2016—2030年）的通知》提出，适度生育水平是维持人口良性再生产的重要前提。到2020年，全面两孩政策效应充分发挥，生育水平适度提高，人口素质不断改善，结构逐步优化，分布更加合理；到2030年，人口自身均衡发展的态势基本形成，人口与经济社会、资源环境的协调程度进一步提高，确定了促进人口长期均衡发展的目标为实现人口自身均衡发展和人口与经济社会、资源环境协调发展。

二 生育政策对生育水平的影响

新中国成立以来生育水平的变迁可分为三轮"婴儿潮"。1950~1958年第一轮"婴儿潮"，年均出生人口为2100万人，峰值接近2300万人（1954年），出生率基本在30‰以上，总和生育率平均为5.3。1962~1975年第二轮"婴儿潮"，年均出生人口为2628万人，峰值超过3000万人（1963年）。"晚、稀、少"

(晚婚、拉长生育间隔、少生)政策下的1970~1977年出生人口从2774万人降至1789万人，出生率从33‰降至19‰，总和生育率从5.8降至2.8，1980年更是低至2.3。1981~1991年第三轮婴儿潮，年均出生人口为2260万人，峰值2550万人（1987年），出生率在20‰~23‰，总和生育率平均为2.3，2003年出生人口逐渐降至约1600万人，官方总和生育率降至1.4左右、修正后约1.6。

总的来说，总和生育率从20世纪70年代前的6左右，降至1990年的2左右，再降至2010年后的1.5左右。从生育率下降和生育政策变动时间维度的相关分析可以看出，从每一对夫妇期望生6个孩子到现在不到1.5个孩子，整个生育率下降的过程，70%以上是发生在1970~1980年"晚、稀、少"计划生育政策推行后，30%以下是发生在严格的独生子女政策推行后。而在生育水平变迁中，生育政策对生育水平的直接影响只发生在政策生育率小于家庭意愿生育率时，生育政策约束着实际生育行为，从而控制生育水平；而当政策生育率大于家庭意愿生育率时，家庭意愿决定实际的生育水平。但生育政策也可以通过影响生育意愿对生育水平产生间接影响，如长期生育政策会影响家庭生育意愿的转变，即长期严格的一孩生育控制政策会通过身边绝大多数的一孩家庭构成使人们逐渐接受一孩生育观念并形成较为稳定的生育意愿，从而可能在政策生育率大于家庭意愿生育率时，依然间接影响着实际生育水平。

(一) 生育政策对生育水平的影响

有学者测算1972~2000年的生育政策使中国累计少出生2.64亿~3.20亿人口，少增加2.31亿~2.99亿总人口[①]。也有

[①] 王金营：《中国计划生育政策的人口效果评估》，《中国人口科学》2006年第5期，第23~34页。

学者测算 1971~1998 年，中国少出生了 6.34 亿人，其中 54% 是生育政策抑制生育的结果①。也有学者指出，在计划生育政策和社会经济发展的双重作用下，中国的生育水平迅速下降，总和生育率从 1950 年的 5.81 降到 1992 年的 2.05，并在 20 世纪 90 年代进入更替水平以下的低生育水平时期②。

王金营按生育率下降速度将生育政策对生育水平的直接影响划分为两个阶段，即 1972~1991 年生育水平快速下降阶段和 1992 年后生育水平下降到更替水平以下的稳定阶段。在严格的生育控制政策下，中国的人口数量增长已经由高出生率、低死亡率的快速增长阶段转变为低出生率、低死亡率的低增长阶段③。也有学者结合中国经济社会的发展和中国生育率的变动认为：在生育率转变的前 10 年，计划生育政策起了主导作用；20 世纪 80 年代以后，经济社会的发展和计划生育政策的作用趋于平衡；90 年代以后，经济社会的发展在生育率的转变中起了主要作用④。

横向对比与中国大陆有着相似的生育文化的亚洲主要国家和地区生育水平的变动可以得出生育政策对生育率的影响。对比 1970~2015 年中国台湾、新加坡、韩国⑤、日本和印度的总和生育率平滑变动趋势看出，中国大陆的总和生育率呈现波动下降，具体表现为 1970~1985 年剧烈下降、1985~1990 年的反弹和 1990 年后的缓慢下降，这种波动变化正好对应不同时点生育政策的变动（见图 3-1），因而可以更为直观地反映出生育政策对生

---

① 查瑞传等：《新世纪中国人口问题展望》，《人口研究》2000 年第 1 期，第 29~30 页。
② 宋健：《转折点：中国生育率将往何处去——基于欧洲的经验与启示》，《探索与争鸣》2017 年第 4 期，第 70~76 页。
③ 王金营、杨磊：《中国人口转变、人口红利与经济增长的实证》，《人口学刊》2010 年第 5 期，第 15~25 页。
④ 姜全保、杨淑彩、李树茁：《中国出生人口数量变化研究》，《中国人口科学》2018 年第 1 期，第 60~73 页。
⑤ 韩国和新加坡分别于 20 世纪 60 年代和 70 年代开始实施限制生育的政策。

育水平的影响。

从家庭意愿生育水平和政策生育水平之间的关系视角来分析 1970~2015 年中国大陆生育水平波动可以得出，1970~1990 年总和生育率的剧烈下降和反弹说明了政策生育水平是低于家庭意愿生育水平的，即意味着生育政策抑制着实际生育行为，而 1990~2015 年总和生育率相对平滑的变化说明了家庭意愿生育水平逐步主导了实际生育水平，即政策生育水平高于家庭意愿生育水平，生育政策逐渐失去了对实际生育行为的影响。

从政策生育率与实际生育率的对比来看，1984 年实行一孩半政策后粗略计算的政策生育率结果为 1.5 左右①，而 1970~1995 年实际总和生育率明显高于 1.5，2000~2015 年总和生育率在 1.5 左右，结合 2011 年双独二孩政策和 2013 年的单独两孩政策调整，可以得出 1970~1995 年的生育政策对实际生育行为存在影响，2000~2015 年的生育政策已经失去了对实际生育行为的影响。

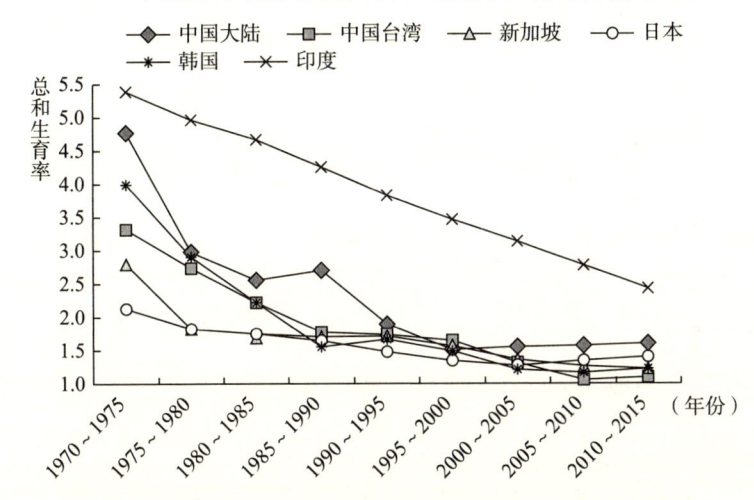

图 3-1　1970~2015 年亚洲主要国家和地区总和生育率对比

资料来源：联合国人口司《世界人口展望（2017）》。

---

① 政策生育率 = 1 × K1 孩政策 + 1.483 × K1.5 孩政策 + 2 × K2 孩政策 + 3 × K3 孩政策，实行一孩半政策的人口终身平均生育数为 1 + 100/（107 + 100） = 1.483。

（二）生育政策对生育意愿的影响

生育行为是生育政策和生育意愿共同影响的结果，即两者的相对强弱决定了生育行为的主导因素。当意愿水平高于政策生育水平时，生育政策是抑制生育行为的主导因素；当政策生育水平高于意愿水平时，生育意愿主导着生育行为。这种分析思路的前提假设生育政策和生育意愿两者相互独立，探讨对生育行为的影响，放开独立性假设，生育政策是否会影响生育意愿，从而影响生育行为？

不同学者研究表明长期的生育政策会影响生育意愿。计划生育政策实施使人们在生育上形成一种思维定式，长期内生育意愿会受生育政策的影响，从而表现为一种有条件的生育意愿[1]。如宋健认为在过去近40年的严格控制人口过程中，"晚婚晚育、少生优生"的婚育观念已深入人心[2]。国家计划生育委员会宣传司与北京零点指标信息咨询有限公司在2002年进行的生育意愿调查结果显示，有计划生育政策时，男性平均意愿生育数为1.82个，女性为1.75个，而无计划生育政策时，男性平均意愿生育数为2.08个，女性为1.99个[3]。

庄亚儿等研究发现，双独家庭生育的理想子女数（1.79个）在双独、单独（1.83个）和普通家庭[4]（1.95个）三类家庭中是最低的，继而解释，这是因为这类家庭对计划生育政策具有较高的接受性，还可能是因为他们在实际生活中更多地感受到了独生子女家庭的优越性；普通家庭的理想子女数最高，是因为这类

---

[1] 乔晓春：《关于21世纪中国生育政策研究的思考》，《人口研究》1999年第2期，第14~21页。
[2] 宋健：《转折点：中国生育率将往何处去——基于欧洲的经验与启示》，《探索与争鸣》2017年第4期，第70~76页。
[3] 陈胜利、张世琨：《当代择偶与生育意愿研究：2002年城乡居民生育意愿调查》，北京：中国人口出版社，2003。
[4] 普通家庭：除单独、双独以外的家庭。

家庭更多地感受到非独生子女家庭的优点①。

王金营等通过对河北省承德市和邯郸市农村居民生育行为和生育意愿的实证研究发现，当前我国生育政策对生育行为的影响力度减小②。按生育政策划分，一孩政策地区现有一孩单独家庭希望生育第二个孩子的比例为57.6%，一孩半政策地区现有一个男孩单独家庭希望生育第二个孩子的比例为65.7%，说明在政策相对宽松的地区，希望再生育一个孩子的比例要高一些。

三 生育政策对人口结构的影响

有学者认为人口问题已由人口数量过多转变为人口结构失衡，体现在人口年龄结构迅速老化，出生人口性别结构严重失调，以及失独、空巢等家庭结构萎缩方面③。

（一）年龄结构

人口年龄结构老化主要是由出生率下降和预期寿命延长引起的，其中出生率下降是主要因素。研究表明，实行计划生育政策是中国提前进入老龄化社会和快速人口老龄化的重要原因④。计划生育政策与经济现代化的同时来临，加剧了中国的人口老龄化发展，形成了"未富先老"的局面⑤。

---

① 庄亚儿、姜玉、王志理、李成福、齐嘉楠、王晖、刘鸿雁、李伯华、覃民：《当前我国城乡居民的生育意愿——基于2013年全国生育意愿调查》，《人口研究》2014年第3期，第3~8页。
② 王金营等：《中国农村生育意愿和生育水平转变的考察——基于对河北承德、邯郸两地区实地调查的比较》，《人口研究》2008年第5期，第41~50页。
③ 游益萍：《二胎政策该不该实行?》，《南方人物周刊》2009年第17期，第16页。
④ 邬沧萍：《中国人口老龄化和计划生育》，载于光汉等编《老龄化国际会议论文集》，北京：中国人事出版社，1988，第429页。
⑤ Hudson, V. M., & Andrea, D. B., "China's Security, China's Demographics: Aging, Masculinization and Fertility Policy," *Brown Journal of World Affairs* 2008, 14 (2): 185 - 200.

人口年龄结构的变动体现在劳动力规模持续萎缩，人口老龄化加快，人口红利消失。在长期低生育率背景下，中国15~64岁劳动年龄人口比例及规模分别在2010年、2013年见顶，2018年中国劳动年龄人口降至约9.9亿，中国就业人员总量首次下降。按照当前趋势，到2050年中国劳动年龄人口将在2018年的基础上再减少2.4亿，即减少约24%。根据2010年第六次全国人口普查数据，"80后""90后""00后"人口分别为2.19亿、1.88亿、1.47亿，"90后"比"80后"少约3100万，"00后"比"90后"少4100万。人口老龄化加快，养老负担日益加重，2018~2050年中国老人比重将从12%快速升至30%，1970~2015年中国人口年龄中位数从19.3岁快速升至37.0岁，预计2050年将达50岁。从国际上看，2015年美国、欧洲、日本、印度的人口年龄中位数分别为37.6岁、41.6岁、46.3岁、26.7岁，到2050年将分别为42.0岁、46.6岁、53.2岁、37.5岁。从65岁及以上老年人口占比超过7%的老龄化过渡到超过14%的深度老龄化，法国用了126年，英国用了46年，德国用了40年，日本则用了25年（1970~1994年）；从深度老龄化到老年人口占比超过20%的超级老龄化，德国用了37年（1972~2008年），日本用了12年（1995~2006年）。中国2001年65岁及以上老年人口占比超过7%，进入老龄化社会，2018年占比达11.9%，预计中国将用约22年即于2023年左右进入深度老龄化社会，再过10年即2033年左右进入超级老龄化社会，2050年达30.0%，老龄化速度前所未有。而且，由于人口基数大，老年人口规模也是前所未有。2018年中国65岁及以上老年人口已有近1.7亿，预计2050年将达3.9亿，届时每3.3个中国人中就有1个65岁及以上的老人。从绝对水平来看，当前中国人口总抚养比约为40%，未来一段时间仍处于人口负担相对较轻的人口机会窗口期。

1950~1990年和1997~2006年生育率下降和60岁及以上老年人口比重上升的贡献的量化研究，显示生育率下降对老年人口比重上升起到关键性的作用①。且人口老龄化的程度与生育政策执行严厉程度显著相关，政策生育率越低的省份或地区人口老龄化的程度越严重②。

从学者关于生育政策调整对人口年龄结构及老龄化影响的研究可以发现，一部分学者认为，生育政策调整将减缓我国人口规模下降速度和人口老龄化进程；而其他学者认为，中国人口发展趋势已经发生了根本性改变，生育政策调整并不能逆转人口年龄结构老化的进程。陈友华提出中国人口发展趋势不会因全面两孩政策的实施而改变，但生育政策调整具有亡羊补牢的作用③；张车伟和林宝基于2010~2050年的人口预测结果指出全面两孩政策下的总人口规模先上升后下降，人口老龄化程度不断加深④；苗红军和张文君通过对比未实施全面两孩和实施全面两孩两种不同生育方案的结果显示全面两孩政策将延缓我国人口数量下降趋势，降低人口老龄化进程，不断提高劳动力供给，平衡人口性别比⑤。

（二）性别结构

出生性别比偏高且逐渐走高是中国过去30多年最显著的人口结构变化之一，从20世纪80年代中期开始，我国出生人口性

---

① 莫龙、韦宇红：《中国人口：结构与规模的博弈》，北京：社会科学文献出版社，2013，第119~120页。
② 庄国波：《中国计划生育政策演变及影响研究》，南京航空航天大学博士学位论文，2017。
③ 陈友华：《全面二孩政策与中国人口趋势》，《学海》2016年第1期，第62~66页。
④ 张车伟、林宝：《"十三五"时期中国人口发展面临的挑战与对策》，《湖南师范大学学报》（社会科学版）2015年第4期，第5~12页。
⑤ 苗红军、张文君：《"全面二孩"政策的人口学预测分析》，《长江论坛》2016年第5期，第77~81页。

别比偏离正常值，与"一胎化"生育政策严格执行的时间吻合①。研究表明，我国生育政策和出生性别比失衡之间存在直接或间接关系，生育政策是造成出生性别比失衡的原因②，且生育政策越严格，出生性别比失衡越严重③。

出生人口性别比从80年代开始逐渐严重失衡，"90后""00后"男女性别失衡非常严重，出生人口性别比一度超过120。1982年中国出生人口性别比为107.6，1990年超过110，2000年接近118，之后长期超过120，2008年后开始持续下降，2017年已降至111.9。根据2010年第六次全国人口普查数据，"00后"男女性别比达119，男性比女性多近1300万人；"90后"男女性别比达110，男性比女性多近900万人。"80后""70后"未婚人群男女性别比分别为137、308。2015年中国30岁及以上未婚男性规模已超2000万人，预计到2040年将超4000万人。1990年中国30岁及以上未婚男性仅略超1000万人，2000年超过1600万人，2015年超过2000万人。从城乡分布上看，农村性别比失衡问题比城镇严重，2015年农村30岁及以上男性未婚率为5.7%，超过城市的4.3%和乡镇的3.6%。

石人炳认为生育控制政策通过选择途径和统计途径影响出生性别比。选择途径体现在，在有限生育数量下，利用选择性生育技术，满足生育男孩的偏好。统计途径是指生育数量控制越严厉，导致出生性别比偏高越严重，即一孩半政策会比二孩政策形成更高的出生性别比。统计途径扩大了选择途径对出生性别比的影响④。

---

① 庄国波：《中国计划生育政策演变及影响研究》，南京航空航天大学博士学位论文，2017。
② 原新、石海龙：《中国出生性别比偏高与计划生育政策》，《人口研究》2005年第3期，第11~17页。
③ 王军：《生育政策和社会经济状况对中国出生性别比失衡的影响》，《人口学刊》2013年第5期，第5~14页。
④ 石人炳：《生育控制政策对人口出生性别比的影响研究》，《中国人口科学》2009年第5期，第86~94页。

穆光宗、乔晓春认为，在中国现行生育政策的限制下，人们通过"性别鉴定与性别选择性人工终止妊娠"来实现男孩偏好，这种人为的性别选择导致了出生性别比的偏高①。"出生人口性别比的升高和生育政策所严格限定的有限度的生育选择空间存在难以割舍的联系。深一层看，如果个人的少生意愿低于政府规定的生育数量的范围，那么出生率性别偏高就不能由政策来负责。相反地，如果期望生育孩子的数量高于政策规定的数量，那么出生性别比问题应该说跟政策有一定关系。"② 周丽苹依据1982年、1990年、2000年三次全国人口普查和相关调查提供的数据资料分析得出，在无生育政策限制时，人们通过多育就能达到拥有男孩的目的，生育的生物学规律维持着出生性别比的基本平衡，但计划生育政策的实施，使"生育选择空间"过于狭小，由于"歧视性性别偏好"，人们更愿意生男孩③。

总的来说，生育政策对出生性别比的影响是通过生育数量的控制，在男孩偏好下，通过选择性人工终止妊娠来间接实现的④。生育政策实施越严格，出生性别比失衡问题越严重⑤。研究表明，2005年以来，随着广东省城市、镇、乡村的二、三及以上胎次出生人口比例不断提高，相应胎次的出生性别比不断下降⑥。

---

① 穆光宗：《近年来中国出生性别比升高偏高现象的理论解释》，《人口与经济》1995年第1期，第41~49页；乔晓春：《性别偏好、性别选择与出生性别比》，《中国人口科学》2004年第1期，第71~78页。
② 穆光宗、马寅初：《人口科学论坛：出生人口性别异常偏高与生育政策有关吗？》，《人口与发展》2008年第2期，第51~59页。
③ 周丽苹：《解决出生性别比升高要有新的思路》，《社会科学战线》2005年第2期，第69~74页。
④ 陈友华：《关于出生性别比的几个问题——以广东省为例》，《中国人口科学》2006年第1期，第86~94页。
⑤ 刘华、钟甫宁、朱晶、王琳：《计划生育政策影响了出生性别比吗？——基于微观行为主体的考察》，《人口学刊》2016年第4期，第5~16页。
⑥ 梁宏：《2000年以来广东省出生性别比的变化及其思考》，《人口与社会》2018年第5期，第40~51页。

(三) 家庭结构

家庭是生育政策的落脚场域和首要承担者,体现在"晚、稀、少"的生育政策导致家庭形成的延迟,生育数量控制导致家庭规模走向微型化进而改变家庭代数、家庭形式或居住安排、年龄和性别结构及家庭生命周期的重心分布等外部特征[①]。

杨菊华指出生育政策会通过三条途径影响家庭:一是严格的限制生育政策直接作用于家庭的外在结构;二是子女数量减少进一步影响家庭的内在结构;三是借助优生优育宣传、计生服务、妇幼保健提升孩子的质量,进而影响家庭的内在结构。生育政策的"控量"和"提质"参与了家庭变迁的整个过程,改变了家庭生育子女的数量和质量,改变了家庭的内外结构[②]。

对生育数量的严格控制形成了结构简单、规模很小的独生子女家庭,显著改变了家庭的结构[③]。如家庭户平均人数由20世纪50年代的5.3人,下降到1990年的3.96人、2000年的3.10人、2012年的3.02人。全国人口普查结果也验证了中国的家庭户规模不断缩小的趋势[④]。这种微型化家庭结构的出现,进一步导致家庭养老、育幼功能的减弱甚至丧失,以及家庭抵御风险能力的下降,其脆弱性和不稳定性不断从家庭外溢到社会,成为制约国家和社会发展的严重问题[⑤]。

[①] 杨菊华:《生育政策与中国家庭的变迁》,《开放时代》2017年第3期,第12~28页。

[②] 杨菊华:《生育政策与中国家庭的变迁》,《开放时代》2017年第3期,第12~28页。

[③] 风笑天:《独生子女:他们的家庭、教育和未来》,北京:社会科学文献出版社,1992,第47页。

[④] 林晓珊:《改革开放四十年来的中国家庭变迁:轨迹、逻辑与趋势》,《妇女研究论丛》2018年第5期,第52~70页。

[⑤] 周长洪:《中国家庭结构变化的几个特征及其思考——基于"五普"和"六普"数据的比较》,《南京人口管理干部学院学报》2013年第4期,第8页。

四 生育政策对人口红利的影响

人口红利（demographic dividend）是指一个国家的劳动年龄人口政策占总人口比重较大，抚养率比较低，由此形成的高储蓄和高投资能为国家经济发展创造有利的人口条件①。而生育政策影响出生率，影响人口的年龄结构，从而促进储蓄和提高劳动力投入效率，即生育政策对出生人口的控制，通过劳动年龄人口数量和抚养比的变化，形成一个劳动力资源充足、人口负担较轻、有利于经济增长的人口红利期②。研究表明，反映人口红利的少儿抚养比、老年抚养比、15~64岁劳动年龄人口占比等变量与经济增长有显著的线性关系③，我国劳动年龄人口负担比每下降1个百分点，经济增长率将提高1.06个百分点④。

王培安认为改革开放背景下的人口红利是我国经济长期快速增长的重要原因，其测算1978~2010年，人口红利对我国经济增长的贡献率为20%~25%⑤。陈友华认为中国目前人口红利的形成是建立在20世纪50~60年代人口的快速增长与20世纪70年代以来人口控制取得巨大成效的基础之上的，并认为中国的人口红利在很大程度上得益于人口生育政策的宏观调控⑥。王金营认

---

① 曾毅：《老年人口家庭、健康与照料需求成本研究》，北京：科学出版社，2010，第258~260页。
② 庄国波：《中国计划生育政策演变及影响研究》，南京航空航天大学博士学位论文，2017。
③ 庄国波：《中国计划生育政策演变及影响研究》，南京航空航天大学博士学位论文，2017。
④ 王金营、杨磊：《中国人口转变、人口红利与经济增长的实证》，《人口学刊》2010年第5期，第15~25页。
⑤ 王培安：《科学把握人口发展规律，促进新时代人口均衡发展》，人民网，http://theory.people.com.cn/n1/2019/0530/c40531-31109907.html。
⑥ 陈友华：《人口红利与人口负债：数量界定、经验观察与理论思考》，《人口研究》2005年第6期，第23~29页。

为1972~2000年的生育政策减轻了中国的劳动负担，创造了人口年龄结构的黄金时期，为社会经济发展提供了人力资源、人口环境等人口红利。他利用人口动力系统的人口发展方程测算得出，生育政策能解释57.88%的人口出生率的下降和61.21%的人口自然增长率的下降①。其通过计量检验证明人口年龄结构变动所产生的促进经济增长的人口红利是存在的。1978~2010年劳动负担降低累计带来的经济增长占总增长的27.23%。而面对未来的人口年龄结构的老化、劳动负担的上升，政府需及时调整当前的生育政策，形成良好的人口结构，以保持我国经济增长的态势②。杨云彦等认为人口红利期与生育政策调整时间大致同步。严格的生育政策控制使中国人口年龄结构尽早进入人口红利期，而渐进的生育政策调整在一定程度上延长了人口红利期③。

总的来说，生育水平的迅速下降形成的人口红利期对经济增长产生了正面的影响。研究表明，生育政策对中国经济增长的贡献率在13%以上，从人均国内生产总值指标来看，生育率迅速下降的贡献率达到30%④。也有学者指出，随着人口的进一步老龄化、人口负担的加重、人口红利的消失，生育政策会从消费、储蓄、投资和创新能力方面对经济增长产生负面影响⑤。

---

① 王金营：《中国计划生育政策的人口效果评估》，《中国人口科学》2006年第5期，第23~34页。
② 王金营、杨磊：《中国人口转变、人口红利与经济增长的实证》，《人口学刊》2010年第5期，第15~25页。
③ 杨云彦、向华丽、黄瑞芹：《"单独二孩"政策的人口红利效应分析——以湖北省为例》，《中南财经政法大学学报》2014年第5期，第3~11页。
④ 李建民、王金营：《中国生育率下降经济后果的计量分析》，《中国人口科学》2000年第1期，第14~15页。
⑤ 李通屏、郭熙保：《扩大内需的人口经济学：理论与实证》，《经济理论与经济管理》2011年第6期，第20~28页；李春琦、张杰平：《中国人口结构变动对农村居民消费的影响研究》，《中国人口科学》2009年第4期，第14~22页；张乐、雷良海：《中国人口年龄结构与消费关系的区域研究》，《人口与经济》2011年第1期，第16~21页；王宇鹏：《人口老龄化对中国城镇居民消费行为的影响研究》，《中国人口科学》2011年第1期，第64~70页。

五 适度生育水平与完善生育政策

党的十八届三中全会通过的《中共中央关于全面深化改革若干重大问题的决定》提出，坚持计划生育的基本国策……逐步调整完善生育政策，促进人口长期均衡发展①。《国务院关于印发国家人口发展规划（2016—2030年）的通知》（国发〔2016〕87号）提出适度生育水平是维持人口良性再生产的重要前提……引导生育水平提升并稳定在适度区间，保持和发挥人口总量势能优势，促进人口自身均衡发展；到2020年，全面两孩政策效应充分发挥，生育水平适度提高，人口素质不断改善，结构逐步优化，分布更加合理；到2030年，人口自身均衡发展的态势基本形成，人口与经济社会、资源环境的协调程度进一步提高②。

从以上表述可以看出，生育政策调整的目标是实现适度生育水平，促进人口长期均衡发展。其中，人口长期均衡发展是指人口数量、结构、素质和分布之间趋向动态平衡，且人口与经济社会发展水平相协调、与资源环境承载能力相适应的一种均衡状态③。因此，我们可以把人口长期均衡发展理解为人口内部问题的改善和人口外部环境的适应。人口内部问题的改善是指总和生育率逐步提升并稳定在适度水平；出生人口性别比趋于正常，年龄结构持续改善，劳动力资源保持有效供给；人口健康水平和人均预期寿命持续提高，人口素质不断提升；人口流动合理有序，

---

① 新华社授权发布《中共中央关于全面深化改革若干重大问题的决定》，http://news.xinhuanet.com/politics/2013-11/15/c_118164235.htm。
② 《国务院关于印发国家人口发展规划（2016—2030年）的通知》（国发〔2016〕87号），http://www.gov.cn/zhengce/content/2017-01/25/content_5163309.htm。
③ 原新：《我国生育政策演进与人口均衡发展——从独生子女政策到全面二孩政策的思考》，《人口学刊》2016年第5期，第5~14页。

人口城镇化率稳步提升；家庭发展支持体系完善。人口外部环境的适应是指注重人口内部各要素相均衡、人口与经济发展相互动、人口与社会发展相协调、人口与资源环境相适应。

（一）适度生育水平的判断标准

人口长期均衡发展是我国未来重大的国家战略，按照《国务院关于印发国家人口发展规划（2016—2030年）的通知》，我们可以把人口长期均衡发展理解为实现人口自身均衡发展和人口与经济社会、资源环境协调发展。下文尝试通过结合不同学者的研究结论得出人口长期均衡发展下适度生育水平的判断标准（见表3-2）。

部分学者则将总和生育率是否低于1.8作为人口政策是否需要调整的标准，即只要生育水平不显著低于1.8则不需要进行大幅调整[①]。有学者把国际上通用的实际生育水平是否低于2.1的更替水平作为人口政策是否调整的依据，认为实际生育水平如果低于2.1的更替水平，则需要调整限制生育的人口政策。否则，如果国家长期处于低生育水平，将导致人口年龄结构老化、经济活力受限、养老金支出压力增大等社会经济问题，只有保持2.1的更替水平，我国才能实现人口长期均衡发展的战略目标[②]。

---

① 王培安：《论全面两孩政策》，《人口研究》2016年第1期，第2~9页；翟振武、李龙：《"单独二孩"与生育政策的继续调整完善》，《国家行政学院学报》2014年第5期，第51~56页；刘家强、唐代盛：《"普遍两孩"生育政策的调整依据、政策效应和实施策略》，《人口研究》2015年第6期，第3~12页。

② 曾毅：《试论二孩晚育政策软着陆的必要性与可行性》，《中国社会科学》2006年第2期；Peng, X., "China's Demographic History and Future Challenges," Science 2011, 333 (6042): 581-587；彭希哲、胡湛：《公共政策视角下的中国人口老龄化》，《中国社会科学》2011年第3期；石人炳、陈宁、郑淇予：《中国生育政策调整效果评估》，《中国人口科学》2018年第4期，第114~125页。

表3-2 适度生育水平的判断标准

生育政策调整目标	生育率目标	观点
有利于人口结构等问题的改善	总和生育率达到2.1的更替水平	计划生育政策对中国人口产生的不利影响体现在：出生性别比提高；年龄结构的快速老化；无子女老人迅速增加
		生育政策调整的目标是总和生育率回归至更替水平，从而有利于促进出生人口性别比平衡，缓解人口少子化和老龄化进程，促使人口发展进入正常和健康的轨道
有利于人口与外部环境相适应	总和生育率保持在1.8左右	我国人口基数大的国情并未根本改变，人口数量问题仍然是制约我国社会经济发展的关键性问题之一。21世纪中叶前我国人口总量将保持在13亿人以上，人口对粮食供给的压力持续存在，人口与水资源短缺的矛盾始终突出，人口与能源消费的平衡关系十分紧张
		2015年15~64岁的劳动年龄人口为10.03亿人，占总人口的73%，2020年为9.85亿人，2030年为9.52亿人，2050年为8亿多人。随着科学技术的发展，中国现在以及未来都不缺劳动力和人口总量

注：王广州：《从"单独"二孩到全面二孩》，《领导科学论坛·大讲堂》2016年第2期，第31~36页；李桂芝、崔红艳、严伏林、权少伟：《全面两孩政策对我国人口总量结构的影响分析》，《人口研究》2016年第4期，第52~59页；郑秉文：《从"高龄少子"到"全面二孩"：人口均衡发展的必然选择——基于"人口转变"的国际比较》，《新疆师范大学学报》（哲学社会科学版）2016年第4期，第24~34页；郭志刚：《清醒认识中国低生育率风险》，《国际经济评论》2015年第2期，第101~110页；刘家强、唐代盛："普遍两孩"生育政策的调整依据、政策效应和实施策略》，《人口研究》2015年第6期，第3~12页；《国务院关于印发国家人口发展规划（2016—2030年）的通知》（国发〔2016〕87号），http://www.gov.cn/zhengce/content/2017-01/25/content_5163309.htm；王培安：《中国不缺人口数量 未来一百年都不缺》，http://news.ifeng.com/a/20170311/50770759_0.Shtml。

综合以上分析，1.8~2.1的总和生育率有利于人口结构等相关问题的改善，有利于人口与经济社会、资源环境协调发展，因此1.8~2.1的总和生育率可以作为适度生育水平的判断标准，作为生育政策调整的目标，从而促进人口长期均衡发展。

（二）完善生育政策的相关建议

结合适度生育水平的标准和学界对完善生育政策的争论可以看出，不管是基于国外人口发展规律还是人口转变理论，不管是有利于人口结构等问题的改善，还是有利于人口与经济、社会等外部环境相适应，最终的关注焦点在于生育政策调整下生育水平是否达到适度的标准，即通过在包括单独两孩和全面两孩在内的生育政策调整下未来一定时期内生育水平是否满足适度生育水平的标准来判断是否进一步放开生育政策。适度生育水平的判断标准已在上文进行了阐述，即用1.8~2.1的总和生育率作为适度生育水平的判断标准，那么全面两孩政策下生育水平是否达到了1.8~2.1适度生育水平的判断标准呢？

从学界不同学者的研究结论来看，由于被压抑的生育势能的集中释放，短期内全面两孩政策下生育水平达到适度生育水平；但从长期来看，全面两孩政策下的生育水平低于适度生育水平标准，我国的生育水平存在走低的风险。如翟振武、李龙、陈佳鞠研究显示，全面两孩生育政策调整下的总和生育率预计最高达到更替水平，生育堆积势能释放后，维持在1.70~1.75[①]。从2016年的实际生育数据来看，其生育水平也是低于适度生育水平标准的。如国家卫计委公布的最新数据显示，21世纪以来总和生育率保持在1.5~1.6，2016年的总和生育率达到1.7[②]。有学者从意愿生育水平的角度证明了全面两孩政策下生育水平低于适度生育水平，甚至有学者警告如果不能及时调整和完善生育政策，中国可能会重蹈日本和韩国的覆辙，最终

---

① 翟振武、李龙、陈佳鞠：《全面两孩政策对未来中国人口的影响》，《东岳论丛》2016年第2期，第77~87页。
② 王培安：《中国不缺人口数量　未来一百年都不缺》，http://news.ifeng.com/a/20170311/50770759_0.Shtml。

落入"低生育率陷阱"①。

因此我们可以判断独生子女政策与人口内在规律之间的矛盾已经对人口发展产生相当大的负面影响,完全不适应所面对的人口形势②。且生育政策调整不会造成生育率爆发式反弹,而是反弹的高度不够③。从人口长期发展来看,总和生育率低于 2.1 不是一个可持续的生育水平④。

我国人口形势正处在极为艰难的发展阶段⑤。生育政策的进一步放开对人口长期均衡发展和人口与经济社会、资源环境协调可持续发展具有积极意义。

总而言之,学界关于生育政策的完善的研究结论可分为全面放开生育政策和保持现行二孩生育政策不变,其中主要的分歧围绕中国人口发展会不会陷入低生育率陷阱。按照《国务院关于印发国家人口发展规划（2016—2030 年）的通知》,我们把促进人口长期均衡发展的目标分解为实现人口自身均衡发展和人口与经济社会、资源环境协调发展。结合不同学者的研究结论,我们可以得出,人口长期均衡发展下适度生育水平的判断标准为总和生育率保持在 1.8~2.1。通过适度生育水平的判断标准,基于不同学者关于未来生育水平的预测结果和实际生育形势,我们可以认定生育政策的进一步放开对促进人口自身长期均衡发展和人口与经济社会、资源环境协调可持续发展具有积极意义。

---

① 乔晓春:《从"单独二孩"政策执行效果看未来生育政策的选择》,《中国人口科学》2015 年第 2 期,第 29 页。
② 郭志刚:《清醒认识中国低生育率风险》,《国际经济评论》2015 年第 2 期,第 101~110 页。
③ 乔晓春:《从"单独二孩"政策执行效果看未来生育政策的选择》,《中国人口科学》2015 年第 2 期,第 29 页。
④ 石人炳、陈宁、郑淇予:《中国生育政策调整效果评估》,《中国人口科学》2018 年第 4 期,第 114~125 页。
⑤ 原新:《我国生育政策演进与人口均衡发展——从独生子女政策到全面二孩政策的思考》,《人口学刊》2016 年第 5 期,第 5~14 页。

六　小结

本章简单梳理了生育政策的变迁，并从时间维度着重探讨了生育政策中有关生育行为控制的内容调整对人口数量和人口结构的影响。具体而言，在把生育政策划分为独生子女政策、一孩半政策、双独二孩政策、单独两孩政策和全面两孩政策的基础上，我们可以得出：在生育率转变的前 10 年，计划生育政策起了主导作用；20 世纪 80 年代以后，经济社会的发展和计划生育政策的作用趋于平衡；90 年代以后，经济社会的发展在生育率的转变中起了主要作用。在计划生育政策实施的 30 多年中，我国实现了从"高出生率、低死亡率、高自然增长率"向"低出生率、低死亡率、低自然增长率"的第一次人口转变。横向对比与中国大陆有着相似的生育文化的亚洲主要国家和地区生育水平的变动可以看出，中国大陆的总和生育率 1970～1985 年剧烈下降、1985～1990 年的反弹和 1990 年后的缓慢下降的变化正好对应不同时点生育政策的变动。由此我们可以得出，生育政策曾经对生育水平产生显著的影响，而当下家庭意愿生育内部约束已超越了政策生育的外部控制，成为影响实际生育水平的主导因素。人口政策的作用主要表现在生育率下降的启动方面，随着社会经济发展以及生育规范和生育意愿的剧烈改变，限制生育的人口政策的作用会变得越来越微弱[①]。

总的来说，计划生育政策使中国人口增量下降，提高了人均卫生、教育投资水平，改善了人民群众的生存发展状况，人口对

---

① Mcnicoll, G., "Government and Fertility in Transitional and Post-transitional Societies," *Population & Development Review* 2001, 27 (1); Mcnicoll, G., "Policy Lessons of the East Asian Demographic Transition," *Population & Development Review* 2006, 32 (1).

资源、环境的压力得到初步缓解，国家可持续发展能力大大提高。从人口结构的变动来看生育政策的影响，其研究结论多为负面，体现在人口年龄结构迅速老化，出生人口性别结构严重失调和失独、空巢等家庭结构萎缩等。而从人口红利的角度来看，生育水平的迅速下降形成了抚养负担较低、劳动年龄人口充裕、储蓄率较高的人口红利期，从而对经济增长产生了正面影响；但随着人口的进一步老龄化、人口负担的加重、人口红利的消失，生育政策会从消费、储蓄、投资和创新能力方面对经济增长产生负面影响。

通过适度生育水平的判断标准，基于不同学者关于未来生育水平的预测结果和实际生育形势，我们可以认定生育政策的进一步放开对促进人口自身长期均衡发展和人口与经济社会、资源环境协调可持续发展具有积极意义。

第四章
分歧与共识：生育政策调整前后生育水平研究回顾

2013年的单独两孩和2015年的全面两孩生育政策调整重新引起了学者们对生育政策的关注，其关注重点集中在1980年开始执行"一对夫妇只生育一个孩子"的生育制度至今，生育政策中有关数量控制的较大调整会产生什么影响，以及生育政策为什么调整和如何进一步调整。要想回答以上问题，我们必须先清楚：生育政策调整前的生育水平、生育政策调整后的生育水平以及判断生育政策是否适度的标准。本书尝试将不同学者对以上问题研究的结论进行对比，通过基础数据的收集、分析方法的研究、相关结论等要素的分解在分歧中找寻有关对当下生育形势和生育政策调整的共识。

一 生育政策调整前的生育水平争论

对中国20世纪90年代初期已进入低生育率社会这一点，学者于2000年左右基本已达成共识。争论焦点集中在更替水平以下的生育率到底是多少和1990年后中国生育水平的变动趋势，具体表现为实际生育水平是1.8、1.6还是1.5或者更低的争论和基于2000年、2010年的"五普"和"六普"数据的测算结果差异以及延伸的有关数据质量的争论。

第四章 分歧与共识：生育政策调整前后生育水平研究回顾

1992年中国生育率抽样调查得到的总和生育率为1.52[①]。部分学者认为这一时期的抽样调查数据存在严重的出生人口漏报和瞒报现象，总和生育率在2.13左右[②]。2000年第五次全国人口普查公布的总和生育率为1.22，学者认为这一时期总和生育率应该在1.5~2.1[③]，估算均值在1.82左右。2010年第六次全国人口普查公布的总和生育率为1.18，部分学者认为中国当前生育水平很可能在1.5左右甚至更低[④]，也有学者基于户籍数据、教育统计数据对生育水平的间接估算得出总和生育率的范围为1.5~1.7[⑤]（见表4-1）。

表4-1 数据直接计算与不同学者估算的总和生育率对比

年份	数据直接计算	学者估算区间	学者估算均值	估算差值
1992	1.52	2.00~2.20	2.13	0.61

[①] 郝虹生、高凌：《1992年中国生育率抽样调查的抽样误差计算与分析》，载蒋正华编《1992年中国生育率抽样调查论文集》，北京：中国人口出版社，1996。

[②] 曾毅：《我国1991—1992年生育率是否大大低于替代水平》，《人口研究》1995年第3期；梁中堂、谭克俭、景世民：《20世纪最后20年中国妇女生育水平变动研究》，《中国人口科学》2000年第1期。

[③] 乔晓春、任强：《中国未来生育政策的选择》，载顾宝昌、李建新主编《21世纪中国生育政策争论》，北京：社会科学文献出版社，2010；郭志刚：《对中国1990年代生育水平的研究与讨论》，《人口研究》2004年第2期。

[④] 郭志刚：《六普结果表明以往人口估计和预测严重失误》，《中国人口科学》2011年第6期；郭志刚：《中国人口生育水平低在何处——基于六普数据的分析》，《中国人口科学》2013年第2期；李汉东、李流：《中国2000年以来生育水平估计》，《中国人口科学》2012年第5期；朱勤：《2000~2010年中国生育水平推算——基于"六普"数据的初步研究》，《中国人口科学》2012年第4期；王广州、张丽萍：《到底能生多少孩子？——中国人的政策生育潜力估计》，《社会学研究》2012年第5期。

[⑤] 陈卫、杨胜慧：《中国2010年总和生育率的再估计》，《人口研究》2014年第6期；陈卫：《2000年以来中国生育水平评估》，《学海》2014年第1期；陈卫、张玲玲：《中国近期生育率的再估计》，《人口研究》2015年第2期；翟振武、陈佳鞠、李龙：《现阶段中国的总和生育率究竟是多少？——来自户籍登记数据的新证据》，《人口研究》2015年第6期。

续表

年份	数据直接计算	学者估算区间	学者估算均值	估算差值
2000	1.22	1.50～2.10	1.82	0.60
2010	1.18	1.50～1.70	1.57	0.39

以上有关生育水平高低的评估可分为"较低生育水平估计"和"较高生育水平估计"两派。持"较低生育水平估计"观点的学者的研究主要是基于人口普查或抽样调查的原始数据的直接计算结果，持"较高生育水平估计"观点的学者认为调查数据中出生人数统计存在一定的瞒报和漏报，应修正估计或基于户籍数据、教育统计数据等年龄别汇总数据来间接估算。所以，争论的焦点是调查数据中的出生人数是否真实可信，即是否存在出生人口的瞒报、漏报。

（一）基础数据的甄别

较高生育水平估计的研究认为人口普查或抽样调查数据存在严重的出生人口的瞒报、漏报，需要通过估算出生人口瞒报、漏报的程度或者其他来源的数据来间接估算中国的生育水平。

具体而言，在严格的计划生育政策下，中国人口普查和抽样调查数据存在严重的出生人口的瞒报、漏报，因而基于数据直接计算的总和生育率会低估实际生育水平。因此，我们需要根据估算瞒报、漏报的程度或者基于不受生育政策影响的户籍、教育统计等行政记录数据间接估算实际生育水平。

较低生育水平估计的研究认为不同年份调查数据体现了较高的一致性，无法确定生育政策下出生人口的瞒报、漏报程度，不能证明户籍、教育统计等行政记录数据是调查数据较好的替代。不同年份调查数据的总和生育率变动趋势和幅度一致性说明了人口普查或抽样调查数据的质量较高。反向来看，如果不能确定出生人口瞒报、漏报程度和证明人口普查或抽样调查数据的高质量，那么也无法证明户籍、教育统计等行政记录数据高质量与估算总和生育率前提假设的合理性，建立在一系列主观假定基础上的间接估算结果会高估生育水平①。

（二）争论中的共识

虽然不同学者对中国生育政策调整之前的生育水平测算结果存在分歧，但总和生育率估算的均值在 1.57 左右②，且呈现逐年下降趋势；对生育水平估计分歧较大的原因是学者对人口普查的数据质量和出生人口的瞒报、漏报程度等认识的差异；对当下生育水平是否合适涉及不同的判断标准，学界一般认为 2.1 的更替水平是出生和死亡相平衡的稳态生育水平，是判断人口政策是否合适的临界点③。总和生育率为 1.5 的生育水平是判断一个国家或地区是否陷入低生育率陷阱的临界点④。不管是哪个标准，它都说明中国超低生育率的局面已经形成。

二 生育政策调整后生育响应的争论

不同学者基于历次全国人口普查等数据，采用人口微观仿真模型、队列要素法等方法，假设不同年份实施单独两孩政策，2012 年、2013 年、2014 年可能的年度新增出生人口规模分别为

---

① 郭志刚：《中国低生育进程的主要特征——2015 年 1% 人口抽样调查结果的启示》，《中国人口科学》2017 年第 4 期。
② 石人炳、陈宁、郑淇予：《中国生育政策调整效果评估》，《中国人口科学》2018 年第 4 期，第 114~125 页。
③ Morgan, S. P., "Is Low Fertility a Twenty-First-Century Demographic Crisis?" *Demography* 2003, 40 (4).
④ Lutz, W., Skirbekk V., & Testa, M. R., "The Low Fertility Trap Hypothesis: Forces that May Lead to Further Postponement and Fewer Births in Europe," *Vienna Yearbook of Population Research* 2006, 4 (4).

100万人、200万人和300万人①。相类似的全面两孩生育响应研究结论显示，年度新增出生人口规模峰值在583万~2425万人②。

学者对生育政策调整后生育响应研究的评价存在较大的分歧，主要观点可分为三类：政策遇冷、政策调整结果符合预期和政策效果难以判断。

（一）单独两孩生育政策调整的评估

2013年11月15日，党的十八届三中全会通过的《中共中央关于全面深化改革若干重大问题的决定》启动实施一方是独生子女的夫妇可生育两个孩子的政策，简称"单独两孩政策"。学界的研究成果和官方公布的数据都集中在2014年，下面就单独两孩生育政策调整下实际生育水平与政策调整前的预测结果、适度生育水平（更替水平）对比和生育政策调整下意愿生育水平变动三方面来评估单独两孩生育政策调整是否符合预期。

有的学者认为单独两孩政策遇冷③。根据2014年单独两孩政策落地前后一段时间内，全国申请的单独夫妇数量、生育意愿抽样调查数据和访谈资料、全国各省份媒体报道，他们得出政策遇冷的结论，并认为单独夫妇基数、统计口径、预测方法，对生育

---

① 王广州、张丽萍：《到底能生多少孩子？——中国人的政策生育潜力估计》，《社会学研究》2012年第5期；翟振武、赵梦涵：《"单独二孩"政策的前因与后果》，《人口与计划生育》2014年第3期；乔晓春：《单独二孩生育政策的实施会带来什么？——2013年生育意愿调查数据中的一些发现》，《人口与计划生育》2014年第3期；姚引妹、李芬、尹文耀：《单独两孩政策实施中堆积夫妇及其生育释放分析》，《人口研究》2014年第4期。

② 王广州：《生育政策调整研究中存在的问题与反思》，《中国人口科学》2015年第2期；翟振武、张现苓、靳永爱：《立即全面放开二胎政策的人口学后果分析》，《人口研究》2014年第2期。

③ 马小红、顾宝昌：《单独二孩申请遇冷分析》，《华中师范大学学报》（人文社会科学版）2015年第2期，第20—26页；乔晓春：《"单独二孩"，一项失误的政策》，《人口与发展》2015年第6期；陈友华、苗国：《意料之外与情理之中：单独二孩政策为何遇冷》，《探索与争鸣》2015年第2期。

政策的逆反效应等形成了对生育政策调整前可能出生人口数的高估,最终导致了政策遇冷。

有的学者认为政策调整结果符合预期①。他们根据"2014年底全国有106.9万对单独夫妇申请再生育"和国家统计局公布的"2014年我国出生人口为1687万,比2013年多出生47万"②,判断单独两孩政策调整结果基本符合预期(见表4-2)。

有的学者认为政策效果难以判断③。他们认为,根据2014年底106.9万个单独两孩的申请量、1100万对符合单独两孩生育政策条件的夫妇数量与全国每年1600万左右的出生人数比较得出的"遇冷"和"符合预期"的结论是不恰当的,判断生育政策效果的标准应是实际申请数与现实中可能的申请数之间的差距。也有学者认为,单独两孩和全面两孩的政策调整效果存在相互叠加,实际的生育情况未能充分呈现单独两孩政策效果,所以单独两孩政策效果难以判断。

表4-2 单独两孩生育政策调整的评估

单独两孩政策评估	评估标准	研究结论
政策遇冷	政策实施前预测	国家卫生和计划生育委员会2015年1月12日新闻发布会上公布的结果显示,截至2014年12月,全国有106.9万对单独夫妇提出二孩申请,92万对获批,能够产生生育行为的会更少,与政策开始执行前估计每年新增200万个出生婴儿的判断相差甚远

---

① 翟振武、陈佳鞠、李龙:《中国出生人口的新变化与趋势》,《人口研究》2015年第2期,第48~56页;原新、高援:《调整生育政策与出生人口变化》,《人口与计划生育》2017年第6期。

② 国家卫计委:《单独二孩政策"遇冷"系误读》,《人民日报》2015年2月11日。

③ 风笑天:《"遇冷"或"正常"?——对"单独二孩"政策实施效果认识的评价》,《中国社会科学评价》2015年第4期;宋健:《转折点:中国生育率将往何处去——基于欧洲的经验与启示》,《探索与争鸣》2017年第4期。

续表

单独两孩政策评估	评估标准	研究结论
政策遇冷	2015年实际生育数量	2015年我国出生人口总数为1655万人，比2014年减少了32万人。单独两孩政策下出生人口不升反降说明了政策遇冷的事实
	更替水平	生育政策调整下生育水平将在短期内出现较大波动，出生人口数量将有一定程度的上升，但是未来的人口趋势不可能出现根本逆转，即总和生育率继续保持在更替水平以下，低生育水平维持稳定
	意愿生育水平	从上海市和湖北省2014年二孩申请和生育状况得出符合条件的单独家庭对生育政策调整有一定的响应，但并未引起生育的反弹，揭示了人们生育意愿普遍较低的现实
符合预期	2014年实际生育数量	单独两孩生育政策调整的效果受到人们生育观念、家庭经济实力等多方面的影响，需要更长时间的观察才能得到其对生育水平的真正影响。根据"2014年底全国有106.9万对单独夫妇申请再生育"和国家统计局公布的"2014年我国出生人口为1687万，比2013年多出生47万"，判断单独两孩政策调整结果基本符合预期

资料来源：乔晓春：《实施"普遍二孩"政策后生育水平会达到多高？——兼与翟振武教授商榷》，《人口与发展》2015年第1期，第2页；孙友然、温勇、焦永纪：《"全面两孩"政策对我国计划生育政策体系的影响研究》，《中州学刊》2016年第11期，第62~66页；翟振武：《人口新常态与人口政策》，《攀登》2015年第6期，第1~9页；郑真真：《生育政策调整后的人口探讨与反思》，《产经论坛》2016年第3期，第72~73页；翟振武、陈佳鞠、李龙：《中国出生人口的新变化与趋势》，《人口研究》2015年第2期，第48~56页。

从不同学者的研究结论和官方公布的单独两孩政策下实际生育水平数据可以看出，大部分研究结论都认为单独两孩政策调整是遇冷的，其中关于符合预期的研究结论中"2014年我国出生人口为1687万，比2013年多出生47万"不足以成为判断政策调整结果符合预期的依据，是典型的"统计误导"，因为新增的47万人不一定是直接由单独两孩政策导致的新出生人口[①]。再从2015年

---

① 乔晓春：《从"单独二孩"政策执行效果看未来生育政策的选择》，《中国人口科学》2015年第2期，第29页。

10月29日党的十八届五中全会提出全面两孩政策调整也可以判断单独两孩政策下的生育水平是不符合预期的。

(二) 全面两孩生育政策调整的评估

2015年10月29日，党的十八届五中全会明确提出"坚持计划生育的基本国策，完善人口发展战略，全面实施一对夫妇可生育两个孩子政策，积极开展应对人口老龄化行动"，即全面两孩政策。梳理相关文献可以看出，现行的研究成果大致从四个方面评估了全面两孩生育政策调整下的生育水平是否符合预期：一是通过特定的预测模型在初始数据基础上推算预测期内生育水平，对比一定的标准判断政策调整下的生育水平是否符合预期；二是通过社会学随机抽样调查获得政策调整下的意愿生育水平，基于生育意愿与生育行为之间的关系推算出政策调整下可能的生育水平，再对比一定的标准判断政策调整下的生育水平是否符合预期；三是基于2016年实际生育水平数据，对比一定的标准判断政策调整下的生育水平是否符合预期；四是基于人口转变(Demographic Transition) 理论和中国历年生育水平得出是否陷入低生育率陷阱的结论，再对比一定的标准判断政策调整下的生育水平是否符合预期。其中，判断标准又可以分为政策调整前的预测结果、适度生育水平（更替水平）和生育政策调整下的意愿生育水平变动。

有的学者认为全面两孩政策遇冷[1]，具体研究结论有，全面两孩政策实际生育结果会显著少于两个孩子，低于预期，总和生

---

[1] 郭志刚：《清醒认识中国低生育率风险》，《国际经济评论》2015年第2期，第101~110页；穆光宗：《"全面二孩"政策实施效果和前景》，《中国经济报告》2017年第1期；任远：《"全面两孩"政策的实施效果和计划生育制度的发展转型》，《人口与计划生育》2017年第7期；石人炳、陈宁、郑淇予：《中国生育政策调整效果评估》，《中国人口科学》2018年第4期，第114~125页。

育率低于更替水平。生育政策调整不会改变持续的低生育、少子化、人口负增长的发展趋势，生育势能释放后的总和生育率仍将很难达到 1.7。

有的学者认为全面两孩政策调整结果符合预期[①]，具体研究结论有，出生人口规模从递减转为递增；2016 年出生人口数达到 1700 万人，超过 20 世纪 90 年代初的水平；二孩及以上出生人口所占比例大幅上升等。2017 年 3 月 11 日，时任国家卫计委副主任王培安在十二届全国人大五次会议记者会上答中外记者问时指出，全面两孩政策实施一年多来的政策效果可以概括为：成效初显和符合预判。

从不同学者研究结论归纳可以看出，包括单独两孩和全面两孩在内的生育政策调整下生育响应是否符合预期取决于选择的判断标准（见表 4 - 3）。石人炳建议可以基于出生数量、生育水平指标，从政策对象生育行为的他人评价来解决分歧，提炼共识[②]。如从更替水平标准来看，生育政策调整是遇冷的，生育政策调整不能改变我国总和生育率长期低于更替水平和持续走低的发展趋势。

表 4 - 3　全面两孩生育政策调整的评估

全面两孩政策评估	评估标准	研究结论
政策遇冷	更替水平	全面两孩生育政策调整可以在一定程度上提升育龄妇女的生育率，但不能改变我国总和生育率长期低于更替水平的发展趋势。全面两孩生育政策调整下的总和生育率预计最高达到更替水平，生育堆积势能释放后，会降至约 1.8 的水平。随着经济社会的发展，生育水平将在此基础上进一步下降，维持在 1.70 ~ 1.75

---

① 宋健：《转折点：中国生育率将往何处去——基于欧洲的经验与启示》，《探索与争鸣》2017 年第 4 期；原新、高援：《调整生育政策与出生人口变化》，《人口与计划生育》2017 年第 6 期。
② 石人炳、陈宁、郑淇予：《中国生育政策调整效果评估》，《中国人口科学》2018 年第 4 期，第 114 ~ 125 页。

续表

全面两孩政策评估	评估标准	研究结论
政策遇冷	意愿生育水平	目前人们的生育意愿和生育行为已经发生了方向性的变化，愿意生育三孩的比例极低，由于种种原因生育二孩的比例也不高，全面两孩政策有可能遇冷，从而难以实现预期目标
		利用2010年、2011年中国社会状况综合调查和2012年、2013年中国家庭幸福感热点问题调查数据，对中国目前的生育意愿和变动趋势进行分析得出，不管生育政策是否调整，中国人口转变模式都不会发生大的改变，全面两孩政策对中国生育水平的提升作用有限
	低生育率陷阱	中国的人口形势早已发生了根本性的变化，中国已经形成低生育机制且陷入低生育率陷阱。全面两孩生育政策调整短时间内会增加出生人数，增加未来劳动力供给，缓解少子化与老龄化，但中国低生育率的趋势不会因为生育政策调整而得以逆转
	2016年实际生育数量	国家统计局数据显示，自2016年1月1日全面两孩政策落地以来，全年出生人口1786万人，比2015年增加131万人。有专家指出政策效应低于预期，生育政策调整未获得积极响应，2016年新增人口只是生育堆积势能释放的结果，增长势头未必能够保持
符合预期	2016年实际生育数量	预测显示，在"十三五"时期全面两孩政策下每年出生人口的规模是1700万~1900万人，而2016年全国住院分娩的婴儿活产数是1846万人，完全符合预期

资料来源：刘家强、唐代盛：《"普遍两孩"生育政策的调整依据、政策效应和实施策略》，《人口研究》2015年第6期，第3~12页；翟振武、李龙、陈佳鞠：《全面两孩政策对未来中国人口的影响》，《东岳论丛》2016年第2期，第77~87页；乔晓春：《从"单独二孩"政策执行效果看未来生育政策的选择》，《中国人口科学》2015年第2期，第29页；王军、王广州：《中国低生育水平下的生育意愿与生育行为差异研究》，《人口学刊》2016年第2期，第5~16页；陈友华：《全面二孩政策与中国人口趋势》，《学海》2016年第1期，第62~66页；游润恬：《中国"二孩"家庭有望少缴税》，http：//www.zaobao.com/news/china/story20170308-733186；王培安：《中国不缺人口数量 未来一百年都不缺》，http：//news.ifeng.com/a/20170311/50770759_0.Shtml。

三 完善生育政策的相关争论

回答生育政策是否进一步调整，必须先假设反事实问题：如果生育政策调整，中国的生育水平会有什么变化？根据总和生率为 2.1 的更替水平，本书把不同学者的研究结论划分为三类：放开生育政策后的生育水平回升到更替水平以上[1]，放开生育政策后的生育水平回升到更替水平左右[2]和放开生育政策后的生育水平明显低于更替水平[3]。

研究设计也可以划分为三种。第一种研究设计是不同国家间的横向对比，试图在控制影响生育的社会经济发展、生育观念和文化等宏观因素下，利用相同的生育率变动规律判断假如没有生育控制中国可能的生育水平。这种研究设计下的研究结论差异很大，最低总和生育率为 1.5，最高达到 2.5[4]，没有达成共识。第二种研究设计是基于全国抽样调查生育意愿数据来对可能的生育行为进行估计。按照人口学规律，在低生育时期，避孕的便利性、职场的激烈竞争和生育观念的改变等因素会使实际生育数低于理想子女数[5]，生育意愿的理想子女数可以被作为实际生育行为的上限来估计没有生育政策限制下生育水平的上限。实际研究结果显示，2010 年理想子女数为 1.82~1.88[6]，考虑到低生育时

---

[1] 陶涛、杨凡：《计划生育政策的人口效应》，《人口研究》2011 年第 1 期。

[2] Goodkind, D., "The Astonishing Population Averted by China's Birth Restrictions: Estimates, Nightmares, and Reprogrammed Ambitions," *Demography* 2017, 54 (4).

[3] 王军、王广州：《中国育龄人群的生育意愿及其影响估计》，《中国人口科学》2013 年第 5 期；王军、王广州：《中国低生育水平下的生育意愿与生育行为差异研究》，《人口学刊》2016 年第 2 期；侯佳伟、黄四林、辛自强、孙铃、张红川、窦东徽：《中国人口生育意愿变迁：1980—2011》，《中国社会科学》2014 年第 4 期；石人炳、陈宁、郑淇予：《中国生育政策调整效果评估》，《中国人口科学》2018 年第 4 期，第 114~125 页。

[4] 陶涛、杨凡：《计划生育政策的人口效应》，《人口研究》2011 年第 1 期。Wang, F., Cai, Y., & Gu, B., "Population, Policy, and Politics: How will History Judge China's One-Child Policy?" *Population & Development Review* 2013, 38 (S1).

[5] Bongaartz, J., "Fertility and Reproductive Preferences in Post-transitional Societies," *Population & Development Review* 2001, 27 (S1).

[6] 王军、王广州：《中国育龄人群的生育意愿及其影响估计》，《中国人口科学》2013 年第 5 期；王军、王广州：《中国低生育水平下的生育意愿与生育行为差异研究》，《人口学刊》2016 年第 2 期。

期实际生育水平低于意愿水平,即如果没有生育政策限制,中国可能的总和生育率会明显低于 2.1 的更替水平[1]。第三种研究设计是利用孩次递进比测算,生育势能释放后的终身生育水平将不到 1.65,具体表现为一孩递进比为 0.95,二孩递进比为 0.6,三孩递进比为 0.2,生育政策调整后的生育水平稳定在 1.7 以下,政策调整的中长期效果不容乐观[2]。

学界关于生育政策的完善的研究结论可分为进一步全面放开生育政策和保持现行生育政策不变,其中分歧主要是围绕中国人口发展会不会陷入低生育率陷阱展开的,生育政策的调整是否有利于人口问题的改善,是否有利于人口与外部环境相适应等问题而产生。

有学者基于国外人口发展规律、中国以往生育政策评估和未来生育水平,得出应保持现行生育政策不变的结论(见表 4-4)。

表 4-4 保持现行生育政策不变的研究结论

	判断标准	研究结论
保持现行生育政策不变	国外人口发展规律	中国特殊的婚育文化和生育模式二元特征使中国生育水平发展趋势不太可能像部分欧洲国家和日本、韩国、新加坡一样降到很低或极低的水平。随着生育政策进一步的调整完善,短期内中国陷入低生育率陷阱的可能性不大
	有利于人口与外部环境相适应	中国不缺人口总量,不缺劳动力数量,不光是现在不缺,未来一百年都不会缺数量

资料来源:陈佳鞠、翟振武:《20 世纪以来国际生育水平变迁历程及影响机制分析》,《中国人口科学》2016 年第 2 期,第 13~25 页;王培安:《中国不缺人口数量未来一百年都不缺》,http://news.ifeng.com/a/20170311/50770759_0.Shtml。

有学者基于国外人口发展规律,得出中国极可能会陷入低生

---

[1] 郑真真:《生育意愿研究及其现实意义——兼以江苏调查为例》,《学海》2011 年第 1 期;侯佳伟、黄四林、辛自强、孙铃、张红川、窦东徽:《中国人口生育意愿变迁:1980—2011》,《中国社会科学》2014 年第 4 期。
[2] 石人炳、陈宁、郑淇予:《中国生育政策调整效果评估》,《中国人口科学》2018 年第 4 期,第 114~125 页。

育率陷阱、未来的生育水平应该达到或高于更替水平，以及计划生育政策导致的人口问题三方面，论述生育政策应该进一步调整，即全面放开生育政策（见表4-5）。

表4-5 全面放开生育政策的研究结论

	判断标准	研究结论
全面放开生育政策	人口转变理论	基于韩国的经验以及中国目前执行单独两孩政策所表现出的现实，中国的生育政策应该尽快过渡到全面两孩，甚至可以考虑立即取消目前的人口控制政策，如果不能及时调整和完善生育政策，中国可能会重蹈日本和韩国的覆辙，最终陷入低生育率陷阱
		新加坡在1984年生育率降至1.62时提出鼓励生育政策，日本在1990年生育率为1.54时大幅提高育儿津贴，韩国在1996年生育率为1.58时废止计划生育政策。中国生育率早已低至1.5左右，建议立即全面放开生育政策
		世界人口的转变引发越来越多国家出台鼓励生育政策，并不断加大政策力度，但效果却不尽如人意。同样处于很低生育水平的中国却仍在维持当前的低生育水平，这会对社会与家庭造成难以弥补的负面影响。中国人口政策的调整已迫在眉睫
		世界上没有一个国家和中国一样推行严厉的生育控制政策，没有一个国家在生育率降至更替水平以下时仍继续推行生育控制政策，没有一个国家的政府在持续十多年甚至数十年的超低生育率地区仍推行生育控制政策
	有利于人口问题的改善	只要一个国家或地区人口的总和生育率低于更替水平，其人口结构就存在一定问题，长期下去将出现人口老龄化并引发一系列社会和经济问题。因此，无论实际生育率是1.5还是1.8，都改变不了中国已经处于低生育水平的事实
		中国"一胎化"的计划生育政策带来的积极效果并不显著，不能清晰地证明其对中国的经济社会发展起了多大的作用。相反，该政策所带来的消极效果却十分明显，如过度控制导致总和生育率低于2.1的更替水平、偏高的出生性别比、快速老化的人口年龄结构、失独家庭问题等。因此，可以说计划生育政策就是一项决策的失误

资料来源：乔晓春：《从韩国取消生育政策看中国加快生育政策调整的必要性》，《东南大学学报》（哲学社会科学版）2015年第4期，第21~27页；乔晓春：《从"单独二孩"政策执行效果看未来生育政策的选择》，《中国人口科学》2015年第2

期,第 29 页;陈友华:《关于生育政策调整的若干问题》,《人口与发展》2008 年第 1 期,第 24~35 页;沈可、王丰、蔡泳:《国际人口政策转向对中国的启示》,《国际经济评论》2012 年第 1 期,第 112~122 页;陈友华:《关于生育政策调整的若干问题》,《人口与发展》2008 年第 1 期,第 24~35 页;王军:《全面二孩实施后人口研究转向》,《中国社会科学报》2016 年 11 月 23 日,第 6 版;乔晓春:《一孩政策后果的历史审视》,《学海》2016 年第 1 期,第 52~61 页。

从学界对完善生育政策的争论可以看出,不管是基于国外人口发展规律还是人口转变理论,不管是有利于人口问题的改善,还是有利于人口与经济、社会等外部环境相适应,最终的关注焦点都在于生育政策调整下生育水平是否达到适度的标准,即通过在包括单独两孩和全面两孩在内的生育政策调整下未来一定时期内生育水平是否满足适度生育水平的标准来判断是否进一步放开生育政策。

四 小结

利用学界现有的研究成果,本章在生育水平维度对包括单独两孩和全面两孩在内的生育政策调整进行了评估,得出不管是实际生育数据,或者基于生育意愿推测出的未来生育水平,还是国外人口发展规律都支持生育政策遇冷的结论,而生育政策遇冷从另一方面说明家庭意愿生育水平的内部约束正在逐步取代国家计划生育的外部控制,成为影响我国未来生育水平的关键因素。

从不同学者关于完善生育政策的争论可看出,学界关于生育政策的完善的研究结论可分为全面放开生育政策和保持现行生育政策不变,其中分歧主要是围绕中国人口发展会不会陷入低生育率陷阱展开的。基于不同学者关于未来生育水平的预测结果和实际生育数据,我们可以认定生育政策的进一步放开对促进人口自身长期均衡发展和人口与经济社会、资源环境协调可持续发展具有积极意义。

第五章
生育政策调整下生育行为预测研究的不足与改进

2013年11月15日,党的十八届三中全会通过的《中共中央关于全面深化改革若干重大问题的决定》启动实施一方是独生子女的夫妇可生育两个孩子的政策,简称"单独两孩政策"。2015年10月29日,党的十八届五中全会明确提出"坚持计划生育的基本国策,完善人口发展战略,全面实施一对夫妇可生育两个孩子政策,积极开展应对人口老龄化行动",即全面两孩政策。由此,现行的计划生育政策进入了一轮新的调整与完善周期,而生育政策调整下的生育行为研究成了学界的研究热点。

由于单独两孩和全面两孩政策调整间隔短,现有的有关生育政策调整下的生育行为研究主要集中在单独两孩政策调整前生育行为预测研究和单独两孩政策调整后生育行为分析,少量的文献涉及全面两孩政策下生育行为预测研究。生育政策调整下的生育行为预测主要估算生育政策调整后,可能新增的生育总量和这些生育量按年份的释放进程,回答是否有生育堆积的可能,以及对经济、社会可能的影响等问题。但回顾现有的研究发现(见表5-1、表5-2),大部分预测与实际情况大相径庭,如国家卫生和计划生育委员会数据显示,每年将增加超过200万个新生儿,但截至2014年12月,符合条件的1100万对单独夫妇中,有106.9万对提出申请,低于官方预期①。

表 5-1 全国范围内单独堆积家庭生育行为预测结果对比

	预测年份	单独两孩总出生量（万人）		不同年份释放的二孩数量（万人）			
		最低值	最高值	2014	2015	2016	2017
乔晓春	2013	12.68	20.87	5.03	6.71	4.19	0.84
姚引妹等	2014	1826	2588	30~59	123~235	—	—
石人炳	2013	1021.81	1226.17	—	—	—	—
国家卫计委	2015	106.9万对申请，92万对获批					

资料来源：乔晓春：《"单独二孩"政策下新增人口测算方法及监测系统构建》，《人口与发展》2014 年第 1 期；姚引妹、李芬、尹文耀：《单独两孩政策实施中堆积夫妇及其生育释放分析》，《人口研究》2014 年第 4 期；石人炳：《"单独二孩政策"实施初期的出生堆积及其特点》，《人口与经济》2014 年第 5 期；《全国"单独二孩"申请近百万批 92 万》，《南方周末》2015 年 1 月 13 日。

表 5-2 湖北范围内单独堆积家庭生育行为预测结果对比

	预测年份	单独两孩总出生量（万人）		不同年份释放的二孩数量（万人）			
		最低值	最高值	2014	2015	2016	2017
曹立斌等	2014	19.6		4.47	8.03	6	5.12
杨云彦、石智雷等	2014	7.97		0.55	1.12	1.10	0.70
石人炳	2013	16.65	19.98	11.32	8.8	8.5	
湖北全员人口数据库	2014	—		0.6654	—	—	—

资料来源：曹立斌、程广帅：《"单独二孩"政策将释放多少生育潜能?》，《中南财经政法大学学报》2014 年第 5 期；杨云彦、向华丽、黄瑞芹：《"单独二孩"政策的人口红利效应分析——以湖北省为例》，《中南财经政法大学学报》2014 年第 5 期；石智雷、杨云彦：《符合"单独二孩"政策家庭的生育意愿与生育行为》，《人口研究》2014 年第 5 期；石人炳：《"单独二孩政策"实施初期的出生堆积及其特点》，《人口与经济》2014 年第 5 期；湖北全员人口数据库。

---

① 新加坡联合早报：《远不如官方预期，中国单独二胎政策至今仅 70 万夫妇申请》，http://www.zaobao.com/news/china/story20141031-406464。

从表 5-1、表 5-2 中我们可以看出，现有的生育政策下的生育行为预测结果有很大差异，本书尝试通过梳理已有的文献来解释为什么会出现如此大的差异，指出其预测方法的不足，并提出相应的改进建议，以完善生育政策调整对生育行为影响的预测方法。

一 生育政策调整下二孩生育行为预测研究的回顾

生育政策调整下二孩生育行为预测不同于常规的人口预测，其生育政策的突然变动无法满足常规人口预测技术的基本前提，因为使用连续的生育参数的常规模拟预测无法反映政策调整的突变性。目前学界只有少数学者提出了生育政策调整下二孩生育行为测算方法。

（一）利用生育意愿来预测二孩生育行为

乔晓春以 2010 年全国六普数据和 2013 年国家卫生计生委的生育意愿抽样调查数据为基础数据，分析了单独两孩可能的新增出生人数和 2014~2017 年释放进程、总和生育率的变化，以及对未来人口发展的影响。其对新增出生人口和新增生育水平的估计包括以下几步：第一步，用普查数据估计 2013 年分年龄已婚妇女的人数；第二步，利用生育意愿调查样本中已婚人群中符合单独两孩政策的比例估算总体已婚人群中符合单独两孩政策的人数；第三步，根据生育意愿调查中，符合单独两孩政策已婚育龄妇女中"打算再要一个孩子"生育意愿估算单独两孩出生人数；第四步，根据生育意愿调查中，"从现在起计划什么时候生下一个孩子"问题的"现孕、明年、后年、大后年和未确定"的回答，估计新出生人数在未来几年的可能分布[1]。

王广州等认为必须从"生了多少、想生多少、政策允许生多少、会生多少"四个方面来回答中国育龄妇女能生多少孩子的问题，这四个方面涉及曾生子女（或现有子女）、生育意愿、计划生育政策规定和生育水平四个变量[2]。翟振武等认为计划生育政策调整后，二胎生育堆积能量取决于目标人群的规模和育龄妇女的二胎生育意愿[3]。具体而言，就是通过2005年全国1%人口抽样调查数据对现有独生子女的规模和年龄结构进行估算，然后结合妇女的生育模式预测目标群体的规模，再通过2013年中国人口与发展研究中心在全国29个省区市（西藏、新疆、港澳台除外）针对20~44岁育龄妇女的生育意愿调查来估算生育政策调整后二孩的堆积数量。

用生育意愿来估算二孩生育量和释放进程的研究还包括杨云彦等的《"单独二孩"政策的人口红利效应分析——以湖北省为例》[4]、石智雷等的《符合"单独二孩"政策家庭的生育意愿与生育行为》[5]和曹立斌等的《"单独二孩"政策将释放多少生育潜能？》[6]。

（二）利用分年龄生育释放模拟生育模型来预测二孩生育行为

姚引妹等利用堆积夫妇估计剥离、生育释放模拟的理论分析

---

[1] 乔晓春：《"单独二孩"政策下新增人口测算方法及监测系统构建》，《人口与发展》2014年第1期，第5页。
[2] 王广州、张丽萍：《到底能生多少孩子——中国人的政策生育潜力估计》，《社会学研究》2012年第5期，第123页。
[3] 翟振武、张现苓、靳永爱：《立即全面放开二胎政策的人口学后果分析》，《人口研究》2014年第2期，第3~9页。
[4] 杨云彦、向华丽、黄瑞芹：《"单独二孩"政策的人口红利效应分析——以湖北省为例》，《中南财经政法大学学报》2014年第5期，第3~8页。
[5] 石智雷、杨云彦：《符合"单独二孩"政策家庭的生育意愿与生育行为》，《人口研究》2014年第5期，第30页。
[6] 曹立斌、程广帅：《"单独二孩"政策将释放多少生育潜能？》，《中南财经政法大学学报》2014年第5期，第9~13页。

模型，以 2010 年国务院人口普查办公室补充汇总的各地区分城乡、分年龄、分存活子女数的妇女人数，对全国的东中西三大地带、东北地区以及重点省区堆积夫妇规模、年龄构成及其生育释放量进行了测算①。其主要贡献在于用分年龄分孩次预期生育率、分年龄分孩次预期生育率和生育模式、分年龄分孩次预期生育概率对单独家庭生育进行了 2014～2042 年的长期预测，弥补了利用生育意愿只能作短期预测的不足。

（三）利用孩次递进比来预测二孩生育行为

郭志刚认为常规生育率预测方法中没有育龄妇女的孩次结构信息，不能控制育龄妇女本身的孩次结构影响，此方法仅仅控制了育龄妇女的年龄结构，但不能控制孩次结构，所以不能作为生育政策调整下的生育行为预测方法。他提出应该从生育政策与生育行为的关系角度对生育政策调整的人口模拟方法进行探讨，即把生育政策理解为一种孩次控制的政策，如将独生子女政策视为一种控制从孩次 1 向孩次 2 递进的政策，将二孩政策视为控制从孩次 2 向孩次 3 递进的政策。最终他得出一套基于普查数据的年龄－孩次递进生育模型的预测方法②。

石人炳提出了"生育潜能存量"与"生育潜能增量"两个概念，并用生育意愿预测生育潜能存量的释放总量和释放进程；用二胎递进比预测生育潜能增量的释放总量和释放进程③。具体而言，生育潜能存量是指以预测期为时点，在预测之前就已生育第一个孩子，但不符合原政策生育第二个孩子，而政策调整后可以生育第二

---

① 姚引妹、李芬、尹文耀：《单独两孩政策实施中堆积夫妇及其生育释放分析》，《人口研究》2014 年第 4 期。
② 郭志刚：《关于生育政策调整的人口模拟方法探讨》，《中国人口科学》2004 年第 2 期，第 2～12 页。
③ 石人炳：《"单独二孩政策"实施初期的出生堆积及其特点》，《人口与经济》2014 年第 5 期，第 14 页。

个孩子的育龄妇女的数量；生育潜能增量是指在预测之前没有孩子而在预测期生育第一个孩子，但不符合原政策生育第二个孩子，而政策调整后可以生育第二个孩子的育龄妇女的数量。

王广州以 1990 年以来人口普查汇总数据为基础建立人口仿真数据库，利用以年龄－孩次递进预测为基础的微观随机人口仿真预测模型，分析了单独育龄妇女总量、结构和变动趋势，生育政策调整可能存在的出生人口堆积情况，估算了生育政策调整后北京市分城乡人口的总和生育率，反思生育政策调整研究面临的问题、困难，提出解决办法[①]。

二 生育政策调整下二孩生育行为预测的不足

生育政策调整下基于生育意愿的生育行为预测，首先需要确定目标家庭的数量，包括单独目标家庭、非独目标家庭；其次是目标家庭的生育意愿，包括是否打算生育二孩、理想的孩子数目，以及二孩生育的时间安排。这一要求下的基础数据分为两部分：一部分用于测算目标家庭的数量，包括单独、非独目标家庭数量和单独、非独潜在家庭数量；另一部分用于测算目标家庭未来的二孩生育行为。

（一）预测目标家庭数量基础数据的不足

准确确定目标家庭的数量，首先是获得数据十分困难[②]。王

---

① 王广州、张丽萍：《到底能生多少孩子——中国人的政策生育潜力估计》，《社会学研究》2012 年第 5 期，第 123 页；王广州：《"单独"育龄妇女总量、结构及变动趋势研究》，《中国人口科学》2012 年第 3 期，第 9～11 页；王广州：《中国人口科学》，《北京社会科学》2011 年第 3 期，第 48～52 页；王广州：《生育政策调整研究中存在的问题与反思》，《中国人口科学》2015 年第 2 期，第 2～15 页。
② 王广州：《"单独"育龄妇女总量、结构及变动趋势研究》，《中国人口科学》2012 年第 3 期，第 9～11 页。

广州指出单独、全面两孩生育政策调整分析的基础数据必须包括是否为独生子女、婚姻状况、生育的孩次分布、农业与非农业户口以及年龄五个维度的属性标识。然而，以往历次人口普查的汇总数据都无法同时满足这五个基本条件①。

以下简单罗列不同学者关于二孩生育行为预测的数据来源。

乔晓春预测的基础数据是 2010 年第六次全国人口普查数据②；姚引妹等预测分析的基础数据是 2010 年国务院人口普查办公室补充汇总的各地区分城乡、分年龄分存活子女数的妇女人数③；王广州预测的基础数据是通过人口数学模型，对 1990 年以来人口普查汇总数据和原始抽样数据进行反复的逻辑检验而构建的人口仿真数据库数据④。

石人炳预测分析的基础数据包括湖北全员人口数据库的数据⑤；曹立斌以从 2014 年 3 月的湖北全员人口数据库中提取的湖北省单独目标家庭数据为基础数据⑥；杨云彦、石智雷以从 2014 年 7 月湖北全员人口数据库中提取的湖北省单独目标家庭数据为基础数据⑦。

从表 5-3 和表 5-4 可以看出，不同学者预测的目标家庭数量

---

① 王广州：《生育政策调整研究中存在的问题与反思》，《中国人口科学》2015 年第 2 期，第 2~15 页。
② 乔晓春：《"单独二孩"政策下新增人口测算方法及监测系统构建》，《人口与发展》2014 年第 1 期，第 5 页。
③ 姚引妹、李芬、尹文耀：《单独两孩政策实施中堆积夫妇及其生育释放分析》，《人口研究》2014 年第 4 期，第 3~4 页。
④ 王广州：《生育政策调整研究中存在的问题与反思》，《中国人口科学》2015 年第 2 期，第 2~15 页。
⑤ 石人炳：《"单独二孩政策"实施初期的出生堆积及其特点》，《人口与经济》2014 年第 5 期，第 14 页。
⑥ 曹立斌、程广帅：《"单独二孩"政策将释放多少生育潜能？》，《中南财经政法大学学报》2014 年第 5 期，第 9~13 页。
⑦ 杨云彦、向华丽、黄瑞芹：《"单独二孩"政策的人口红利效应分析——以湖北省为例》，《中南财经政法大学学报》2014 年第 5 期，第 3~8 页；石智雷、杨云彦：《符合"单独二孩"政策家庭的生育意愿与生育行为》，《人口研究》2014 年第 5 期，第 30 页。

与实际结果都有很大的出入,我们简单做如下解释。

表 5-3　全国范围内预测基础数据的对比

	预测年份	单独目标家庭(万)	"要二孩"生育意愿(%)	年生育释放比率(%)			
				2014	2015	2016	2017
乔晓春	2013	55.23	23.1	30	40	25	5
庄亚儿等	2013	—	60.8	20.8	11.1	8.5	—
翟振武等	2013	—	70	20	35	25	20
姚引妹等	2014	2612	—	—	—	—	—
石人炳	2013	2047.62	—	—	—	—	—
国家卫计委	2015	1100	—	—	—	—	—

资料来源:乔晓春:《"单独二孩"政策下新增人口测算方法及监测系统构建》,《人口与发展》2014年第1期;庄亚儿、姜玉、王志理、李成福、齐嘉楠、王晖、刘鸿雁、李伯华、覃民:《当前我国城乡居民的生育意愿——基于2013年全国生育意愿调查》,《人口研究》2014年第3期;翟振武、张现苓、靳永爱:《立即全面放开二胎政策的人口学后果分析》,《人口研究》2014年第2期;姚引妹、李芬、尹文耀:《单独两孩政策实施中堆积夫妇及其生育释放分析》,《人口研究》2014年第4期;石人炳:《"单独二孩政策"实施初期的出生堆积及其特点》,《人口与经济》2014年第5期;《远不如官方预期,中国单独二胎政策至今仅70万夫妇申请》,新加坡联合早报网。

表 5-4　湖北范围内预测基础数据的对比

	预测年份	单独目标家庭(万)	"要二孩"生育意愿(%)	年生育释放比率(%)			
				2014	2015	2016	2017
曹立斌等	2014	62.94	21.5	7.1	14.2	10.6	7.4
杨云彦、石智雷等	2014	37.05	21.51	6.9	14.1	13.8	8.8
石人炳	2013	33.3	50~60	34	26.5	25.4	—
湖北全员人口数据库	2014	39.26	—	—	—	—	—

资料来源:曹立斌、程广帅:《"单独二孩"政策将释放多少生育潜能?》,《中南财经政法大学学报》2014年第5期;杨云彦、向华丽、黄瑞芹:《"单独二孩"政策的人口红利效应分析——以湖北省为例》,《中南财经政法大学学报》2014年第5期;石智雷、杨云彦:《符合"单独二孩"政策家庭的生育意愿与生育行为》,《人口研究》2014年第5期;石人炳:《"单独二孩政策"实施初期的出生堆积及其特点》,《人口与经济》2014年第5期;湖北全员人口数据库。

全国范围内的目标家庭数量的确定大部分是基于全国的普查数据,但存在两个问题:一是普查数据存在误差,"六普"数据的分年龄生育率、分年龄死亡率偏低，总和生育率偏低，存在大量的出生人口漏报，以及一定程度流动人口的漏报，性别年龄结构存在一定程度的偏差①；二是普查数据没有家庭中父母一方是否为独生子女的信息，需要通过一定的参数来估计目标家庭数，如短期内通过抽样数据中目标家庭的比例来估算总体目标家庭数量，长期根据独生子女分性别数量和一定的婚配比例来预测目标家庭的数量，每个环节存在较大的误差。

湖北省范围内目标家庭数量的预测是基于湖北全员人口数据库的数据，但不同时间统计的目标家庭数量有着很大的差异，时间越近，其数据越准确。这是因为生育政策调整前湖北全员人口数据库数据都缺少家庭夫妻一方兄弟姐妹的数据，无法判断实施一孩政策和一孩半政策的地区的家庭丈夫或妻子是否为独生子女，也就很难识别哪些家庭是生育政策调整下的潜在生育家庭，只有最新湖北全员人口数据库才及时更新目标家庭数据。

（二）预测生育意愿数据的不足

从表 5-3 和表 5-4 中可以看出不同学者使用的目标家庭"是否生育二孩"和"计划什么时候生育二孩"的生育意愿有着很大的差异。

我们归纳了生育意愿数据的来源：乔晓春、庄亚儿、翟振武等预测的生育意愿来源于 2013 年 8 月中国人口与发展研究中心的生育意愿抽样调查数据②；曹立斌、杨云彦、石智雷等预测的生

---

① 乔晓春：《"单独二孩"政策下新增人口测算方法及监测系统构建》，《人口与发展》2014 年第 1 期，第 5 页。
② 乔晓春：《"单独二孩"政策下新增人口测算方法及监测系统构建》，《人口与发展》2014 年第 1 期，第 5 页；庄亚儿、姜玉、王志理、李成福、齐嘉楠、王晖、刘鸿雁、李伯华、覃民：《当前我国城乡居民的生育意愿——基于 2013 年全国生育意愿调查》，《人口研究》2014 年第 3 期，第 3~8 页；翟振武、张现苓、靳永爱：《立即全面放开二胎政策的人口学后果分析》，《人口研究》2014 年第 2 期，第 3~9 页。

育意愿来源于 2014 年 6 月湖北省符合单独两孩政策家庭生育意愿与生育行为的抽样调查数据[1]；石人炳预测的生育意愿来源于 2013 年 8 月中国人口与发展研究中心的生育意愿抽样调查数据和 2013 年湖北省卫计委关于单独育龄妇女的生育意愿调查[2]。

从数据差异来看，"是否生育二孩"和"计划什么时候生育二孩"的生育意愿之所以不同，不仅仅是因为不同时间、不同群体的生育意愿调查数据，更是因为不同学者对同一来源的生育意愿数据不同的假定。如不同生育意愿来源导致的差异：庄亚儿等的 2013 年 8 月全国生育意愿调查显示，现有一孩的单独家庭希望生育二孩的比例为 60.8%，普通家庭为 54.8%，双独家庭为 54.4%[3]；而石智雷的 2014 年 6 月湖北省生育意愿调查显示符合政策的单独两孩家庭中，有 21.51% 的人明确回答"要二孩"，有 59.17% 明确回答"不要二孩"，有 19.32% 回答"还没想清楚"[4]。相同来源的生育意愿的差异也存在于乔晓春预测的 23.1% 的单独目标家庭"要二孩"与庄亚儿等预测的 60.8% 的单独目标家庭"要二孩"中；曹立斌、杨云彦、石智雷等相同来源的生育意愿之间有着不同的释放进程。

我们用生育意愿来预测生育行为时要意识到二孩生育行为是一个客观事实，而生育意愿则是一个主观的判断，虽然生育意愿

---

[1] 曹立斌、程广帅：《"单独二孩"政策将释放多少生育潜能?》，《中南财经政法大学学报》2014 年第 5 期，第 9~13 页；杨云彦、向华丽、黄瑞芹：《"单独二孩"政策的人口红利效应分析——以湖北省为例》，《中南财经政法大学学报》2014 年第 5 期，第 3~8 页；石智雷、杨云彦：《符合"单独二孩"政策家庭的生育意愿与生育行为》，《人口研究》2014 年第 5 期，第 30 页。

[2] 石人炳：《"单独二孩政策"实施初期的出生堆积及其特点》，《人口与经济》2014 年第 5 期，第 14 页。

[3] 庄亚儿、姜玉、王志理、李成福、齐嘉楠、王晖、刘鸿雁、李伯华、覃民：《当前我国城乡居民的生育意愿——基于 2013 年全国生育意愿调查》，《人口研究》2014 年第 3 期，第 3~8 页。

[4] 石智雷、杨云彦：《符合"单独二孩"政策家庭的生育意愿与生育行为》，《人口研究》2014 年第 5 期，第 30 页。

在一定程度上影响着生育行为，但用生育意愿去预测生育行为的难点在于生育意愿是变化的，它既与过去的生育史、时间有关，也与现有子女的状态有关[①]。所以，我们需要剥离生育意愿这些影响因素，在预测时尽量控制，才能有相对准确的预测结果。

例如，目标家庭关于"你们符合可以生育两个孩子的政策，是否再要第二个小孩呢？"这一意愿问题的回答是与育龄妇女年龄相关的。2013年8月全国生育意愿调查显示，不同年龄组的单独育龄妇女打算生育二孩的比例差异显著，且随着年龄的增长，生育二孩的意愿呈下降趋势[②]；目标家庭"是否生育二孩"的回答是与已生育一孩年龄相关的，生育意愿抽样调查显示，一孩年龄变量与不生育二孩变量在5%的水平下是显著相关的。此外，从性别来看，育龄夫妇中女性平均生育意愿略高于男性；从生育时间来看，城镇育龄妇女实现生育目标的时间安排比农村妇女晚[③]。

在以上分析的生育意愿影响因素下，不能假定生育意愿固定不变，也就不能准确用生育意愿来估算生育政策调整下二孩的生育数量；除了以上因素对生育意愿的影响外，育龄妇女的学历、育龄妇女的职业、育龄妇女的受教育水平和一孩的性别也对单独家庭的生育意愿产生影响。所以，生育意愿是随时间而动态变化的，用它来预测目标家庭二孩生育量要注意生育意愿的相关影响因素，需要厘清哪些因素能够假定相对不变、哪些因素不能够假定相对不变。

---

① 王广州：《"单独"育龄妇女总量、结构及变动趋势研究》，《中国人口科学》2012年第3期，第9~11页。
② 庄亚儿、姜玉、王志理、李成福、齐嘉楠、王晖、刘鸿雁、李伯华、覃民：《当前我国城乡居民的生育意愿——基于2013年全国生育意愿调查》，《人口研究》2014年第3期，第3~8页。
③ 王广州：《"单独"育龄妇女总量、结构及变动趋势研究》，《中国人口科学》2012年第3期，第9~11页。

(三) 用生育意愿预测目标家庭二孩生育行为方法的不足

生育政策调整下二孩生育行为预测研究大部分是以生育意愿为基础的，但是这种以生育意愿预测生育行为的方法是否精确，学界还存有争议。生育意愿与生育行为之间的关系可分为三种：一是生育意愿高于实际生育行为；二是生育意愿低于实际生育行为；三是生育意愿等于实际生育行为。现行的中国生育意愿与生育行为之间是什么关系呢？是否可以用生育意愿预测生育行为呢？梳理不同学者的研究，大部分倾向于生育意愿不等同于生育行为，生育意愿也不会简单直接地转化为生育行为。

杨菊华认为生育意愿与实际生育水平之间是偏离的，在发达国家主要表现为实际生育水平高于生育意愿，在发展中国家主要表现为生育意愿高于实际生育水平，而在中国这两种情况并存[①]。郑真真在江苏的生育意愿跟踪调查结果显示，生育意愿是不等同于生育行为的且实际出生育子女数低于生育意愿，具体而言是希望要两个孩子的妇女中已有两个孩子的只占 27.3%，而希望只要一个孩子的妇女中只有一个孩子占 97.1%[②]，说明一孩生育意愿和一孩生育行为接近，而二孩的生育意愿与二孩生育行为之间有比较大的差距。茅倬彦等的生育意愿跟踪调查也显示生育意愿之间生育行为的不同，但只出现上文分析的两者之间三种关系中的两种，即生育意愿高于实际生育行为和生育意愿等于实际生育行为，具体的比例为：生育意愿高于实际生育行为占所有育龄妇女的 39.91%；生育意愿等于实际生育行为占所有育龄妇女的 60.09%[③]。

---

① 杨菊华：《意愿与行为的悖离：发达国家生育意愿与生育行为研究述评及对中国的启示》，《学海》2008 年第 1 期，第 27～37 页。
② 郑真真：《生育意愿的国际比较、中国现实及政策含义》，《人口与经济》创刊 30 年暨人口、就业和社会保障学术研讨会论文集，2010。
③ 茅倬彦、罗昊：《符合二胎政策妇女的生育意愿和生育行为差异》，《人口研究》2013 年第 1 期，第 84～87 页。

鉴于以上的分析，我们不能简单把生育意愿用于生育行为的预测，需对生育意愿的具体问题进行分类探讨，如具有明确的数量和时间的生育计划更有可能转化为生育行为，最终对生育数量产生影响①，且需要用跟踪研究得出生育意愿与实际生育行为之间的比例参数来修正预测的模型。

三 生育政策调整下二孩生育行为预测的改进

生育是最重要的人口事件，对生育行为的预测一直是人口学研究的重要问题。生育政策调整下目标家庭二孩生育行为预测尤为复杂，它的变动不仅仅受到城乡、家庭、孩次结构、年龄、生育文化、社会经济等特征的影响，更受到生育政策变动的影响，如何弥补基础数据和用生育意愿预测生育行为方法的不足，是对生育政策调整下的二孩生育行为准确预测的关键。

（一）预测目标家庭数量数据的改进

有的学者认为"六普"中总和生育率1.18的数据说明存在比较严重的出生人口的漏报和瞒报，而这部分没有报出来的出生人口绝大多数都应该是二孩及以上，这会导致一孩家庭规模被高估②；有的学者认为普查数据是可以接受的，如郭志刚研究1997年以来的调查数据认为，历次调查的结果大体上是吻合的③。基于湖北全员人口数据库数据，预测研究存在局限性：一是假定湖北全员人口数据库数据准确的前提；二是全国的预测信息量太

---

① 顾宝昌：《生育意愿、生育行为和生育水平》，《人口研究》2011年第2期，第43~59页。
② 乔晓春：《"单独二孩"政策下新增人口测算方法及监测系统构建》，《人口与发展》2014年第1期，第5页。
③ 郭志刚：《六普结果表明以往人口估计和预测严重失误》，《中国人口科学》2011年第6期，第2~5页。

第五章 生育政策调整下生育行为预测研究的不足与改进

大,没有及时更新全员人口数据库;三是涉及政府信息开放性,有些学者的研究是有其便利性的,而其他学者和其他省份的数据不具备这样的条件。

预测的基础数据是否存在质量问题,这里不再探讨,关键是不管是普查数据还是原有的全员人口数据库数据都缺少家庭夫妻一方兄弟姐妹的数据,所以以此为基础预测目标家庭数量会存在较大的误差。相对而言,全国范围内的预测应该以国家卫计委最新公布的目标家庭数量为基础数据。

(二) 预测目标家庭生育意愿数据的改进

关于"是否生育二孩"的意愿预测,庄亚儿调查的"要二孩"的比例为60.8%[1],由于其2013年的调查是在单独两孩政策实施前,这时询问的二孩生育意愿更接近于人们的理想子女数,偏离了人们实际的生育行为,单独两孩政策调整后,人们面临实际生育选择的时候会更多地考虑现实问题[2]。郑真真2010年的研究显示符合二孩政策的妇女中实际已有两个孩子的占27.3%,2014年的研究显示该地区符合政策可生二孩的夫妻最多有30%生育二孩(基于7年跟踪数据估计)[3]。其2007~2014年的跟踪调查研究有三个因素需要考虑:一是7年内二孩生育势能基本释放完,可以看成终身生育水平;二是其调查起始年份为2007年,按生育意愿和生育水平随年份的增加而下降的假设,2014年的生育意愿产生的生育水平应低于30%;三是其调研地点包括城

---

[1] 庄亚儿、姜玉、王志理、李成福、齐嘉楠、王晖、刘鸿雁、李伯华、覃民:《当前我国城乡居民的生育意愿——基于2013年全国生育意愿调查》,《人口研究》2014年第3期,第3~8页。
[2] 石智雷、杨云彦:《符合"单独二孩"政策家庭的生育意愿与生育行为》,《人口研究》2014年第5期,第30页。
[3] 郑真真:《生育意愿的测量与应用》,《中国人口科学》2014年第6期,第24~25页。

乡（25个村委会和24个居委会），而生育政策调整下的目标家庭主要集中于城市，如石智雷调研显示超过2/3的单独目标家庭在城市，按城市生育意愿低于农村的假设，30%可能偏高。石智雷的目标家庭样本中明确回答"要二孩"的占21.51%[①]，其调查的对象是单独两孩政策实施后的单独目标家庭，且针对生育二孩意愿设计的问题是"您是否打算生育二孩"，并进一步追问"如果有，您打算什么时候生育二孩"，这种问题的回答更加接近生育行为的发生，故可以把30%的二孩生育意愿作为生育政策调整下二孩生育行为预测的高方案对待，把21.51%的二孩生育意愿作为生育政策调整下二孩生育行为预测的低方案对待。

关于"计划什么时候生育二孩"的意愿预测，乔晓春的数据样本量很小（合计20人）[②]，不能真实地反映意愿；庄亚儿等的数据中回答"未确定"的占59.6%[③]，比例太高，不能反映完整的分布；曹立斌、杨云彦、石智雷的调研是在2014年6月完成的，即在单独两孩政策实施后，有部分家庭已孕，不能完全反映时间安排意愿。因此，本书采用翟振武等根据2013年中国人口与发展中心组织的生育意愿调查推导的假定，即二孩的生育行为会按照20%、35%、25%和20%的分布在生育政策调整后的四年内释放[④]。

[①] 石智雷、杨云彦：《符合"单独二孩"政策家庭的生育意愿与生育行为》，《人口研究》2014年第5期，第30页。
[②] 乔晓春：《"单独二孩"政策下新增人口测算方法及监测系统构建》，《人口与发展》2014年第1期，第5页。
[③] 庄亚儿、姜玉、王志理、李成福、齐嘉楠、王晖、刘鸿雁、李伯华、覃民：《当前我国城乡居民的生育意愿——基于2013年全国生育意愿调查》，《人口研究》2014年第3期，第3~8页。
[④] 翟振武、张现苓、靳永爱：《立即全面放开二胎政策的人口学后果分析》，《人口研究》2014年第2期，第3~9页。

（三）生育政策调整下二孩生育行为预测方法的改进

（1）用生育意愿预测二孩生育行为的改进

生育政策调整下目标家庭二孩生育行为预测不同于常规的人口预测，其需要考虑目标家庭生二孩的累积效应，也就是说目标家庭由于一孩政策或者一孩半政策抑制了生二孩的意愿，一旦二孩生育政策放开，他们被压抑的生育二孩的行为会在数年内发生，因此生育政策调整后一定时期内新增出生人数将跳跃式上升，这种生育模式是一种因堆积效应的释放而出现生育率弹升的模式。对于这种模式的预测，翟振武提出一种简单可行的测算方法，即生育政策调整后，堆积效应下的二孩生育数量的多少取决于政策影响下目标家庭的数量规模和家庭生育二孩的意愿①，即基于生育意愿的生育行为预测。

基于生育意愿的生育行为预测，首先得考虑生育意愿与生育行为的关系。郑真真把生育意愿的测量维度划分为：理想子女数，即不考虑生育政策和其他条件，一般家庭最理想的孩子数量；期望生育子女数，即希望生育孩子数量；生育意向，即如果政策允许是否会再要一个孩子；生育计划，即再生育一个孩子的时间安排。她进一步指出，理想子女数反映社会达成共识的观念，该指标变化缓慢且滞后于生育率变化，只能适用于对群体生育观念变迁的回顾性研究，不能用于未来时期生育水平的预测；期望生育子女数，可以作为可能达到的最高终身生育水平；生育意向，是最接近现实的生育意愿指标且对已经生育妇女的未来生育行为预测的可靠性更强；有明确时间、基于孩次的生育计划更

---

① 翟振武、张现苓、靳永爱：《立即全面放开二胎政策的人口学后果分析》，《人口研究》2014 年第 2 期，第 3~9 页。

有可能转化为生育行为且能更为有效地预测未来的生育行为①。按此分类,"是否生育二孩"和"计划什么时候生育二孩"的问题属于生育意愿里的生育意向和生育计划,能够较为准确地预测未来的生育行为。

但"是否生育二孩"和"计划什么时候生育二孩"的意愿受到目标育龄妇女年龄、常住地区、目标家庭已生育一孩年龄、育龄妇女的学历、育龄妇女的职业、育龄妇女的受教育水平和一孩的性别等的影响。它是随时间而动态变化的,因此生育意愿与时间的这种相关性决定了只能用生育意愿对目标家庭生育行为进行短期预测,不能长期预测,时间越长,预测的准确性越差,且需要分年龄、分常住地区、分一孩生育间隔来分别预测。本书认为可以用"是否生育二孩"和"计划什么时候生育二孩"的意愿预测生育政策调整下目标家庭短期内的二孩生育行为。

(2) 年龄-孩次递进预测方法的应用

年龄-孩次递进预测方法在生育政策调整背景下二孩生育行为预测研究中的应用,可以在一定程度上弥补利用生育意愿预测生育政策调整下目标家庭短期内的二孩生育行为的不足,从另一个角度拓展预测方法的精确性。

王广州认为任何没有反映育龄妇女生育史、孩次之间关联的生育模型都无法准确反映生育政策调整对生育行为的影响,也必然会带来很大的研究偏差。他提出可以利用孩次递进预测模型,根据育龄妇女的孩次、年龄汇总数据,对生育政策调整影响的目标育龄妇女进行明确的孩次划分,然后,在条件概率生育的基础上进行分孩次预测②。郭志刚也指出常规生育率预测方法不能控

---

① 郑真真:《生育意愿的测量与应用》,《中国人口科学》2014年第6期,第24~25页。
② 王广州:《生育政策调整研究中存在的问题与反思》,《中国人口科学》2015年第2期,第2~15页。

制妇女孩次结构的缺陷，用于生育政策调整下生育行为预测模拟会严重影响其研究结果的有效性，而在人口预测中应用递进生育模型可以控制育龄妇女的孩次结构，可以使人口预测的有效性增强。其在马瀛通的孩次递进生育模型基础上，提出了利用人口普查数据，由少数生育水平参数反推整套分孩次的年龄别递进比用于预测的具体计算方法①。

但在现有的学术研究中，利用此方法分析生育政策调整下二孩生育行为的文献很少，只有王广州以此为基础，在计算机微观随机人口仿真预测模型的帮助下，估计了2014年开始放开单独两孩会新增多少出生人口②。究其原因，分孩次预测中条件概率的范围确定，需要准确把握生育政策调整下的二孩生育模式规律，而生育模式规律的把握需要考虑到已完成生育史育龄妇女的生育模式，还需要考虑单独、双独生育政策调整时已有的生育模式规律。关于这些王广州在其微观随机人口仿真预测模型中做出了有益的探索。总的来说，年龄－孩次递进预测方法在生育政策调整下二孩生育行为预测中的应用可以弥补基于生育意愿预测方法的不足。

四 小结

回顾已有的研究，本章指出生育政策调整下目标家庭数量的数据分析、目标家庭生育意愿的数据分析以及用生育意愿预测生育行为方法等方面的不足，具体为：因缺少家庭夫妻一方兄弟姐妹的数据，无法判断实施一孩政策和一孩半政策的地区的家庭丈

---

① 郭志刚：《关于生育政策调整的人口模拟方法探讨》，《中国人口科学》2004年第2期，第2~12页。
② 王广州：《生育政策调整研究中存在的问题与反思》，《中国人口科学》2015年第2期，第2~15页。

夫或妻子是否为独生子女，很难识别哪些家庭是生育政策调整下的潜在生育家庭，从而导致目标家庭数据预测不准确；生育意愿与时间的相关性和生育意愿与生育行为的差异，导致生育意愿数据和预测方法存在不足，提出用生育意愿对生育行为进行短期预测来假定生育意愿的时间影响因素固定不变；用"是否生育二孩"和"计划什么时候生育二孩"的意愿结合生育意愿跟踪调查参数来修正意愿预测行为的误差，增加短期预测的准确性。综上，采用年龄-孩次递进预测方法结合人口普查数据在生育政策调整背景下预测二孩生育行为有一定的优势，可以在一定程度上弥补用生育意愿预测二孩生育行为的不足。

第六章
生育水平度量与生育模型

生育是人口分析中重要的事件,在人口学研究中,人口数量和结构一直是学界关注的重点,生育水平的大小直接关系到人口数量的增长和人口结构的变化,人口生育也是人口平衡方程中的重要变量,是人口增长的单一因素。人口生育研究主要集中在生育测量、生育变迁及其影响因素研究。曾毅认为生育具有两个维度特征,包括生育数量与生育结构(出生性别比和生育年龄或间隔)。其中,生育数量因直接影响人口增长而受到的关注和研究分析最为丰富,但生育数量分析是一件很复杂的事情,其需要一一剥离影响生育风险的因素,综合度量生育数量变化趋势。生育数量的研究主要集中在对生育率的关注与研究[1],然而,对生育率研究方法却很少总结,相关研究包括陈卫对改革开放30年来我国生育数量研究方法的总结,对生育模型研究文献的综述[2]。于学军和解振明从生育水平、生育模式、生育率转变及其决定因素、生育率下降后果等方面总结了我国生育率研究的主要结论与

---

[1] 曾毅:《人口分析方法与应用》(第二版),北京:北京大学出版社,2011,第160~168页。
[2] 陈卫:《中国生育率研究方法:30年回眸》,《人口学刊》2009年第3期,第3~7页。

观点①。国内相关文献中生育率分析方法既有从西方引进的各种生育率指标和生育模型，也有国内学者为了适应我们自己的需要而改进和创建的指标与模型。

关注生育政策调整下的生育响应，就必须选定生育水平度量指标与生育模型，知晓不同指标与模型的优劣，因此本书将从生育数量测量指标和生育模型两个方面回顾和总结国内有关生育水平分析研究中所使用的主要指标与模型、各自的优缺点、适用范围，以及这些指标与模型对我国生育水平研究的贡献。

一 生育数量的测量

（一）生育数量测量的思路

生育数量分析主要指生育风险的分析，生育风险的大小又与性别、年龄、婚姻、生殖能力、生育意愿等因素有关。其分析可以划分为两方面：一是群体中哪些人会经历生育风险，经历生育风险人群被称为历险人群；二是生育的历险人群生育数量的多少，被称为历险人群的生育率。

（1）历险人群分析

并不是所有的人口都会经历生育事件，传统人口分析仅将人口的出生与母亲相关联，只考虑女性与生育的关系；而所有年龄别女性中，也不是所有女性都具有生殖能力。从生物因素考虑，妇女只有在月经初潮和绝经之间（一般指 15～49 岁）的时期才可能具有生殖能力，加之原发性不孕和继发性不孕因素的影响，生育的历险人群只包括 15～49 岁的一部分妇女。

---

① 于学军、解振明：《中国人口生育问题研究综述》，载于学军、解振明主编《中国人口发展评论：回顾与展望》，北京：人民出版社，2000，第 21～38 页。

(2) 历险人群生育分析

15~49岁妇女生育数量一般还受男女性行为的影响,人的性行为是为社会所规范的,通常会被限定在一定的社会结构中①,在人口学领域生育可以划分为婚内生育和婚外生育,且绝大部分属于婚内生育。在一定的婚姻模式下,生育又与生育意愿、避孕、流产、胎次(生育是可重复事件)、社会政策引导(限制或鼓励)等因素有关。我们可以把这些因素归纳为两类:生育的内在约束因素和外在控制因素。内在约束因素主要是指生育的主观意愿,包括避孕措施、促孕措施、理想子女数、男女性别偏好和人工流产;外在控制因素包括有关控制或鼓励人口数量和结构的计划生育政策、与不孕不育或自然流产有关的自然生殖力的大小。内在约束因素和外在控制因素共同影响生育数量。

(3) 时期与队列

生育数量的分析和测量可分为时期指标和队列指标。时期指标一般是以时点或时期(通常为一年)为截面收集和记录生育数据,对处于同一时期的不同队列测量生育的变化,反映一个国家或地区某一时期(通常为一年)的生育状况,其优势在于数据方便搜集、以年为单位的横向比较和趋势预测;队列指标反映同一时期经历同一起始时间的同批人(cohort)的生育经历,不会受到截面效应的影响,但数据要求较高,需要纵向的跟踪观察或回顾性调查。所以,常用的生育数量测量指标都为时期指标,如粗生育率、一般生育率、年龄别生育率、总和生育率等。

(二) 生育数量测量指标对比分析

人口学家使用各种生育率指标度量和估计生育水平。这些生

---

① 〔美〕塞缪尔·普雷斯顿、〔美〕帕特里克·霍伊维兰、〔美〕米歇尔·吉略特:《人口统计学:人口过程的测量与建模》,郑真真译,北京:社会科学文献出版社,2012,第183页。

育率度量指标包括粗生育率、一般生育率、年龄别生育率、总和生育率、去进度效应总和生育率、年龄别孩次递进比、递进总和生育率[1]与终身生育率。这些指标构成和各自优缺点如表 6-1 所示。

表 6-1 生育率度量指标对比分析

	指标名称	分子	分母	优点	缺点
1	粗生育率	t 时间内总出生人数	t 时间内总存活人年数	控制人口规模对出生人数的影响	只能匡算人口增长趋势,不能控制影响因素
2	一般生育率	t 时间内总出生人数	t 时间内 15~49 岁妇女总存活人年数	控制育龄妇女规模对出生人数的影响	受到育龄妇女年龄结构和婚姻状态的影响
3	年龄别生育率	x 岁至 $x+n$ 岁妇女 t 时间内生育数	x 岁至 $x+n$ 岁妇女 t 时间内总存活人年数	控制育龄妇女年龄结构的影响	未区分生育风险大小,如有配偶和未婚、丧偶与离婚的区别
4	总和生育率	15~49 岁年龄别生育率的加总		一个数值描述年龄别育龄妇女生育水平	受结婚年龄和生育年龄的影响
5	去进度效应总和生育率	总和生育率的参数修正		控制了结婚年龄和生育年龄的影响	分母未区分孩次信息
6	年龄别孩次递进比	i 孩次年龄别生育数	已生育 $i-1$ 孩次年龄别妇女人数	能控制育龄妇女年龄和孩次的影响	没有汇总值,不同时期间不能相互比较
7	递进总和生育率	15~49 岁年龄别 i 孩次生育率的加总		一个数值描述年龄别育龄妇女生育水平	数据要求比较高
8	终身生育率	已完成生育(50+)队列的生育数	已完成生育(50+)队列的妇女人数	弥补生育年龄模式对时期总和生育率的影响	需要某一队列完整的生育史数据

---

[1] 递进总和生育率是指育龄妇女如果按目前年龄别孩次生育递进率度过一生,其平均预期生育子女数。

从生育率度量指标对比分析可以看出，越往下的生育率度量指标控制的生育水平影响因素越多，越能精确地衡量生育数量，但其对数据的要求也越高。现在学界比较常用的指标是以年龄别生育率计算为基础的总和生育率指标。年龄别生育率是以年龄为基础的生育度量，也是生育水平分析中常用的指标之一，因为人的生殖能力是随着年龄的变化而变化的，且生育的社会、行为与动机等影响因素也随年龄变化而变化。而总和生育率是对年龄别生育率的综合以进行不同时期生育水平的比较，是对生育年龄的标准化度量指标之一，可以理解为育龄妇女按照当前年龄别生育率度过整个生育期所平均生育的孩子数。但总和生育率是一个时期生育水平的度量指标，它既受生育行为发生的强度影响，也受生育行为发生的时间影响。具体而言，在假定平均每对夫妇终身生育子女数不变的前提下，生育年龄普遍提前或推迟将导致该地区反映时期生育水平的总和生育率显著上升或下降。法国的亨利[①]（Henry）和美国的莱德[②]（Ryder）提出时期总和生育率的测度可能会为真实的队列行为提供误导性的指标值。即使队列总和生育率保持不变，生育年龄模式发生了改变，生育的队列测度和时期测度也会存在差异。

（1）总和生育率优缺点分析

总和生育率定义为育龄妇女如果按照当期的各年龄别生育率度过育龄期将生育的平均子女数。该指标是控制育龄妇女年龄结构条件下对终身生育水平估计的时期生育水平[③]。从计算公式可以看出，总和生育率内容为时期年龄别生育率总和，其形式为队

[①] Henry, L., *Fecondite des Marriages: Nouvelle Method de Measure.* Paris: Presses Universities de France, 1953.

[②] Ryder, N., "The Cohort as a Concept in the Study of Social Change," *American Sociological Research* 1965, 30: 854–861.

[③] 郭志刚：《孩次递进比的计算与调整生育指标的理解》，《中国人口科学》2006年第5期，第86页。

列终身生育水平。其有两个特征：一是控制育龄妇女年龄结构下时期生育水平，以增加不同年份、地区之间的可比性；二是对涉及35个实际队列下的育龄妇女终身生育水平的估计，以测量人口发展趋势。总和生育率作为一个可比较的生育水平指标得到了广泛的应用，如郭志刚[1]根据总和生育率的变化把我国人口发展划分为四个阶段：1970年前的高生育率阶段、20世纪70年代的下降阶段、20世纪80年代的波动阶段和80年代后的低生育率阶段。也有学者根据总和生育率与更替水平的关系将我国人口发展总结为两次转变：第一次转变为20世纪70年代，生育率由高水平下降到接近更替水平；第二次转变为20世纪90年代，生育率进一步下降到更替水平以下，中国进入了低生育水平，并至今保持着稳定的低生育水平[2]。

20世纪80年代初，学界对总和生育率这一指标的有效性有一定的争论（见表6-2）。一方观点认为总和生育率是时期指标，由于时期的波动而不能很好地测量终身生育水平；婚育年龄、年龄别生育模式和时期特殊原因的影响，会造成总和生育率的波动，形成与终身生育率估计的偏离[3]。1982年全国1‰人口生育率抽样调查数据显示[4]，1963年各孩次总和生育率都大于1，其中一孩总和生育率为1.568，从终身生育水平角度来看，意味着育龄妇女每人会生育一个半一孩，说明该指标的局限性。邦戈茨[5]（Bongaartz）和费尼（Feeney）研究显示，育龄妇女推迟婚育年龄时，总和生育率会低估终身生育水平，而婚育年龄提前

---

[1] 郭志刚：《孩次递进比的计算与调整生育指标的理解》，《中国人口科学》2006年第5期，第86页。
[2] 陈卫：《中国的低生育率》，《中国社会科学》1995年第5期，第75~96页。
[3] 《人口研究》编辑部：《人口学研究方法：规范与发展》，《人口研究》2002年第5期，第25~26页。
[4] 姚新武：《中国生育数据集》，中国人口出版社，1995。
[5] 邦戈茨、费尼：《生育的数量与进度》，《人口研究》2000年第1期，第70~80页。

时，总和生育率会高估终身生育水平。另一方观点认为总和生育率综合反映了各年龄组生育水平，不失为衡量计划生育工作质量的指标之一，在预测人口趋势时，也有它独特的作用[1]。尽管总和生育率假想队列与实际队列并不能很好地对应，但起码可以提供一种队列终身生育的估计来满足实际需要[2]。

表6-2 总和生育率优缺点对比

	优点	缺点
1	当生育率变化缓慢时，总和生育率能很好地描述生育水平变化过程	当生育率急剧变化时，总和生育率不能很好地反映生育水平的真实趋势
2	作为时期指标，能综合反映各年龄组的生育水平	受婚育年龄、生育模式影响，不能作为终身生育水平的精确估计
3	控制育龄妇女的年龄结构，易于不同时间和地区之间比较	不能控制育龄妇女的孩次结构，在生育政策调整背景下，不能用于预测模拟
4	可以利用普查数据计算获得	—

针对以上的争论，我们可以得出结论：总和生育率对生育水平的估算有着一定的前提和适用范围。郭志刚认为只有在生育水平及年龄模式长期不变的苛刻条件下，它才真正与实际队列终身生育水平相吻合[3]。总的来说，在生育年龄等婚育模式相对稳定的前提下，总和生育率指标能够反映人口的终身生育水平，而在婚育年龄发生较大变化的情况下，总和生育率指标则会高估或低估人口的终身生育水平。

（2）总和生育率的进度效应

总和生育率是时期年龄别生育率的加总，当生育年龄推迟或提前的生育模式发生变化时，时期总和生育率测量就会产生偏

---

[1] 林富德：《评总和生育率》，《人口研究》1984年第6期，第31~36页。
[2] 陈卫：《中国生育率研究方法：30年回眸》，《人口学刊》2009年第3期，第3~7页。
[3] 郭志刚：《时期生育水平指标的回顾与分析》，《人口与经济》2000年第1期，第4页。

差，不能真实反映队列终身生育水平，总和生育率的进度效应就是对这种偏差的测量。进度效应的大小主要与生育模式变动有关，生育模式主要是描述生育时间的集中和分散情况，即生育的时间分布。通过生育模式的分析，我们可以预判总和生育率的进度效应是否存在。

为了避免时期总和生育率受到婚育年龄模式的影响，邦戈茨和费尼于1998年提出一个实用性很强的定量估计平均生育年龄变动对总和生育率影响的公式。郭志刚利用邦戈茨－费尼公式和1982年全国人口生育率抽样调查数据、1988年全国人口生育节育抽样调查数据和1997年全国人口与生殖健康数据检验了去进度效应总和生育率，分析发现20世纪90年代总和生育率的下降同时受到了实际生育水平下降和生育年龄推迟的影响。从邦戈茨－费尼公式中，曾毅推导出假定妇女平均终身生育子女数不变，当一个地区孩次别实际平均生育年龄一年下降0.1岁时，该地区的时期总和生育率将上升大约10%；当实际平均生育年龄一年上升0.08岁时，该地区的时期总和生育率将下降8%[1]。曾毅对1981～1987年我国及各省份出生率回升进行了分析，得出结论为，出生率回升最主要的原因是初婚年龄提前，其次是年龄结构的影响，最后才是已婚生育率的影响[2]。有学者把总和生育率的变动归因于婚育年龄推迟而产生的进度效应，从而说明中国目前没有陷入低生育率陷阱[3]。

---

[1] 曾毅：《人口分析方法与应用》（第二版），北京：北京大学出版社，2011，第160～168页。

[2] 曾毅等：《全国及各省、市、自治区近年出生率回升成因的人口学分析》，《人口研究》1991年第1期，第8～17页。

[3] 陈卫：《中国近10年来的生育水平与趋势》，《人口研究》2019年第1期，第3～18页；郭志刚：《从近年来的时期生育行为看终身生育水平——中国生育数据的去进度效应总和生育率的研究》，《人口研究》2000年第1期，第7～18页；郝娟、邱长溶：《对去进度效应总和生育率的检验与讨论》，《人口研究》2012年第3期，第81～88页。

然而郭震威在评价总和生育率的缺陷的基础上，讨论了去进度效应总和生育率方法的价值，他认为去进度效应总和生育率既不是时期生育指标，又不是终身生育指标，而是个尴尬的指标[①]。因此，我们可以用去进度效应总和生育率来替代时期总和生育率原来所承担的终身生育估计的功能，而时期总和生育率还可以继续承担描述时期生育水平的功能，去进度效应总和生育率与时期总和生育率之差可以作为生育推延对当前生育水平影响的估计。

（3）递进总和生育率

育龄妇女年龄别生育率指标计算公式的分母为不区分孩次的全部育龄妇女，因此，加总形成总和生育率控制了年龄的异质性，但没有控制育龄妇女孩次的异质性，而建立在孩次递进概念上的递进总和生育率能够消除孩次异质性基础上测量不同队列育龄妇女孩次递进的比率和速度，增强了测量的稳定性和可比性。

具体而言，递进总和生育率是对时期年龄别孩次递进比的测量转化为对假想队列终身生育行为的测量，即得出假想队列按照时期年龄别孩次递进比完成生育得到的生育水平。王广州以1990年人口普查数据为例，对比了分孩次年龄别生育率和年龄别递进生育率两个指标的差异，得出分孩次年龄别递进生育率对终身生育过程与模式有较好的估计[②]。

当婚育模式长期稳定不变时，总和生育率能够反映真实的队列生育水平，但当婚育年龄出现较大波动时，总和生育率指标容易受到平均生育年龄的影响（进度效应），而递进生育率指标反映的是后一孩次生育与前一孩次生育之比，能够控制育龄妇女的

[①] 郭震威：《对"去进度效应总和生育率（TFR'）方法"的一点看法》，《人口研究》2000年第1期，第19~21页。

[②] 王广州：《人口预测方法与应用》，北京：社会科学文献出版社，2018，第133~141页。

年龄和孩次结构,可以在很大程度上消除进度效应或堆积效应①。因此,我们可以根据指标不同特性,通过对比总和生育率和递进总和生育率的变动差异来反映婚育年龄变动产生的进度效应和生育政策调整产生的堆积效应。

利用递进总和生育率来看中国生育水平的变化可以得出,中国的一孩生育水平并没有下降多少,90%以上的妇女都将生育1个孩子。近几年不断下降的一孩总和生育率主要是进度效应的反映,并非实际一孩生育水平出现了如此大幅度的下降。二孩的递进总和生育率表明,虽然生育二孩的妇女没有常规总和生育率所反映的那么多,但是基本上有60%的妇女会生育两个孩子。近年来二孩和多孩总和生育率的上升更大程度上反映的是相应孩次生育的堆积效应,而非实际生育水平达到了二孩和多孩总和生育率所反映的那么高的水平。

二 相关生育模型

人口学家使用各种生育率指标度量和估计生育水平、描述和刻画生育率下降过程时,也对生育率下降原因做了大量的、深入的分析。除了定性的理论分析外,也有一些定量的统计模型考察和分析对生育率下降发生影响的各个因素及其贡献。陈卫把这些定量模型分为人口学模型和社会经济模型两类②。人口学模型主要关注人口学变量或要素对生育率的影响,一般包括年龄、婚姻、避孕、流产等因素,可以使用生育率的标准化、生育率的分解来分离这些因素的影响;而社会经济模型则考察社会经济变量

---

① 陈卫:《中国近10年来的生育水平与趋势》,《人口研究》2019年第1期,第3~18页。
② 陈卫:《中国生育率研究方法:30年回眸》,《人口学刊》2009年第3期,第3~7页。

对生育率的影响,一般包括个人的、社区的或更高层次的社会经济特征变量,使用多元统计方法分析它们的影响。谢韦克在有全部年龄生育率数据、有部分年龄生育率数据和没有生育率数据的前提下,把模型构造方法分为最小二乘法、参数估计法和模型仿真法①。本书结合两者,在陈卫划分办法的基础上,将生育模型分为以参数估计法为基础的数学模型和以最小二乘法为基础的统计模型(见表6-3)。

表6-3 生育模型对比分析

数学模型	邦戈茨生育模型
	寇尔-特拉塞尔生育模型
	布拉斯-冈泊茨模型
	概率分布模型
	伊斯特林模型
	同期群胎次别生育模型
统计模型	以最小二乘法为基础的回归分析

(一)数学模型

描述各因素对生育影响的数学模型比较多,下面以常见的几种为例展开分析。

(1)邦戈茨生育模型

生育数量最简单的理解就是一定时间内出生人数的多少。影响生育数量的因素有很多,按照邦戈茨1978年提出的生育模型可划分为直接因素和间接因素。直接因素包括自然生殖力水平、已婚比例、避孕比例、人工流产和产后不可受孕时间;间接因素包括社会、经济、环境、文化、宗教等。间接因素是通过直接因

---

① 谢韦克:《对概率分布生育模型的探讨》,《中国人口科学》1993年第6期,第10~14页。

素作用于生育水平的。具体而言，邦戈茨生育模型在假定没有婚外生育前提下将综合生育率分解为几个可相互抵消的不同因素之比的乘积。这些因素包括总和婚内生育率（$TMFR$）、总和自然生育率（$TNFR$）和最大可能生育率（$MTFR$），其相互之比被定义为不同的指数，即以反映影响产后不孕期长度的哺乳行为指数（C_i）将最大可能生育率与自然生育水平联系起来；通过避孕指数（C_c）、人工流产指数（C_a）将总和婚内生育率与自然生育水平联系起来；通过已婚比例指数（C_m）将总和婚内生育率与总和生育率联系起来。

$$TFR = \frac{TFR}{TMFR} \times \frac{TMFR}{TNFR} \times \frac{TNFR}{MTFR} \times MTFR = C_m \times (C_c \times C_a) \times C_i \times 15.3$$

20世纪后期改进的邦戈茨低生育模型中生育数量的影响因素包括意愿生育数量、因生育时间推迟而产生抑制生育水平的进度效应、原发性和继发性不孕产生的不孕效应、追求其他目标而放弃生育的竞争效应、因伤残或性别偏好而产生的替补效应。综合以上影响生育水平的因素，我们可以归纳为包括生育意愿、生殖力、年龄、已婚比例和生育间隔的直接因素与包括经济、文化、环境、宗教等的间接因素，两者的关系表述为间接因素通过直接因素影响生育水平。陈卫以邦戈茨生育模型为基础的研究表明，中国的生育率下降主要发生在70年代，婚姻的作用（初婚年龄推迟）最大，自80年代以来，避孕的作用变为最大，在整个生育率转变过程中，婚姻和避孕的作用占85%，而人工流产的作用占15%[①]。

（2）寇尔-特拉塞尔生育模型

在缺少年龄别生育率的前提下，寇尔（Coale）以哈特莱特人口婚内生育率为基础提出了一个标准化方法来评估婚姻模式对生

---

① 陈卫：《中国的人工流产：趋势、模式与影响因素》，北京：科学技术文献出版社，2005。

育水平的影响。具体而言就是，将年龄标准化的生育度量分解为年龄婚姻标准化度量和婚姻对生育贡献的度量，即婚内生育指数 I_g 和已婚比例指数 I_m。婚内生育指数 I_g 是指已婚生育数与如果所有已婚妇女按照哈特莱特人生育率生育假象生育数之比；已婚比例指数 I_m 表示婚姻模式对标准化生育的影响。

$$I_f(\text{生育指数}) = \frac{B}{\sum_{i=1}^{l} H_i \times W_i} ; I_g(\text{婚内生育指数}) = \frac{B}{\sum_{i=1}^{l} H_i \times W_i^L} ; I_m(\text{已婚比例指数}) = \frac{\sum_{i=1}^{l} H_i \times W_i^L}{\sum_{i=1}^{l} H_i \times W_i}$$

$$I_f = I_g \times I_m$$

寇尔－特拉塞尔生育模型在给定自然生育率模式与偏离自然生育率模式的基础上，通过参数自然生育水平 M 与生育控制水平 m，调整对自然生育率偏离程度拟合实际已婚生育率。黄荣清等结合寇尔－特拉塞尔生育模型的研究表明，1978～1982 年生育指数与 1953～1957 年时相比下降了 55.1%，已婚生育指数下降了 43.0%，已婚比例指数下降了 22.1%[1]。可见，70 年代大力提倡晚婚为我国生育率下降做出了很大贡献。马瀛通等使用寇尔－特拉塞尔生育模型对 1962～1981 年我国生育率变化进行了拟合分析，1962～1972 年生育率变化不大的年份拟合效果较好，而后面年份生育率变化较大，拟合效果略差[2]。

然而寇尔－特拉塞尔生育模型的不足在于如果人口中婚内生育与非婚生育的区别模糊，非婚生育向婚内生育转化会严重影响寇尔测量方法的精度[3]。

---

[1] 黄荣清、秦芳芳、王树新：《人口分析技术》，北京：北京经济学院出版社，1989。

[2] 马瀛通、王彦祖、杨书章：《对寇尔－特拉塞尔模型应用问题的研究》，《人口与经济》1986 年第 6 期，第 13～18 页。

[3] 〔美〕塞缪尔·普雷斯顿、〔美〕帕特里克·霍伊维兰、〔美〕米歇尔·吉略特：《人口统计学：人口过程的测量与建模》，郑真真译，北京：社会科学文献出版社，2012，第 183 页。

(3) 布拉斯-冈泊茨模型

布拉斯-冈泊茨模型假定 x 岁累积生育率与总和生育率之比服从冈伯茨分布，通过反映生育过程快慢的参数α和年龄别生育率曲线的宽窄程度与形状的参数β来描述实际的生育模式。布拉斯-冈泊茨模型尝试利用数学函数来拟合人类生育曲线。在布拉斯-冈泊茨模型基础上曾毅提出模型参数α和β新的估计方法，即可以通过生育中位年龄 M 和完成总和生育率75%（第三四分位）和25%（第一四分位）年龄之差 I 测算模型参数α和β，然后利用总和生育率进一步估算各年龄的生育率[①]。具体而言，可以根据某地区晚婚晚育的趋势，预测到一定年份该地区生育中位年龄将在现有的基础上提高2.5岁，同时多孩生育和早育比例的下降导致整个生育曲线变窄，第三与第一四分位年龄差减少一年，于是我们可以计算出模型参数α和β，从而预测出一定年份的年龄别生育率。在布拉斯-冈泊茨扩展模型中，我们可以比较容易地利用本地区过去人口的年龄别人口事件发生率数据，建立能够反映本地区情况的年龄别标准模式，再通过总和生育率、中位年龄和第三与第一四分位之差等参数反映生育早晚和生育曲线形状，并用于未来的年龄别人口事件的发生率预测。

（二）统计模型

数学模型关注人口学变量和要素对生育率的影响，以及生育率变化的内在机制和规律，而统计模型关注生育率变化的外在制约因素，包括社会经济文化制度环境对生育率的影响。两者的关系可以理解为，社会经济文化制度环境是通过年龄、婚姻、避孕和流产等内在变量影响实际生育率。一般来讲，统计模型都是在

---

① 曾毅：《人口分析方法与应用》（第二版），北京：北京大学出版社，2011，第160~168页。

充足生育数据的基础上,利用最小二乘法对已存在的生育函数适用范围进行甄别,即在不同地区、不同民族以及不同时期的生育模式中,寻求拟合效果最好、适用范围最广,特别是能应用于中国不同生育政策下生育模式的函数形式。

顾宝昌、贾忠科等都使用通径分析模型考察了社会经济发展和计划生育因素对我国生育率的地区差异的影响,认为两类因素都有重要的作用[①]。蒋正华从时间序列到横截面数据,使用线性回归、通径分析检验了社会经济发展对中国生育率下降的影响,得出中国的生育率下降与社会经济发展有密切的关系[②]。陈卫使用因子分析和线性回归,利用我国各省份 1980 年、1990 年和 2000 年的横截面数据考察了"发展—计划生育—生育率"的关系,结果表明在过去 30 年里,计划生育的作用在下降,而社会经济发展的作用在增强[③]。70 年代计划生育的作用是主导,80 年代计划生育与社会经济发展两者的作用基本达到了平衡,而 90 年代社会经济发展的作用成为主导。

(三) 生育模型研究概况

笔者用关键词"生育模型"在"中国知网"人口学与计划生育学科数据中按篇名检索,共检索出 21 条记录,包含 1987~2014 年共 21 篇已发表的文献。

图 6-1 是文献所发表期刊类型分布,从中可以看出《中国人口科学》所发表的篇名包含"生育模型"的文献最多,其次是

---

① 顾宝昌:《论社会经济发展和计划生育在我国生育率下降中的作用》,《中国人口科学》1987 年第 2 期,第 2~11 页;贾忠科:《中国省级社会经济发展计划生育与生育率变化的关系研究:1981~1985》,《中国人口科学》1991 年第 1 期,第 25~29 页。
② 蒋正华:《社会经济因素对中国生育率的影响》,《人口研究》1986 年第 3 期,第 25~30 页。
③ 陈卫:《"发展—计划生育—生育率"的动态关系:中国省级数据再考察》,《人口研究》2000 年第 1 期,第 2~10 页。

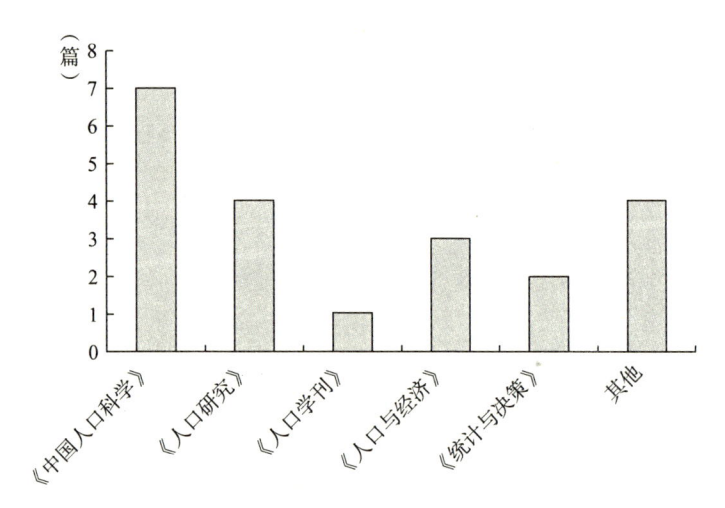

图 6-1　生育模型研究文献的期刊类型分布

《人口研究》，再次是《人口与经济》。结合期刊排名分析，我们可以推定 A 级期刊、知名学者和生育模型分析之间存在一定的相关性。

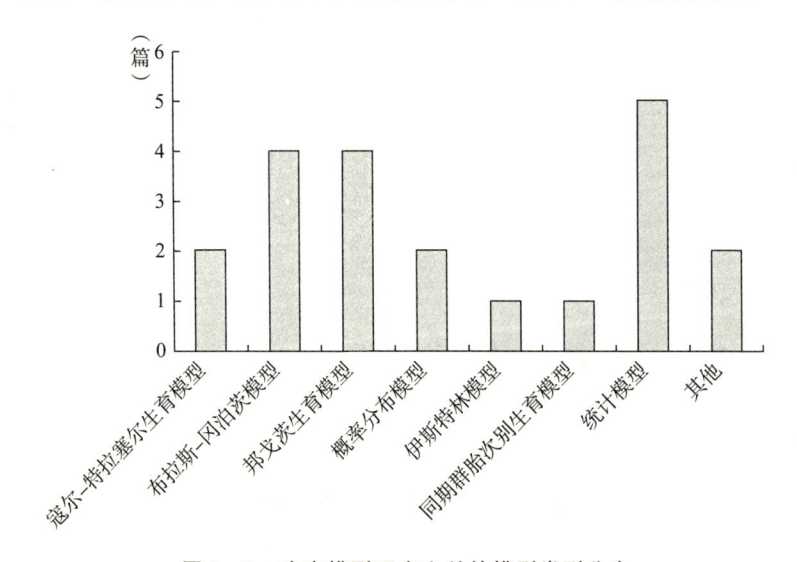

图 6-2　生育模型研究文献的模型类型分布

从所发表的文献使用的模型类型分布（见图 6-2）中我们可以看出，数学模型中"布拉斯－冈泊茨模型"和"邦戈茨生育模型"探讨得最多，达到 4 篇；其次是"寇尔－特拉塞尔生育模型"和"概率分布模型",有 2 篇;以参数估计为基础的数学模型和以最小二乘法为基础的统计模型相比,数学模型占绝大多数,达到 14 篇,而统计模型共 5 篇。从以上分析中我们可以得出,生育模型研究主要集中在对国外已有的人口学模型的介绍、适用性分析和参数修正(见图 6-3)。

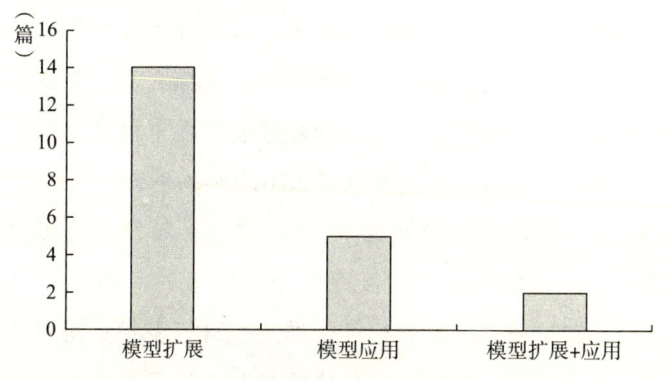

图 6-3 生育模型研究文献的研究类型分布

"模型扩展"是指对某一模型本身的适用性、可改进之处的探讨;"模型应用"是指利用具体某个模型对实际生育水平进行拟合;"模型扩展+应用"是指在对某一模型的适用性进行探讨或修正的基础上,利用已有的数据进行验证分析。

"模型扩展"分析有曾毅等提出的利用生育年龄中位数和第三、第一四分位数之差求取 α 和 β 的方法[①],孙以萍提出的在生育模式服从 Γ 分布的假定下,可利用生育峰值年龄以及生育峰值率估计参数的方法[②],以及谢韦克提出的无论是 Γ 分布还是对数正态分布的生育模型,只要有生育率数据的年龄组包含生育峰值年龄与平均生育年龄,就可以同时估计模型中的参数以及生育

---

① 曾毅、李晓丽、马忠东:《中国女性婚后离家模型——模型的建立、检验及估测其主要参数α与β的解析法》,《中国人口科学》1991 年第 1 期,第 34~41 页。

② 孙以萍:《非固定生育模式构造方法的探索》,《人口与经济》1986 年第 3 期,第 23~27 页。

水平①。"模型应用"分析有如宋健等利用最小二乘法拟合江苏省如东县 1973 年的生育率数据,得出 χ^2 分布中参数 $n = 6$ ②。"模型扩展+应用"分析有谢韦克提出的可以根据 CP 矩阵(队列-时期生育率矩阵)预测未来的生育水平。其具体思路为,把 CP 矩阵分为两部分,已完成生育峰值的队列妇女和未达到生育峰值的妇女,分别利用伽马分布或对数正态分布等生育模型估计其生育峰值年龄以后的年龄别生育率和根据生育模式及生育水平的变动趋势估算生育,也可以在相应参数假设前提下模拟相应的生育模式和生育水平,预测不同生育模式下未来的生育人口数③。

从文献的发表年份(见图 6-4)来看,年份别分布比较平坦,没有一个研究高峰期,反而是最近一段时间研究成果比较少。结合之前的研究类型分析可以推定生育模型相关研究处于一个相对停滞的阶段,国内研究只停留在对国外已有的生育模型的引进和修正上,没有什么大的突破,且这类研究也集中在 80~90 年代发表的一批研究成果中。

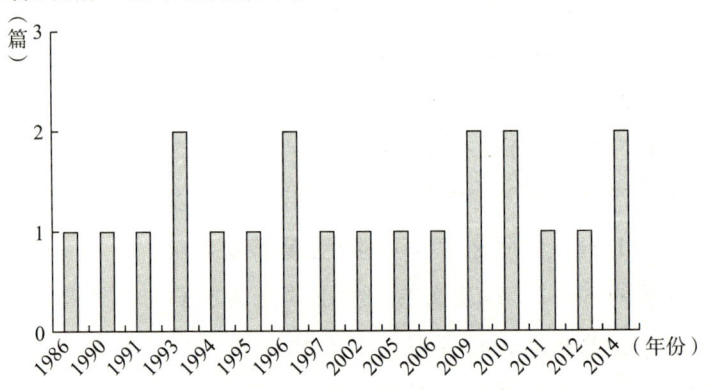

图 6-4 生育模型研究文献的发表年份分布

---

① 谢韦克:《对概率分布生育模型的探讨》,《中国人口科学》1993 年第 6 期,第 10~14 页。
② 宋健、于景元:《人口控制论》,北京:科学出版社,1985。
③ 谢韦克:《利用生育模型及队列与时期指标的转换对生育率预测的方法学研究》,《中国人口科学》1996 年第 2 期,第 15 页。

综上所述，生育率模型，无论是数学模型还是统计模型，都对促进我国生育率研究及认识我国生育率转变过程、机制、决定因素等做出了重要贡献。我们必须注意到，西方的生育率模型，有的是数学抽象，有的是根据西方或其他国家的经验建立的，在应用到我国生育率研究中不一定完全适合，需要根据我们的目的和实际加以应用和解释。一些学者注意到了这些模型的适用性及局限性，提出了改进的模型，这是非常有益的探索。

三 小结

生育水平的分析主要集中在生育数量分析，而生育数量的分析主要通过各种不同生育率指标来完成，对比不同的生育率指标得出，以15～49岁年龄别生育率为基础的总和生育率指标作为不同地区、不同时期生育水平的对比应用最为广泛，但总和生育率指标只有在生育年龄等婚育模式相对稳定的前提下，才能够反映人口的终身生育水平，而在婚育年龄发生较大变化的情况下，总和生育率指标则会高估或低估人口的终身生育水平。针对时期总和生育率不能作为终身生育水平估计指标的缺陷，邦戈茨和费尼提出了去进度效应总和生育率指标，郭志刚应用中国历年生育数据对此指标的检验表明该指标的确比时期生育率指标更接近于实际队列的终身生育率，能更好地反映终身生育水平[①]。

从生育模型分析中可以看出，国内已发表的生育模型研究文献基本上是对国外已有的人口学生育模型的引进、扩展和适用性研究，而建立在最小二乘法基础上的多元回归统计学模型类型比较分散，没有形成系统的、跟踪性的研究。数学模型探讨最多的

---

① 郭志刚：《时期生育水平指标的回顾与分析》，《人口与经济》2000年第1期，第4页。

是"布拉斯-冈泊茨模型"和"邦戈茨生育模型",其中"布拉斯-冈泊茨模型"参数探讨研究比较集中。

总之,无论是生育率度量指标还是生育模型研究,都是建立在国外已有研究工具引进的基础上,对国内生育水平变化规律进行解读,对各因素作用机制进行分析,以及对工具本身的适用性进行探讨。已有的文献成果颇多,但有关计划生育政策对生育水平作用机制的探讨缺乏系统性。

第七章
生育政策调整前后生育行为分析

国民经济和社会发展统计公报显示，2016~2018年出生人口和生育率呈现逐年下降的趋势，特别是2018年出生人口只有1523万人，相对于2016年下降了263万人，下降幅度为14.73%；相对于2017年下降了200万人，下降幅度为11.61%①。2017年全国生育状况抽样调查数据显示，在2006~2016年出生的孩子中，一孩的比例总体呈下降趋势，二孩的比例呈先下降后上升的趋势。生育政策调整下二孩生育数量的波动是容易解释的，但一孩总和生育率从2011年的0.88下降到2016年的0.67，生育数量从2010年的1000万人左右下降到2017年的724万人，这种幅度的下降应引起足够的重视。结合生育意愿调查结果来看，育龄妇女平均理想子女数为1.96个，平均打算生育子女数为1.75个②，类比陷入低生育率陷阱的欧洲国家，理想子女数一般都在2.5个左右，即使希腊、意大利、西班牙这样处于极低生育率的国家，人们的理想子女数也超过2.1个③。

---

① 国家统计局，http://www.stats.gov.cn/tjsj/zxfb/201902/t20190228_1651265.html。
② 贺丹、张许颖、庄亚儿、王志理、杨胜慧：《2006~2016年中国生育状况报告——基于2017年全国生育状况抽样调查数据分析》，《人口研究》2018年第6期，第35~44页。
③ 吴帆：《欧洲家庭政策与生育率变化——兼论中国低生育率陷阱的风险》，《社会学研究》2016年第1期，第49~70页。

因此，无论是实际生育水平、生育孩次结构还是意愿生育水平，都预示着中国人口生育率转变已完成，低生育现状不容忽视。一孩出生数量逐年下降，反映出中国人口低生育率的发展趋势；二孩生育政策遇冷，说明释放的生育潜力低于预期。无论是从实际生育水平、生育孩次结构还是从意愿生育水平来看，生育行为都存在诸多的抑制因素，已经进入以成本约束为主导的低生育率阶段[①]。为什么中国人口转变如此迅速，生育政策调整前实际生育水平是多少，生育政策调整后育龄妇女有着什么样的生育响应，其调整对生育水平的变动趋势产生了哪些影响，这些问题的答案是否预示中国已陷入低生育率陷阱。下文尝试通过国家统计局和国家卫计委公布的数据对以上问题进行分析，以描述生育政策调整下生育形势的全貌，为进一步的生育政策调整和家庭政策制定提供参考，以促进人口长期均衡发展。

一 中国人口生育的转变

有学者用更替生育率将新中国成立以来生育水平的发展划分为两次转变：70年代的第一次转变，总和生育率由1970年的5.8，下降到1980年的接近更替水平；90年代的第二次转变，总和生育率由80年代的更替水平以上波动，下降到更替水平以下，并且持续走低，目前已经达到发达国家的平均水平。2000年以来我国处于稳定的低生育水平态势，并且正在接近国际上划分的很低生育率水平（总和生育率1.5及以下）[②]。不同数据来源的生育水平研究结论印证了以上观点。历次人口普查和全国1%人口抽样调查年度数据显示，总和生育率由1991年的1.8左右逐年下降

[①] 李建民：《中国的生育革命》，《人口研究》2009年第1期，第43~49页。
[②] 陈卫：《改革开放30年与中国的人口转变》，《人口研究》2008年第6期，第18~30页。

为1995年的1.4左右，1996~2007年在1.4的水平上下波动；根据国家统计局历年公布的出生人数推算的结果显示，总和生育率由1991年的2.0左右逐年下降为90年代末的1.7左右，2002年以来在1.6水平上下波动①；根据历年全国小学生在学人数推算的结果显示，总和生育率由1991年的2.2左右逐年下降为1999年的1.69，2000~2007年总和生育率维持在1.59~1.66②。王谦利用累计生育率指标计算35~39岁年龄组的队列生育率发现，1990年以来生育水平持续下降，2008年总和生育率已经下降到1.6以下③。郭志刚进一步确认中国已经进入低生育率的新时代④。

生育水平转变也体现为生育结构的变化，即生育率的年龄模式、孩次分布、生育间隔、性别结构等方面，如高孩次生育率的下降、生育率年龄结构老龄化、妇女婚育年龄的推迟、生育间隔的延长、出生性别比不断攀升且严重偏高。

有学者针对中国生育水平转变原因提出相应的解释，中国生育水平的第一次转变是生育政策控制生育数量的结果，而生育水平的第二次转变主要是经济社会发展的结果⑤。省际社会经济发展和生育率数据分析表明，1980年生育政策对生育水平的影响大于经济社会的发展，1990年两者对生育水平的影响相当，2000年后经济社会发展对生育水平的影响大于生育政策的影响。因

---

① 崔红艳：《对2005年全国1%人口抽样调查数据质量的评估》，中国人口学会2008年年会论文集，2008。
② 翟振武、陈卫：《1990年代中国生育水平研究》，《人口研究》2007年第1期，第16~24页。
③ 王谦：《应用队列累计生育率分析我国生育水平变动趋势》，《人口研究》2008年第6期，第3~15页。
④ 郭志刚：《中国的低生育水平及影响因素》，《人口研究》2008年第4期，第15~21页。
⑤ 李建民：《生育理性和生育决策与我国低生育率水平稳定机制的转变》，《人口研究》2004年第1期，第26~34页。

此，经济社会的发展导致了20世纪90年代以来生育水平的持续下降[①]。也有学者从结构的角度分析人口转变的影响因素，如人口流动降低了生育水平。中国城市的极低生育率有一部分贡献来自流动人口，庞大的流动人口群体推动了我国农村人口生育率的进一步转变[②]。

二　生育政策调整前后生育行为分析

（一）出生人口的变动

从2001~2018年国家统计局全国年度统计公报和全国1%人口抽样调查年度数据（见图7-1）可以看出，出生人口和粗生育率呈现波动下降的趋势，即出生人口从2001年的1702万人下降到2018年的1523万人，粗生育率从2001年的13.38‰下降到2018年的10.94‰。生育水平比较大的波动出现在2013~2018年，表现为粗生育率在2014年上升，2015年下降，2016年上升幅度更大，2017年有所下降，2018年显著下降。其中，2014年粗生育率的上升是因为2013年单独两孩生育政策调整下堆积生育势能的释放，2016年粗生育率显著上升是因为2015年全面两孩生育政策调整下堆积生育势能的释放。

关于2018年粗生育率的显著下降，可以有两种解释：一种解释是生育政策调整引起的生育率波动，即堆积的生育势能释放导致2016年粗生育率显著升高之后的回落；另一种解释是生育水平的转变导致低生育率陷阱的显现。那么，2018年粗生育率的显著下降到底是哪种原因，或者两者皆有之？

我们利用微积分的思想来看生育水平变动的速度，判断2018

[①] 陈卫：《"发展—计划生育—生育率"的动态关系：中国省级数据再考察》，《人口研究》2005年第1期，第35~42页。
[②] 李敏、陈卫：《2008年中国人口生育问题研究综述》，《人口与发展》2009年第5期，第35~41页。

年出生人口和粗生育率的下降超出了曲线平滑的趋势,即假如没有生育政策的调整,按照 2001~2013 年生育变动的趋势,2018 年出生人口应该在 1550 万人以上。因此,我们用 2016 年粗生育率的上升可能包含一孩生育率的进度效应假设来解释 2018 年的超低生育率。具体来说,生育政策调整下如果原本打算只生一孩的家庭改变生育计划选择生育二孩,有可能将生育一孩的时间提前,造成 2016~2017 年生育中包含更多的一孩,从而导致 2018 年粗生育率显著下降。2017 年全国生育状况抽样调查数据显示,2014~2016 年一孩总和生育率呈现一定的波动,即 2015 年显著低于 2014 年,2016 年又高于 2015 年[①],但这种波动也有可能是由于避开羊年(2015 年)生育的生肖效应而产生的[②],因此 2014~2018 年生育率的波动中是否存在一孩提前生育的进度效应,有待于更为完整的数据验证假设。

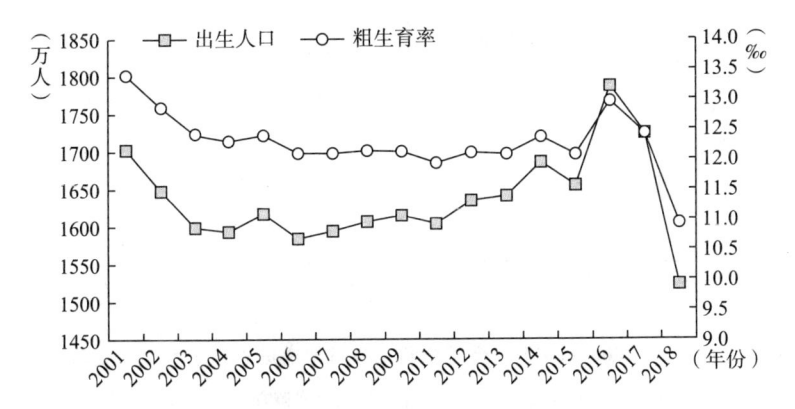

图 7-1 2001~2018 年出生人口和粗生育率的变动

注:因 2010 年数据缺失,故坐标轴无 2010 年。
资料来源:国家统计局全国年度统计公报和全国 1% 人口抽样调查年度数据。

---

① 贺丹、张许颖、庄亚儿、王志理、杨胜慧:《2006~2016 年中国生育状况报告——基于 2017 年全国生育状况抽样调查数据分析》,《人口研究》2018 年第 6 期,第 35~44 页。
② 郭震威、袁艳、茅倬彦:《对羊年生育回避效应的再讨论》,《人口与发展》2017 年第 1 期,第 24~29 页。

（二）总和生育率分析

从 2006~2017 年总和生育率变动趋势（见图 7-2）可以看出，2006~2011 年呈现先缓慢上升，后缓慢下降的平滑变动；2011~2017 年呈现剧烈的波动下降趋势，表现为 2012 年、2014 年和 2016 年的上升，2013 年、2015 年和 2017 年的下降，其中 2012 年生育水平的上升和 2015 年生育水平的下降可以归因于龙年（2012 年）和羊年（2015 年）的生肖效应[①]；2014 年和 2016 年生育水平的上升正好与 2013 年单独两孩和 2015 年全面两孩生育政策调整相契合，表现为堆积生育的形成和释放导致时期生育指标的波动。

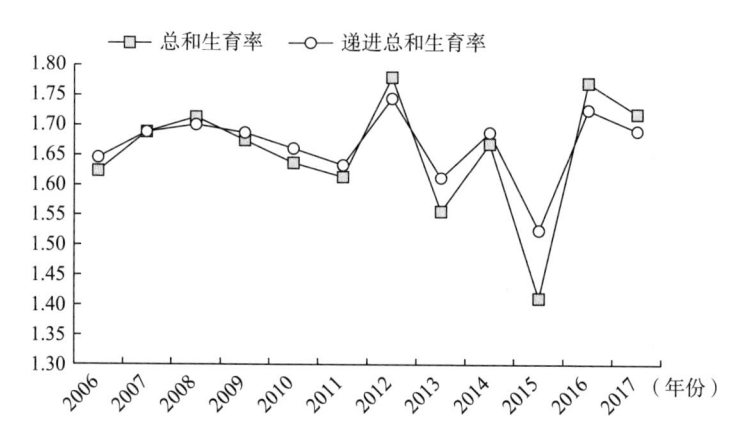

图 7-2　2006~2017 年全国总和生育率与递进总和生育率的变动

资料来源：2006~2017 年全国生育状况抽样调查。

结合 2018 年较低的出生人口数（1523 万人），从整体来看，2006~2017 年生育水平呈现下降的趋势。对比总和生育率与递进

---

① 陈卫、段媛媛：《中国近 10 年来的生育水平与趋势》，《人口研究》2019 年第 1 期，第 3~18 页；贺丹、张许颖、庄亚儿、王志理、杨胜慧：《2006~2016 年中国生育状况报告——基于 2017 年全国生育状况抽样调查数据分析》，《人口研究》2018 年第 6 期，第 35~44 页。

总和生育率两个指标的差异可以看出，递进总和生育率的波动幅度要小于总和生育率，由于递进总和生育率不仅能控制育龄妇女的年龄结构，而且能控制孩次结构的指标特性，所以它比时期总和生育率更为稳健，也可以理解为递进总和生育率能降低时期总和生育率的进度效应。因此，生育政策调整下总和生育率的波动受进度效应的影响较为明显。

（三）分孩次总和生育率分析

从 2006~2017 年总和生育率变动趋势（见图 7-3）可以看出，一孩生育水平整体呈现下降趋势，2012~2017 年在 0.5~1.0 区间内波动下降，具体来看，2012 年、2014 年和 2016 年上升，2013 年、2015 年和 2017 年下降，其中 2012 年的上升和 2015 年的下降可以用生肖效应解释[①]，2014 年、2016 年的上升说明二孩政策的调整不仅带来了二孩生育水平的变化，也提高了一孩的生育水平。对比一孩总和生育率，一孩递进总和生育率整体也呈现下降趋势，但 2006~2017 年波动区间集中在 0.9~1.0，说明控制了进度效应后的一孩生育水平下降缓慢。

二孩总和生育率波动分为两个阶段：2006~2011 年呈现整体下降趋势；2012~2017 年呈现波动上升趋势。控制了进度效应后的递进总和生育率波动与总和生育率一致，但幅度相对缓和，波动区间从 0.6~1.0 下降为 0.5~0.7。两者的波动也可以看成生育的生肖效应和生育政策调整的结果。

多孩总和生育率变动相对比较平缓，波动区间在 0.2 以内，与递进总和生育率差异也较小，但需要说明的是从 2012~2017 年

---

① 陈卫、段媛媛：《中国近 10 年来的生育水平与趋势》，《人口研究》2019 年第 1 期，第 3~18 页；贺丹、张许颖、庄亚儿、王志宏、杨胜慧：《2006~2016 年中国生育状况报告——基于 2017 年全国生育状况抽样调查数据分析》，《人口研究》2018 年第 6 期，第 35~44 页。

的变化可以看出,生肖效应和生育政策调整也微弱地影响着多孩的生育。

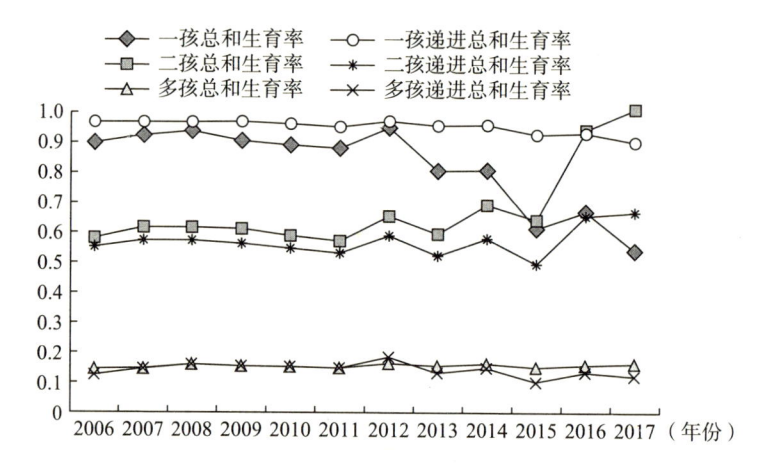

图 7-3 2006~2017 年分孩次总和生育率与递进总和生育率的变动

资料来源:2006~2017 年全国生育状况抽样调查。

结合生育模式区分生育政策调整下总和生育率波动的政策效应和进度效应。生育模式主要是指生育年龄的分布,即初育和二孩生育年龄的变化。图 7-4 从生育年龄的变动和总和生育率的变动探讨生育模式与进度效应的相关性。结果显示,2006~2016 年育龄妇女的初育年龄呈现整体推迟的平滑变化,即从 2006 年平均不到 24.3 岁上升到 2016 年的 26.9 岁,与此相对应的一孩总和生育率呈现波动下降的趋势,两者的波动幅度不一致,说明初育年龄推迟不是影响一孩总和生育率的唯一因素;育龄妇女二孩生育年龄呈现先下降再上升的变化,即从 2006 年的 30 岁下降到 2012 年、2013 年的最低点(29 岁),再上升到 2016 年的 30.2 岁。结合 2006~2016 年二孩总和生育率先缓慢上升,再缓慢下降和 2015 年后的急剧上升的波动,我们可以认为二孩生育水平的波动主要受生育政策调整的影响。

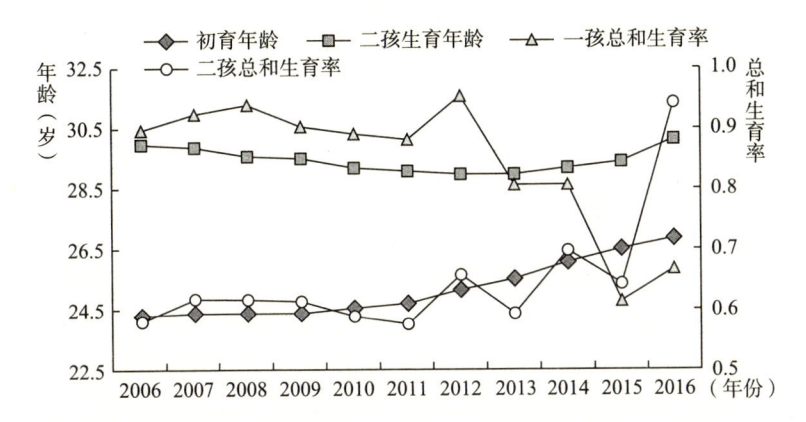

图 7-4　2006~2016 年分孩次生育年龄与总和生育率的变动

资料来源：2006~2016 年全国生育状况抽样调查。

（四）进度效应分析

在就业竞争加剧、女性受教育时间延长、婚育观念转变等背景下，越来越多的年轻人进入婚姻的意愿降低，晚婚晚育、不婚不育现象愈加普遍，这种婚育推迟会给时期生育水平测量的总和生育率指标带来进度效应，从而低估了真实的生育水平。根据"六普"数据计算，我国女性初婚年龄从 1990 年的 22.02 岁升至 2010 年的 23.89 岁。2017 年全国生育状况抽样调查显示，2006~2016 年，我国女性平均初婚年龄从 23.6 岁推迟到 26.3 岁，平均初育年龄从 24.3 岁推迟到 26.9 岁，20~34 岁女性已婚比例从 2006 年的 75% 下降到 2016 年的 67%，其间育龄妇女已婚比例的持续下降使总和生育率降低了 0.483[①]。因此，生育年龄的变动、生育集中和离散程度对人口发展过程有很大的影响，生育模式尝试通过生育率占总和生育率的比例标准化处理来描述生育年龄的集中和离散趋势，以比较不同年份的生育年龄分布，从而对生育

---

① 李月：《鼓励适龄婚育应成为重要的政策着力点》，《人口与健康》2019 年第 2 期。

进度效应进行定性分析。

从图 7-5 中可以看出，首先，2005 年和 2015 年中国育龄妇女生育模式有着显著的不同，2005 年育龄妇女生育峰值年龄为 24 岁，2015 年生育峰值年龄为 26 岁。其次，育龄妇女生育峰值年龄的年龄别生育率占比降低，2005 年育龄妇女生育峰值年龄的年龄别生育率占总和生育率的比例为 10.00%，2015 年下降到 7.53%，下降了 2.47 个百分点。再次，生育峰值年龄段①更加分散，2005 年生育峰值年龄段生育率占总和生育率的比例为 60.82%，2015 年生育峰值年龄段生育率占总和生育率的比例下降到 49.19%。最后，从曲线分布形态来看，2015 年生育模式曲线明显右偏且曲线以下面积更小，说明生育水平显著下降和受生育时间推迟的进度效应影响很大。

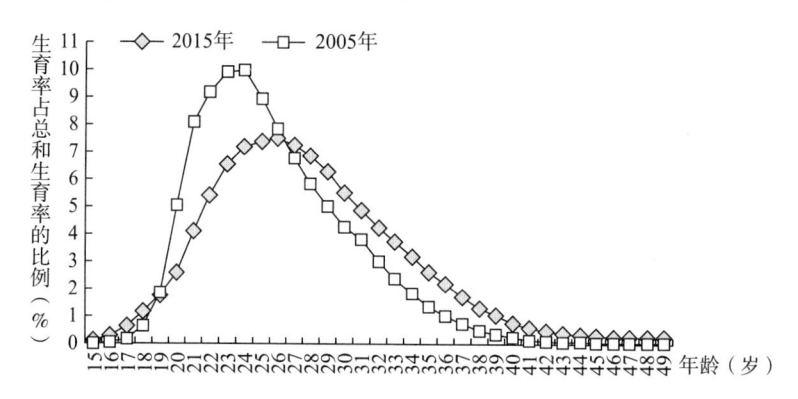

图 7-5 2005 年和 2015 年生育模式对比

资料来源：国家统计局全国年度统计公报和全国 1% 人口抽样调查年度数据。

婚育推迟对一孩生育的影响最为明显。近年来，我国总和生育率的下降主要体现在一孩生育上，根据 2017 年全国生育状况抽样调查数据，我国一孩总和生育率在 2006~2012 年基本稳定在 0.9 左右，但 2012 年后开始快速下降，从 2012 年的 0.96 降至

---

① 生育峰值年龄段是指生育峰值年龄及生育峰值年龄往上、下年龄区间各延伸 3 岁构成的生育年龄段。

2016 年的 0.67。二孩总和生育率在 2006~2012 年稳定在 0.6 左右，2013 年后显著提升，从 2013 年的 0.59 提高至 2016 年的 0.94。多孩总和生育率曲线始终保持相对稳定，在 0.15 左右波动①。对比 2005 年和 2015 年分孩次生育模式可以看出，一孩生育峰值年龄由 2005 年的 23 岁上升到 2015 年的 24 岁；2005 年和 2015 年的二孩生育峰值年龄都为 29 岁。从曲线分布形态来看，一孩和二孩的总和生育率都有明显的下降趋势，但一孩的总和生育率下降幅度更大且 2015 年曲线分布表现为明显的右偏，二孩却不太明显。这说明一孩的生育模式变动较大，表现在生育水平的显著降低和生育年龄的明显推迟，这种变化预示着中国低生育的发展趋势和一孩生育存在明显的进度效应。

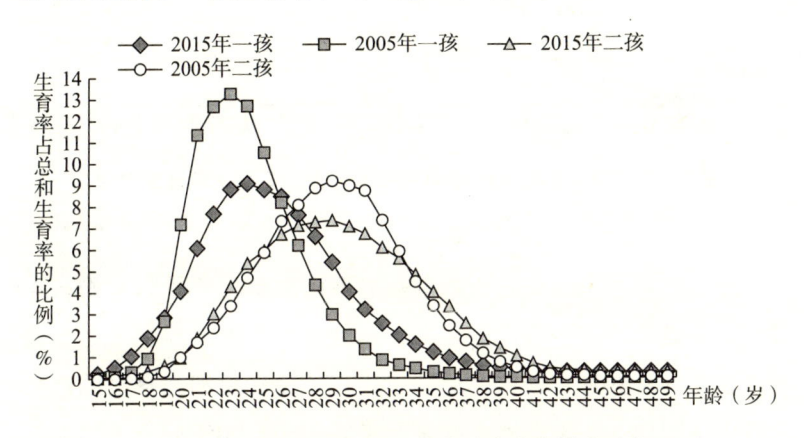

图 7-6　2005 年和 2015 年分孩次生育模式对比

资料来源：国家统计局全国年度统计公报和全国 1% 人口抽样调查年度数据。

2005 年和 2015 年育龄妇女一孩和二孩累计生育率曲线是比较典型的逻辑斯蒂曲线，也就是可以通过图形上曲线以下面积的变化来反映生育进度的变化。对比 2005 年和 2015 年累计生育率曲线，2015 年曲线以下的面积明显小于 2005 年，说明 2015 年生育

---

① 李月：《鼓励适龄婚育应成为重要的政策着力点》，《人口与健康》2019 年第 2 期。

进度随着年龄的增加逐渐推迟;分孩次来看,一孩的生育进度推迟较为明显,而二孩曲线相互交叉,进度效应不明显(见图7-7)。

从以上对育龄妇女生育年龄、分孩次生育进度的分析可以看出,一孩生育年龄推迟产生的进度效应比较明显,也预示着未来生育率的进一步下降。

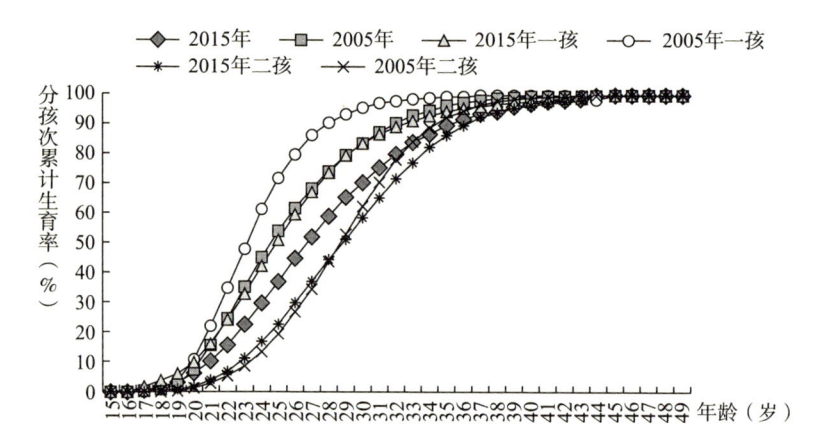

图7-7 2005年和2015年育龄妇女一孩、二孩生育进度对比

资料来源:国家统计局全国年度统计公报和全国1%人口抽样调查年度数据。

总之,近年来一孩总和生育率的下降主要反映了妇女婚育年龄推迟的进度效应;二孩总和生育率的上升则很大程度上是全面两孩政策带来的生育堆积效应的结果。从递进总和生育率的趋势来看,中国的一孩生育水平并没有下降多少,90%以上的妇女都将生育一个孩子,因此近几年不断下降的一孩总和生育率主要是进度效应的反映,并非实际一孩生育水平出现了如此大幅度的下降;二孩递进总和生育率表明,虽然生育二孩的妇女没有常规总和生育率所反映的那么多,但是基本上有60%的妇女会生育第二个孩子;多孩递进总和生育率表明,生育多孩的妇女占比在20%左右,近年来出现明显的下降趋势。也就是说,近年来二孩和多孩总和生育率的上升在更大程度上反映的是相应孩次生育的堆积效应,而非实际生育水平达到了二孩和多孩总和生育率所反映的那么高的水平。

三 受教育程度与女性生育率

从上文分析中可以得出，育龄妇女总和生育率变动中存在显著的进度效应，特别是一孩生育率的进度效应显著影响对当下生育水平和未来发展趋势的判断，故有必要进一步深入分析生育的进度效应。有学者指出女性受教育程度是影响生育进度效应的关键变量[①]，女性受教育程度的提高是中国低生育率的深层原因之一[②]，女性受教育程度的提高对生育率的负效应已超过家庭政策对生育率的正效应，加速了社会整体生育率的下降[③]。从意大利1971～2016年总和生育率的变动趋势可以看出，意大利女性高等教育入学率从不到20%上涨到接近80%，而总和生育率从接近2.5下降到1.42左右，两者呈负相关关系[④]。因此，下文引入女性受教育程度探讨其对生育的进度效应的影响，分析是否不同受教育程度有着不同的生育率，控制年龄结构定性分析受教育程度的进度效应是否存在，以及受教育程度的变动趋势如何影响未来的总和生育率。

（一）不同受教育程度的女性生育率差异

20世纪90年代末至今，我国的高等教育入学人数差不多增长了7倍，从100万人到800万人。在20世纪90年代，20多岁的年轻人里有大概10%接受过高等教育，现在这个比例到了35%～

---

① 吴帆：《欧洲家庭政策与生育率变化——兼论中国低生育率陷阱的风险》，《社会学研究》2016年第1期，第49～70页。
② 王培安：《科学把握人口发展规律 促进新时代人口均衡发展》，人民网，http://theory.people.com.cn/n1/2019/0530/c40531-31109907.html。
③ Bjorklund, A., "Does Family Policy Affect Fertility? Lessons from Sweden," *Journal of Population Economics* 2006, 19 (1).
④ 王晖：《国际经验借鉴：意大利人口问题应对的启示》，《人口与健康》2019年第2期。

40%。从第六次全国人口普查中受教育程度和年龄别生育率交互数据可以看出,高中及以下和大专及以上 15~49 岁育龄妇女有着不同的生育模式。从图 7-8 中可以看出,高中及以下受教育程度育龄妇女的生育水平高于大专及以上受教育程度的育龄妇女,且高中及以下受教育程度育龄妇女的生育峰值年龄低于大专及以上受教育程度育龄妇女,高中及以下受教育程度育龄妇女的生育峰值高于大专及以上受教育程度育龄妇女。具体来说,高中及以下受教育程度育龄妇女的生育峰值年龄为 24 岁,而大专及以上受教育程度育龄妇女的生育峰值年龄为 28 岁;高中及以下受教育程度育龄妇女生育率分布比大专及以上受教育程度育龄妇女更"胖",意味着其有更高的生育水平。因此,我们可以认为女性受教育程度的提高可以降低生育水平。

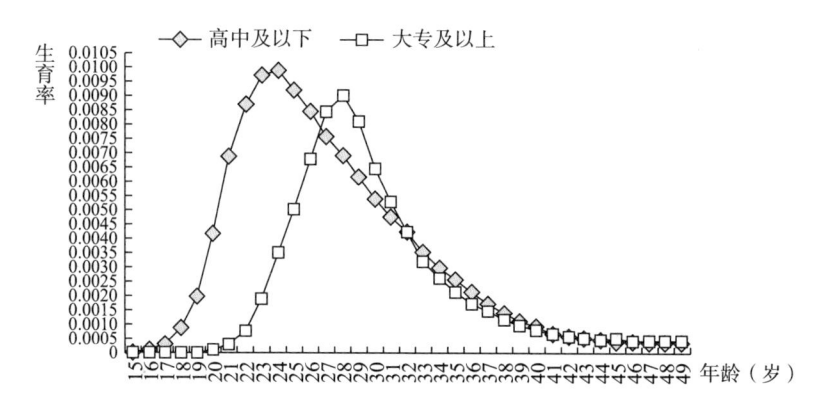

图 7-8 高中及以下与大专及以上受教育程度女性年龄别生育率对比

资料来源:第六次全国人口普查数据。

(二) 受教育程度与年龄结构对生育率的交互影响

不同受教育程度的女性可能存在不同的年龄结构,而年龄和受教育程度都是影响生育行为的重要变量,且两者之间也存在一定的交互作用,假定受教育程度越高生育率越低,年龄结构越年轻生育率越高,那么可以通过两者的定性分析大致判断生育水平变动的趋势。

从女性不同受教育程度下的年龄结构交互分析可以看出,大专及以上受教育程度女性的年龄结构比高中及以下受教育程度女性更为年轻,具体为大专及以上受教育程度女性中的18~37岁女性占比都高于高中及以下受教育程度女性中的18~37岁女性占比,其中大专及以上受教育程度中20岁女性占比最高,达到7.30%,而高中及以下受教育程度女性群体中,20岁女性只占1.78%。年龄与生育风险是高度相关的,一般来说,20~30岁或者25~35岁是生育风险最高的年龄段,处于此年龄段的育龄妇女也被称为生育旺盛期育龄妇女。从图7-9中可以看出,大专及以上受教育程度女性20~30岁或25~35岁占比都高于高中及以下受教育程度女性。因此,如果只考虑年龄因素的话,那么可以判断大专及以上受教育程度女性生育风险显著高于高中及以下受教育程度女性。回到"受教育程度越高生育率越低,年龄结构越年轻生育率越高"的假设,相对于高中及以下受教育程度女性群体,大专及以上受教育程度女性群体有着更年轻的年龄结构,但生育水平却低于高中及以下受教育程度女性群体,说明大专及以上受教育程度女性群体中受教育程度对生育率的负向影响超过了年龄对生育率的正向影响,即大专及以上受教育程度女性群体中受教育程度和年龄结构对生育率的净影响为负。

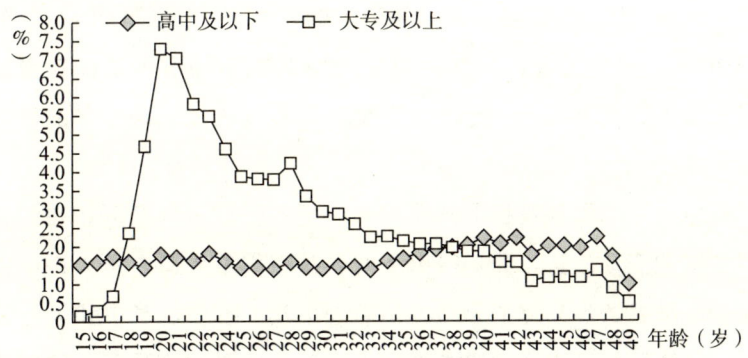

图7-9 高中及以下与大专及以上受教育程度女性的年龄别分布

资料来源:第六次全国人口普查数据。

（三）女性受教育程度变动趋势对生育率的影响

上文的分析得出女性的受教育程度变动显著影响女性生育率，那么女性人口中受教育程度现状和未来发展趋势也会显著影响中国生育水平的变动。

利用国家统计局2002~2017年6岁及以上女性人口在未上过学、小学、初中、高中和大专及以上不同受教育程度的分布数据，分析初中及以下、高中及以下和大专及以上受教育程度女性分别占6岁及以上女性人口比例年度变动趋势，从而得到女性受教育程度异质性的变化。具体思路是，把未上过学、小学和初中受教育程度女性人口数相加得到初中及以下受教育程度女性人口总数，并除以6岁及以上女性人口数得到女性人口中初中及以下占比不同年份的变动，用同样的方法分别得到女性人口中高中及以下、大专及以上占比不同年份的变动。

从图7-10中可以看出，女性人口中初中及以下受教育程度占比呈现下降趋势，从2002年的85.21%下降到2017年的70.53%；高中及以下受教育程度占比也呈现下降趋势，从2002年的96.08%下降到2017年的86.39%；而大专及以上受教育程度占比呈现上升趋势，从2002年的3.92%上升到2017年的13.61%。总体上看，女性人口中初中及以下和高中及以下受教育程度占比显著高于大专及以上受教育程度占比，且三者的差异逐渐缩小。

根据不同受教育程度升学率来分析各受教育程度群体在总人口占比的变动趋势，我们得出不同受教育程度人口在总人口中占比的变动趋势。具体的思路为，通过小学、初中、高中和大专及以上受教育程度之间的递进关系来判断不同受教育程度群体的变动趋势，即较高的小学升学率意味着初中受教育程度群体占比较高，以此类推，较高的高中升学率意味着大专及以上受教育程度

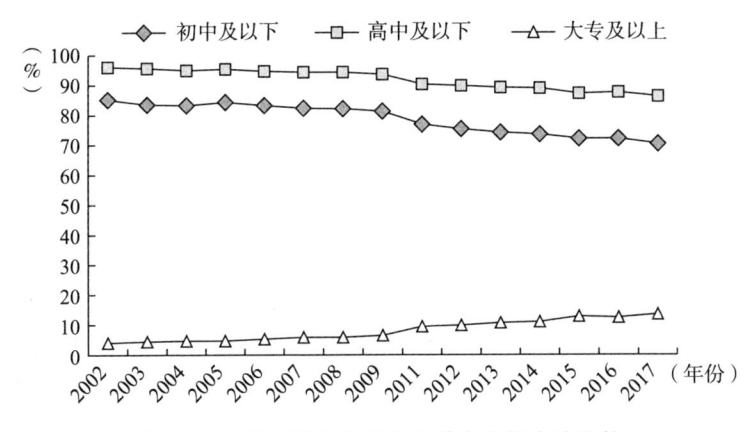

图 7 – 10　不同受教育程度女性占比的变动趋势

注：因 2010 年数据缺失，故坐标轴无 2010 年。

资料来源：全国 1% 人口抽样调查年度数据。

占比较高。从图 7 – 11 中不同受教育程度群体的升学率曲线变动趋势可以看出，截至 2016 年，小学升学率、初中升学率和高中升学率趋于接近且都在 90% 以上，因此我们可以推论未来至少有 72.9% 的人口受教育程度为大专及以上。如果受教育程度与生育水平呈负相关关系，那么逐年递增的受教育程度会继续降低女性的生育率，但从曲线的导数变动速率可以得出，受教育程度降低生育率的影响效应将逐年下降。

本书的研究对象为女性群体，但由于数据的限制，以上的分析没有区分男女性别，假定男性和女性的受教育程度变化对生育率的影响是有区别的，就必须进行受教育程度和性别的交叉分析。分析结果显示，高中及以下受教育程度女性占比为 45% ~ 50%，而在大专及以上受教育程度群体中占主体的"普通、成人本专科"女性的比例在 50% 以上，由此可以推断女性的高中升学率是高于男性的，高于男女性别的均值。具体而言，大专及以上受教育程度群体中女性占比高于男性，高中及以下受教育程度群体中女性占比低于男性。因此，结合上文升学率的分析，女性群体在大专及以上受教育程度的比例会越来越高,对生育水平的抑制作用会越发明显。

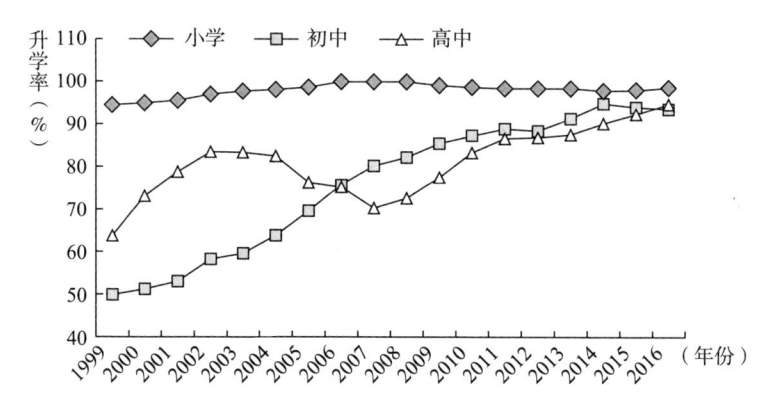

图 7-11 不同受教育程度群体升学率的变动趋势

资料来源:国家统计局。

四 小结

总的来说,我国正处于生育水平下行阶段,呈现以下特点:生育水平快速下降,在不同的生育抑制因素影响下,1968~1992年,总和生育率从 6.45 下降至 2.1 以下,家庭内部约束正取代生育政策外部控制成为生育水平下降的主导因素。分孩次来看,近年来一孩总和生育率的大幅度下降并不表明一孩生育水平真的有如此明显的下降趋势,而在很大程度上反映了妇女婚育年龄推迟的进度效应。具体来说,一孩总和生育率降到了 0.6 左右,而一孩递进总和生育率仍然在 0.9 以上。婚育年龄的显著推迟与城镇化的快速推进,特别是 1990 年以来高等教育扩张带来的女性受教育程度大幅度提高有很大关系。同时,近年来二孩总和生育率的大幅度上升也不表明二孩生育水平真的达到了这么高的水平,在很大程度上是全面两孩政策带来的生育堆积效应的结果。二孩总和生育率升到了 0.9 以上,而二孩递进总和生育率在 0.7 左右;

多孩递进总和生育率也低于多孩总和生育率。分地区来看，不同地区生育水平差异明显，全国近10年的年均生育率约为1.65，而特大城市和东北地区在1左右，中西部贫困地区在2.6以上；生育政策调整后的生育率波动较大，最高年份接近1.8；生育率具有一定的回升空间，年轻一代婚育进度效应较为明显，较高收入家庭、较低养育成本地区及传统观念较强的群体生育意愿仍然较高。

第八章
生育政策调整对生育率的影响

从实施单独两孩政策以来,生育政策调整已经过去了六个年头,包括单独两孩和全面两孩在内的生育政策调整的影响是全面而深远的,特别是对生育率的影响是人口学界关注的重点。但梳理已有的文献可以看出,学界对生育政策调整下生育率变动的研究主要集中在生育政策调整下未来生育率的预测上,其很难反映出生育政策调整对生育率的真实影响。有些研究利用已有数据实证分析了生育政策调整对生育率的影响,但鲜有的几篇文献缺乏深度,只是关注到生育数量的变化,并没有分析生育政策调整对生育模式的影响,即年龄别育龄妇女生育率的变化、生育年龄的变化、不同孩次生育率的变化等。

因此,本书试图利用国家统计局公布的全国1%人口抽样调查样本数据和全国1‰人口变动调查样本数据中年龄别育龄妇女人数、育龄妇女分孩次年龄别生育数等数据,分析生育政策调整对不同孩次的生育率、年龄别育龄妇女的生育率、育龄妇女分孩次生育年龄等变动的影响,即对生育政策调整前后不同年份的生育数据进行对比分析,利用生育政策调整前后生育率、生育模式等波动反映出生育政策调整对生育率的全面影响。

一 研究设计与数据来源

生育政策调整对生育率的影响研究应侧重于生育政策调整对不同孩次的生育率、年龄别育龄妇女的生育率、育龄妇女分孩次生育年龄等变动的影响。因此，我们可以对生育政策调整前后不同年份的生育数据进行对比分析，利用生育政策调整前后生育率、生育模式等波动反映出生育政策调整对生育率的影响。

（一）研究思路

育龄妇女的生育率是出生人口数与育龄妇女人口数之比，具体是由育龄妇女的生育水平、其占总人口的比重以及生育模式共同决定的，即出生人口数与育龄妇女人口数之比取决于年龄别育龄妇女的生育率和育龄妇女的年龄结构。因此，研究生育政策调整对生育率的影响就是控制育龄妇女的年龄结构，分析生育政策调整对年龄别生育率的影响，并基于标准化生育模式进行一定时间内的纵向对比。

（1）生育率的分解思路

控制育龄妇女年龄结构分析生育政策调整对生育率的影响可以通过对生育率的分解来实现，即为了说清楚不同年份之间生育率的差距有多少是年龄结构不同所致，有多少是年龄别生育率变动所致，需要对生育率进行分解，具体的分解方法如下：

$$\Delta = B_t - B_{t-1} = \sum_{x=15,5}^{49} {}_5f_x^t \cdot S_x^t - \sum_{x=15,5}^{49} {}_5f_x^{t-1} \cdot S_x^{t-1}$$

$$= \sum_{x=15,5}^{49} ({}_5f_x^t - {}_5f_x^{t-1}) \cdot \left[\frac{S_x^t + S_x^{t-1}}{2}\right] + \sum_{x=15,5}^{49} (S_x^t - S_x^{t-1}) \cdot \left[\frac{{}_5f_x^t + {}_5f_x^{t-1}}{2}\right]$$

B_t、S_x^t 分别代表 t 时期人口出生率（以育龄妇女总数为分母）和年龄别育龄妇女人数。

Δ = 年龄别生育率之差 × 平均年龄结构加权 + 年龄结构之差 × 平均年龄别生育率

= 年龄别生育率对生育率变动的影响 + 年龄结构对生育率变动的影响

对生育率的分解方法多种多样,上面的方法既经济又简洁①,这样生育率之差就可以被分解为两项,一项是年龄别生育率差距的贡献,另一项是年龄结构差距的贡献。然后基于一定的数据,我们就可以得出在控制了育龄妇女年龄结构后生育率变动趋势。

(2) 分孩次生育模式的测算思路

年龄别生育模式是指经过标准化处理后的年龄别生育率,可以用于综合比较生育政策调整下的生育年龄和年龄别生育率变动。其与横轴所围面积为 1,可分为时期和队列两个角度,前者可通过时期各年龄生育率除以总和生育率得到,后者则是队列年龄别生育率与终身生育率之比②。本书从时期的角度将年龄别生育率进行概率化调整,如下:

$$g_i^t = {}_nf_{x,i}^t / TFR_i^t$$

g_i^t 是指 t 年生育 i 孩次的所有育龄妇女中,x 至 $x+n$ 岁育龄妇女生育 i 孩的概率。其中,${}_nf_{x,i}^t = {}_nB_{x,i}^t / {}_nW_x^t$;$TFR_i^t = n\sum_{x=15,n}^{49} {}_nf_{x,i}^t$;$\sum g_i^t = 1$。${}_nf_{x,i}^t$ 是指 t 年 x 至 $x+n$ 岁育龄妇女 i 孩次年龄别生育率;TFR_i^t 是指 t 年 i 孩次的总和生育率;${}_nW_x^t$ 是指 t 年 x 至 $x+n$ 岁育龄妇女人数;${}_nB_{x,i}^t$ 是指 t 年 x 至 $x+n$ 岁育龄妇女 i 孩次生育数。

因为生育政策变动对不同孩次的生育率影响是不同的,应分孩次分析生育模式变动,具体基于国家统计局公布的全国 1% 人

---

① 〔美〕塞缪尔·普雷斯顿、〔美〕帕特里克·霍伊维兰、〔美〕米歇尔·吉略特:《人口统计学:人口过程的测量与建模》,郑真真译,北京:社会科学文献出版社,2012,第 24~27 页。

② 王亚楠、钟甫宁:《1990 年以来中国人口出生水平变动及预测》,《人口与经济》2017 年第 1 期,第 1~12 页。

口抽样调查样本数据和全国 1‰ 人口变动调查样本数据情况，考虑到人口抽样比的 5 岁组育龄妇女一孩次年龄别生育率的计算公式为 ${}_5f_{x,1}^t = [{}_5B_{x,1}^t/\rho_t]/[{}_5W_x^t/\rho_t] = {}_5B_{x,1}^t/{}_5W_x^t$，其中 ρ_t 为人口抽样比。同理，我们可以计算出育龄妇女二孩次年龄别生育率 ${}_nf_{x,2}^t$ 和育龄妇女三孩及以上年龄别生育率 ${}_nf_{x,3+}^t$。结合以上公式我们可以得出生育政策调整下不同孩次的生育模式变动趋势。

（二）数据来源与甄别

本研究使用的数据来源于国家统计局公布的全国 1% 人口抽样调查样本数据和全国 1‰ 人口变动调查样本数据中年龄别育龄妇女人数，以及育龄妇女分孩次年龄别生育数等数据。单独两孩政策调整的时间是 2013 年 11 月 15 日，以党的十八届三中全会通过的《中共中央关于全面深化改革若干重大问题的决定》中"启动实施一方是独生子女的夫妇可生育两个孩子的政策"表述为标志。考虑到不同地区具体实施单独两孩的时间不一致（2014 年 2 月，浙江省对《人口与计划生育条例》第十九条做出修改，成为全国首个单独两孩政策落地省份；2014 年 11 月，随着西藏宣布实施单独两孩政策，全国单独两孩政策调整已无死角），2014 年和 2015 年是单独两孩政策调整对生育率影响的显现年份。2015 年 10 月 29 日，党的十八届五中全会明确提出"坚持计划生育的基本国策，完善人口发展战略，全面实施一对夫妇可生育两个孩子政策，积极开展应对人口老龄化行动"，即全面两孩政策。2016 年是全面两孩生育调整对生育率影响的显现年份。但是考虑到国家统计局公布的最新年度生育数据只截至 2015 年，因此本章选用 2012～2015 年国家统计局公布的全国 1% 人口抽样调查数据中年龄别育龄妇生育数据作为基础数据分析生育政策调整对生育率的影响。

国家统计局公布的全国 1% 人口抽样调查数据是否准确，能否作为生育政策调整下生育率分析的基础数据？有关研究认为，利用国家统计局数据难以准确衡量生育水平，但生育水平和变动趋势大体是可以把握的[1]。张青的研究认为国家统计局公布的全国1%人口抽样调查数据中年龄别育龄妇女人数基本准确，而出生人口数存在一定的漏报。其利用年龄移算法，基于1995年全国1%人口抽样调查数据和2000年第五次全国人口普查数据分别检验1996~1999年的育龄妇女数据和2001~2004年的育龄妇女数据，结果发现两者总数误差小于1%，从而得出统计年鉴抽样得出的年龄别育龄妇女人数基本准确的研究结论。而利用《中国人口统计年鉴》和《中国统计年鉴》上公布的1994~2004年全国人口出生数比其推算的全国人口出生数高14%~42%。从分孩次出生数据来看，其认为抽样人口出生总数的偏低主要是二孩及以上孩次生育数的漏报所致，而由于有二孩及以上孩次申报成了一孩从而造成大部分年份略微偏高[2]。郭志刚的研究认为国家统计局公布的全国1%人口抽样调查数据存在对青壮年流动人口的明显遗漏，不同口径、不同来源的数据偏差特点不同，以及一定的出生漏报三个方面的问题。具体而言，全国人口变动情况抽样调查以及其他全国人口抽样调查数据都显示出对青壮年流动人口存在明显的遗漏；全国人口普查、全国1%人口抽样调查样本数据和全国1‰人口变动调查样本数据覆盖面不同，数据方面的偏差特点也有所不同[3]；计划生育管理与考核要求使出生统计存在10%~20%的漏报[4]。王金营利用《中国统计年鉴》的历年出生

---

[1] 郭志刚：《中国的低生育水平及相关人口研究问题》，《学海》2010年第1期，第5~25页。
[2] 张青：《总和生育率的测算及分析》，《中国人口科学》2006年第4期，第35~42页。
[3] 郭志刚：《常规时期生育率失真问题及调整方法的新进展》，《人口研究》2012年第5期，第3~10页。
[4] 郭志刚：《中国的低生育水平及相关人口研究问题》，《学海》2010年第1期，第5~25页。

率估计得到的 1992~1996 年各年出生人数与利用小学入学人数估计得到的对应各年的出生人数非常接近，如果考虑入学率不到 100% 的原因和死亡概率估计的误差，二者的差距将是微乎其微。这表明，王金营利用历年全国人口变动情况抽样调查得到的出生率估计 1992~1999 年各年出生人数是接近实际的[①]。

综上所述，"人口统计"毕竟不是"会计"，并不需要准确到分毫不差[②]。即使数据有缺陷，通过形成多种假设、用多方数据分析比较、不断用新资料加以检验的方式仍然可能对人口形势做到大致把握。

二 结果分析

生育政策调整对生育率影响的结果分析分为：生育政策调整前后年龄别生育率变动趋势的描述；生育率变动的分解，探究年龄别生育水平和育龄妇女结构对生育率变动的综合影响；年龄别生育率标准化处理的生育模式分析，用于对比生育政策调整前后年龄别生育率、生育年龄等变动，研究生育政策调整对生育率的全面影响。

（一）年龄别生育率变动趋势

从 2012~2015 年一孩生育率变动趋势（见图 8-1）可以看出，总体呈现逐年下降的趋势；不同的是 2014 年一孩生育率有着一定的波动，即低年龄段一孩生育率与 2012 年、2013 年保持一致，20~24 岁生育率高于 2013 年；2015 年的生育率下降明显，20~

---

① 王金营：《1990-2000 年中国生育模式变动及生育水平估计》，《中国人口科学》2003 年第 4 期，第 32~39 页。
② 顾宝昌：《人口统计同样需要与时俱进》，《人口研究》2002 年第 3 期，第 23~27 页。

34岁一孩生育率显著低于其他年份；2012年、2013年和2015年一孩生育峰值年龄集中在25～29岁，而2014年一孩生育峰值年龄集中在20～24岁。

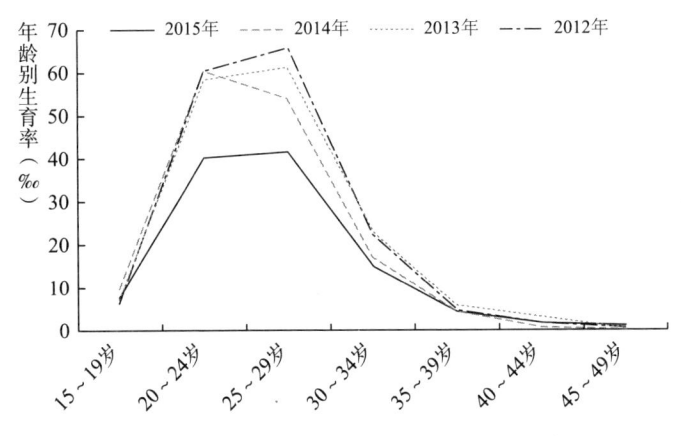

图8-1　2012～2015年一孩生育率变动趋势

从2012～2015年二孩生育率变动趋势（见图8-2）可以看出，2014年20～29岁二孩生育率显著高于其他年份，而2012年、2013年和2015年各年龄段二孩生育率比较接近，波动不大；不同年份的二孩生育峰值年龄都集中在25～29岁。

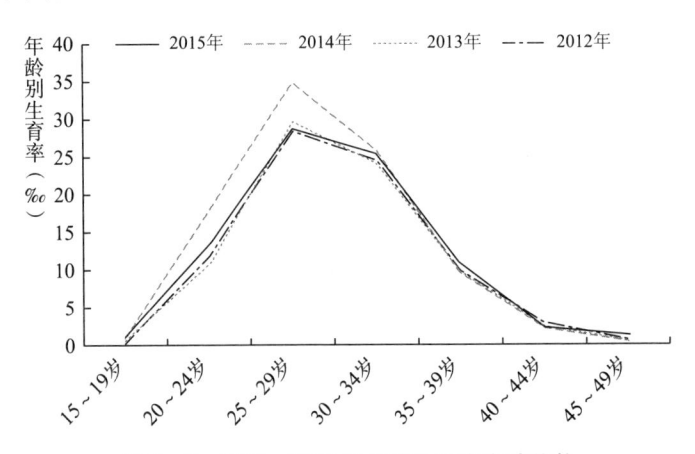

图8-2　2012～2015年二孩生育率变动趋势

从2012～2015年多孩生育率变动趋势（见图8-3）可以看出，

2014年多孩生育率整体最高,其次是2015年,2013年和2012年比较接近;不同年份的多孩生育峰值年龄都集中在30~34岁。

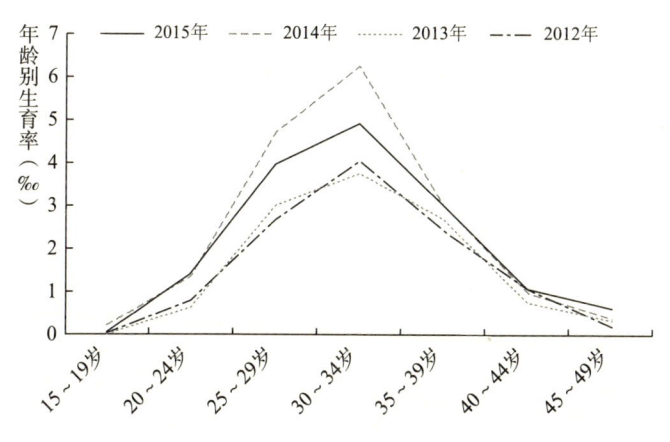

图8-3 2012~2015年多孩生育率变动趋势

总的来说,从2012~2015年不同孩次的生育率变动趋势可以看出,2014年不同孩次的生育率都显著不同于其他年份,表现为生育率有一定的提升。分孩次来看,2014年20~24岁的一孩生育率异常上升,大部分年龄段的二孩生育率维持最高水平,20~39岁的多孩生育率也是最高的;2015年的一孩生育率显著低于其他年份,二孩生育率则和其他年份较为一致,20~39岁的多孩生育率则显著高于2012年和2013年。

(二) 生育率的分解

2012~2015年的生育率变动既有可能是由年龄别生育水平的变动引起的,也有可能是由育龄妇女的年龄结构变动引起的。为了说清楚年龄别生育水平和育龄妇女的年龄结构对生育率变动产生的影响,我们需要对生育率进行分解。具体为利用《中国统计年鉴》公布2012~2015年全国1%人口抽样调查样本和全国1‰人口变动调查样本中5岁组育龄妇女生育率和育龄妇女占人口比例数据,结合以上生育率分解公式,得出不同年份年龄别生育水平和育龄妇女年龄结构对生育率变动的综合影响。

(1) 2012~2013年生育率变动的分解

从2012~2013年生育率变动的分解(见表8-1)可以看出,年龄别生育率对生育率变动的影响为-0.6858,其占总影响的58.67%;年龄结构对生育率变动的影响为0.4832,其占总影响的41.33%。

表8-1　2012~2013年生育率变动的分解

	$_5f_x^{2013}$	$_5f_x^{2012}$	S_x^{2013}	S_x^{2012}	$(_5f_x^{2013}-_5f_x^{2012})\cdot\left[\dfrac{S_x^{2013}+S_x^{2012}}{2}\right]$	$(S_x^{2013}-S_x^{2012})\cdot\left[\dfrac{_5f_x^{2013}+_5f_x^{2012}}{2}\right]$
15~19岁	7.8400	6.7200	0.1078	0.1132	0.1238	-0.0393
20~24岁	69.5300	72.8000	0.1546	0.1618	-0.5173	-0.5124
25~29岁	93.9700	96.8200	0.1466	0.1377	-0.4051	0.8490
30~34岁	50.8400	50.8100	0.1321	0.1269	0.0039	0.2643
35~39岁	18.6800	17.1500	0.1361	0.1416	0.2124	-0.0985
40~44岁	4.6600	5.4700	0.1679	0.1640	-0.1344	0.0198
45~49岁	1.7600	1.5600	0.1550	0.1548	0.0310	0.0003
合计	—	—	—	—	-0.6858	0.4832

(2) 2013~2014年生育率变动的分解

从2013~2014年生育率变动的分解(见表8-2)可以看出,年龄别生育率对生育率变动的影响为1.1662,其占总影响的70.63%;年龄结构对生育率变动的影响为0.4849,其占总影响的29.37%。

表8-2　2013~2014年生育率变动的分解

	$_5f_x^{2014}$	$_5f_x^{2013}$	S_x^{2014}	S_x^{2013}	$(_5f_x^{2014}-_5f_x^{2013})\cdot\left[\dfrac{S_x^{2014}+S_x^{2013}}{2}\right]$	$(S_x^{2014}-S_x^{2013})\cdot\left[\dfrac{_5f_x^{2014}+_5f_x^{2013}}{2}\right]$
15~19岁	11.1900	7.8400	0.1038	0.1078	0.3544	-0.0381
20~24岁	79.7700	69.5300	0.1483	0.1546	1.5509	-0.4703

续表

	${}_5f_x^{2014}$	${}_{5x}^{2013}$	S_x^{2014}	S_x^{2013}	$({}_5f_x^{2014} - {}_5f_x^{2013})\cdot\left[\frac{S_x^{2014}+S_x^{2013}}{2}\right]$	$(S_x^{2014} - S_x^{2013})\cdot\left[\frac{{}_5f_x^{2014}+{}_5f_x^{2013}}{2}\right]$
25～29岁	93.6200	93.9700	0.1571	0.1466	-0.0532	0.9848
30～34岁	49.0300	50.8400	0.1335	0.1321	-0.2404	0.0699
35～39岁	17.0400	18.6800	0.1329	0.1361	-0.2206	-0.0572
40～44岁	3.9600	4.6600	0.1656	0.1679	-0.1167	-0.0099
45～49岁	1.0700	1.7600	0.1589	0.1550	-0.1083	0.0055
合计	—	—	—	—	1.1662	0.4849

（3）2014～2015年生育率变动的分解

从2014～2015年生育率变动的分解（见表8－3）可以看出，年龄别生育率对生育率变动的影响为－6.6072，其占总影响的97.02%；年龄结构对生育率变动的影响为0.2028，其占总影响的2.98%。

表8－3　2014～2015年生育率变动的分解

	${}_5f_x^{2015}$	${}_5f_x^{2014}$	S_x^{2015}	S_x^{2014}	$({}_5f_x^{2015} - {}_5f_x^{2014})\cdot\left[\frac{S_x^{2015}+S_x^{2014}}{2}\right]$	$(S_x^{2015} - S_x^{2014})\cdot\left[\frac{{}_5f_x^{2015}+{}_5f_x^{2014}}{2}\right]$
15～19岁	9.1900	11.1900	0.1018	0.1038	-0.2056	-0.0204
20～24岁	54.9600	79.7700	0.1354	0.1483	-3.5193	-0.8690
25～29岁	74.3100	93.6200	0.1689	0.1571	-3.1475	0.9908
30～34岁	45.3100	49.0300	0.1362	0.1335	-0.5016	0.1274
35～39岁	18.6000	17.0400	0.1319	0.1329	0.2065	-0.0178
40～44岁	5.3700	3.9600	0.1614	0.1656	0.2305	-0.0196
45～49岁	3.1100	1.0700	0.1644	0.1589	0.3298	0.0115
合计	—	—	—	—	-6.6072	0.2028

总的来说，从2012～2015年生育率变动的分解结果可以看出，年龄别生育率对生育率变动的影响逐渐上升，而年龄结构对

生育率变动的影响则逐渐下降。具体来说，年龄别生育率对生育率变动的影响从 2012~2013 年的 58.67%，上升到 2013~2014 年的 70.63%，最终达到 2014~2015 年的 97.02%；而年龄结构对生育率变动的影响则从 2012~2013 年的 41.33% 下降到 2013~2014 年的 29.37%，最终降到 2014~2015 年的 2.98%。

（三）分孩次生育模式变动趋势

因为生育政策调整对不同孩次的生育率影响是不一样的，所以需要分孩次对比生育政策调整前后的生育水平的变动，这就涉及对不同孩次年龄别生育率的标准化处理，即不同年份的年龄别生育模式的对比，具体为基于全国人口变动情况抽样调查数据和年龄别生育模式计算公式得出生育政策调整前后即 2012~2015 年不同孩次生育模式变动趋势。

（1） 2012~2015 年一孩生育模式变动趋势

从 2012~2015 年一孩生育模式变动趋势（见图 8-4）可以看出，2014 年生育模式与其他年份的生育模式有着很大差别。2012 年、2013 年和 2015 年各年龄别生育一孩的概率呈现稳步下降的趋势，特别是生育旺盛年龄段（20~29 岁）的生育率明显逐年下降。与这一趋势相对应的是 2014 年生育率呈现明显的波动，即低年龄段生育一孩的概率上升，高年龄段生育一孩的概率下降，特别是 20~24 岁生育率达到峰值，高于历年的比例，显示出提前生育的变化。

（2） 2012~2015 年二孩生育模式变动趋势

从 2012~2015 年二孩生育模式变动趋势（见图 8-5）可以看出，不同年份的二孩生育峰值年龄都集中在 25~29 岁。其中，2012 年、2013 年和 2015 年二孩生育模式比较接近，各年龄段生育率波动不大，而 2014 年二孩生育模式与其他年份有着很大差异，从图上可以描述为围绕 25~29 岁峰值年龄，2014 年二孩生

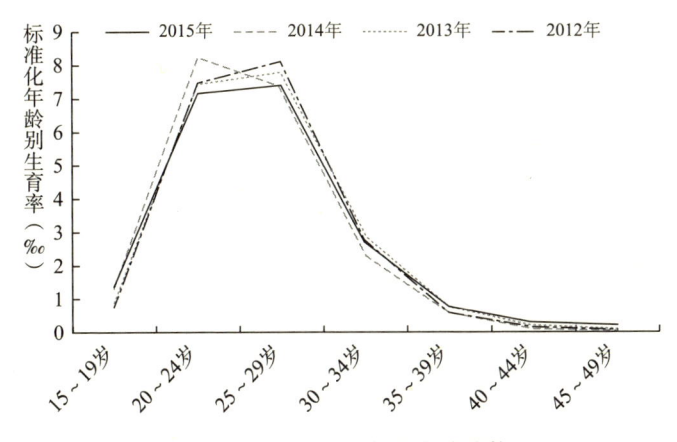

图 8-4 一孩生育模式变动趋势

育率曲线整体左移,即低年龄段生育率上升,高年龄段生育率下降。

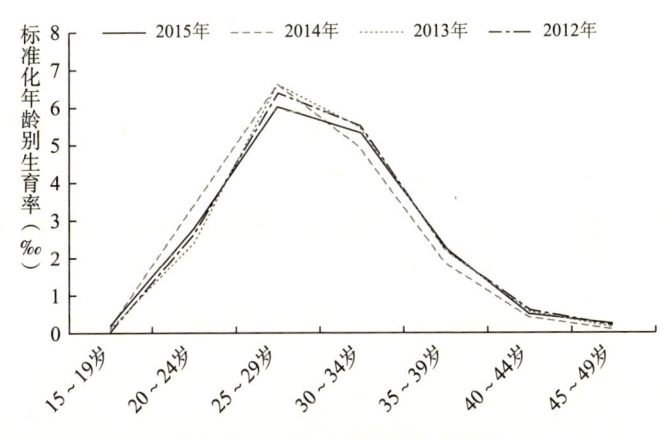

图 8-5 二孩生育模式变动趋势

(3) 2012~2015 年多孩生育模式变动趋势

从 2012~2015 年多孩生育模式变动趋势(见图 8-6)可以看出,不同年份的多孩生育峰值年龄都集中在 30~34 岁。其中,2014 年 30~34 岁多孩生育率最高,2015 年最低;通过对其他年龄段生育率对比可以发现,35~44 岁多孩生育率在 2014 年最低,而 25~29 岁多孩生育率在 2014 年最高。

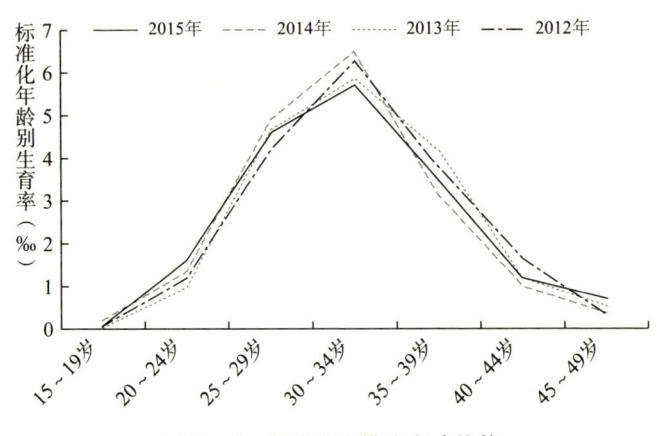

图 8-6 多孩生育模式变动趋势

总的来说，生育政策调整不仅影响了二孩生育模式，而且对一孩和多孩生育模式造成了一定的影响。从 2012~2015 年一孩生育模式变动趋势可以看出，2014 年 20~24 岁生育率达到峰值，高于历年的比例，显示出提前生育的变化；从 2012~2015 年二孩生育模式变动趋势可以看出，2014 年二孩生育率曲线整体左移，即低年龄段生育率上升，高年龄段生育率下降，而 2015 年二孩生育模式接近 2012 年、2013 年的生育模式；从 2012~2015 年多孩生育模式变动趋势可以发现，2014 年多孩的生育模式波动相对较弱，但也在一定程度上提升了峰值年龄段的生育率。

三 小结

（一）2014 年生育率显著升高

从 2012~2015 年不同孩次的生育率变动情况可以看出，2014 年不同孩次的生育率都显著高于其他年份，说明生育率有一定的提升。具体来讲，2014 年 20~24 岁一孩的生育率异常上升，大部分年龄段的二孩生育率维持着最高水平，20~39 岁的多孩生育率也是最高的。

"2014年生育率显著升高"的研究结论在多大程度上是由生育政策调整造成的？如果从各个省份具体调整生育政策的时间来看，2015年才应该是单独两孩政策调整对生育率影响最大的年份。实际情况可能是从2013年11月党中央公布实施单独两孩政策时，符合条件的育龄妇女就开始准备生育二孩，从而使2014年生育率显著提高。分孩次来看，2014年不仅二孩生育率显著上升，其他孩次的生育率也上升，这可能与生育政策调整对其他孩次的扩散性影响有关。生育政策调整对其他孩次的扩散性影响是指生育政策的调整动摇了人们对计划生育严厉控制的决心，造成了计划生育控制的松懈，从而增加了各孩次的生育率。2014年国家卫计委委托中国人口与发展研究中心进行的"人口与计划生育形势分析"课题中相关访谈资料显示：

> 单独两孩政策的调整造成了群众对计划生育工作的一些误解。有群众可能认为政策放松了，可以多生了。调查中有计生干部反映，"有些人认为工作放松了，计划生育政策马上要全部放开了，人口控制工作不需要了"，以至于一些符合政策的家庭生育了二孩，还有一些不符合政策的家庭也生育了二孩。2014年是卫生和计生机构合并调整的年份，政策和机构的调整都对计生干部的思想产生了一定的影响。如有些计生干部认为，"控制人口数量的工作不重要了，计划生育被边缘化了，有一种'无可奈何花落去'的感觉"，工作的积极性受到了影响。最后，有关人员和信息的整合，对出生人口漏报、瞒报行为有着一定的修正，从而增加了2014年的出生人数。

因此，生育政策和卫计委机构调整综合影响造成2014年各孩次生育率显著升高。

(二) 2014 年 20～24 岁一孩生育率显著上升

从分孩次的生育模式可以看出,生育政策调整不仅影响了二孩生育模式,而且对一孩生育模式造成了一定的影响。具体来讲,2014 年 20～24 岁一孩生育率异常上升,此年龄段生育率达到峰值,高于历年的比例,显示出提前生育的变化。

从数据真实性角度来看,一孩的生育数据不涉及漏报、瞒报的情况,如果涉及也是人为将计划生育限制的二孩加入一孩生育进行申报,即在修正出生人口漏报、瞒报行为的背景下,2014 年一孩出生人数应该是减少①,而不是增加。

从生育政策调整对一孩生育模式影响的角度来看,一孩生育是不受计划生育政策控制的,但不意味着不受计划生育政策影响。从终身生育的角度来考虑,只打算生一个孩子和打算生两个孩子的家庭之间不同孩子的生育时间选择是不一样的,即只打算生一个孩子的家庭一孩生育时间会晚于打算生两个孩子的家庭一孩生育时间,二孩政策调整后使一些原来终身只生一孩的家庭改变计划打算生育两孩,因此提前了一孩的生育时间,造成了 2014 年 20～24 岁一孩生育率的上升。

(三) 2015 年二孩生育率低于预期

从 2012～2015 年二孩生育率变动情况可以看出,2015 年生育率显著低于其他年份,从生育模式来看,2015 年 15～29 岁二孩生育率显著低于 2014 年,但 30～49 岁二孩生育率高于 2014 年。

---

① 张青:《总和生育率的测算及分析》,《中国人口科学》2006 年第 4 期,第 35～42 页。

以上的研究结论可以归纳为"2015年低年龄段二孩生育率低于2014年,高年龄段二孩生育率高于2014年"。"2015年低年龄段二孩生育率低于2014年"可能是由2014年的生育数据异常上升引起的,但进一步对比低年龄段其他年份的二孩生育率可以看出,2015年的二孩生育率也是比较低的,就此可以判断单独两孩政策调整对低年龄段二孩生育计划并没有显著的影响。从"2015年高年龄段二孩生育率高于2014年"可以得出,单独两孩政策实施后还是存在一定的堆积生育的且主要集中在30~44岁,但进一步对比高年龄段其他年份的二孩生育率,2015年二孩生育率并未超过往年,说明生育反弹有限。

按普遍预测,生育政策调整两年后应该是人口出生的高峰期[①],2013年单独两孩生育政策调整,按预测2015年的生育率应该高于往年,而实际结果是2015年低年龄段二孩生育率并未出现显著增长,这也证实了学界关于单独两孩政策遇冷的判断。2014年"人口与计划生育形势分析"课题中相关访谈资料也可以解释生育政策调整遇冷的原因,即在计划生育政策控制不均衡和逐渐失效的局面下,想生的都生了,没生的基本上都是不想生的;潜在受益的育龄妇女年龄大了,生育力下降;潜在受益人群大部分分布在城市,生育观念的开放和抚养成本的高昂使其不愿意再生。

(四)年龄结构对生育率变动的影响式微

对生育政策调整前后生育率变动的分解可以看出,年龄别生育率对生育率变动的影响逐渐上升,而年龄结构对生育率变动的影响则逐渐下降。具体来讲,年龄别生育率对生育率变动的影响

---

① 王广州:《影响全面二孩政策新增出生人口规模的几个关键因素分析》,《学海》2016年第1期,第85~87页。

从 2012~2013 年的 58.67%，上升到 2013~2014 年的 70.63%，最终达到 2014~2015 年的 97.02%；而年龄结构对生育率变动的影响则从 2012~2013 年的 41.33% 下降到 2013~2014 年的 29.37%，最终降到 2014~2015 年的 2.98%。

2014 年"人口与计划生育形势分析"课题中相关访谈资料显示，生育旺盛年龄段育龄妇女已大量减少，育龄妇女年龄结构已逐步老化，从而导致育龄妇女的年龄结构对人口出生率的影响逐步下降。而生育意愿的变动则相对稳定，即生育观念转变、社会经济发展、城镇化水平提高等因素导致生育意愿下降速度相对平缓。由此，基于生育意愿的年龄别生育率对生育率变动的影响逐渐上升。

第九章
生育政策调整下"80后"生育意愿分析

目前,"80后"群体正大规模进入生育期,在生育政策调整的背景下,这一群体的生育意愿将成为影响生育水平的重要因素。影响社会生育水平的两个主要因素包括国家的生育政策和育龄群体的生育意愿。在生育政策方面,2013年11月15日,党的十八届三中全会通过的《中共中央关于全面深化改革若干重大问题的决定》提出,"启动实施一方是独生子女的夫妇可生育两个孩子的政策,逐步调整完善生育政策,促进人口长期均衡发展"。由此,现行的计划生育政策迎来了一轮新的调整与完善,并逐步放开二孩生育限制。在育龄群体的生育意愿方面,2014年"80后"年龄范围为25~34岁,而年龄别育龄妇女一孩的生育峰值期集中在28~30岁,年龄别育龄妇女二孩的生育峰值期集中在33~37岁,"80后"已经进入生育峰值期。北京市人口研究所2013年12月的生育意愿调查显示,在单独两孩政策背景下想要二孩的被访者中,30~34岁年龄组占54%,也就是说"80后"是二孩生育的主体,35岁及以后打算生育二孩的比例显著下降,不足20%[1]。

由此可见,数量巨大的"80后"生育意愿的变化左右着生

---

[1] 马小红:《单独二孩申请为什么遇冷——基于北京的研究》,"面向未来的中国人口研究"暨第三次生育政策研讨会,2014年12月19日。

育政策调整的效果，左右着国家的生育水平与人口结构，左右着人口长期均衡发展。本章以江西省为例，结合生育政策调整对"80 后"生育意愿进行了实证调研，尝试为未来的人口形势预测提供一定的借鉴。

一 研究综述

生育意愿是个人与家庭在生育子女方面的愿望和要求，具体包括意愿生育子女数量、意愿性别和生育时间[①]。王晓峰指出，意愿生育数量是在抛开本人抚养能力等因素影响情况下的理想选择，而实际的生育数量一般是低于意愿数量的[②]。郑真真对江苏省生育意愿和生育行为的调查研究发现，理想子女数、生育意愿和生育计划是逐步接近现实的三个层次，每个层次在数量上逐级递减，具有明确的数量和时间的生育计划更有可能转化为生育行为[③]。吴帆采用半结构式深度访谈方法对我国新一代流动人口的生育意愿、生育需求及其影响因素进行深入研究，发现我国流动人口的生育观念发生了根本性的转变，传统的生育观已经被现代生育观取代[④]。马小红对北京市 2006 年和 2008 年的城乡独生子女生育意愿研究发现，城乡独生子女的生育意愿无论在生育数量还是在子女性别偏好、生育时间上都呈现趋同的现象[⑤]。在期刊网上以"80 后生育意愿"为关键词检索的学术论文只有 6 篇，整理如下。

---

① 陈蓉、顾宝昌：《上海市生育意愿 30 年的演变历程》，《人口与社会》2014 年第 1 期。
② 参见国家卫计委编《分区域人口与计划生育形势》。
③ 郑真真：《生育意愿研究及其现实意义——兼以江苏调查为例》，《学海》2011 年第 2 期。
④ 吴帆：《新一代乡－城流动人口生育意愿探析》，《南方人口》2009 年第 1 期。
⑤ 马小红：《趋同的城乡生育意愿对生育政策调整的启示——基于北京市城乡独生子女生育意愿的比较研究》，《人口与发展》2011 年第 6 期。

第九章　生育政策调整下"80后"生育意愿分析

（一）不同代际的理想子女数分析

与"70后"和"60后"相比，"80后"的生育决策是通过对生育一个孩子需要成本和可以获得收益的权衡而做出的，而不是遵循多子多福和养儿防老的传统观念。上海市的调查显示，在现行生育政策下，受访者意愿生育子女数平均为1.33个，理想子女数平均为1.66个，意愿生育子女数小于理想子女数，两者相差0.33个[①]；广东省的调查显示，一男一女是该省"80后"理想的子女数和性别选择，受教育程度和经济因素是影响该群体生育意愿的主要因素，同时家庭养老压力也在一定程度上影响其生育意愿[②]。

（二）不同性别的理想子女数分析

"80后"群体中男性在生育数量和生育性别上都比女性更为传统。女性角色要求其在家庭生育过程中承受更多的压力和耗费更多的时间与精力，因此当生育孩子的机会成本上升时，女性会更多地选择放弃生育和相应的性别偏好；而男性不仅是家庭的主要经济支柱，而且担负着家族的传宗接代、延续香火的重任[③]，因此人们的生育意愿倾向于多子女和男孩偏好。

（三）不同户籍的生育意愿

对河北省承德市和邯郸市农村居民生育行为和生育意愿的实证研究发现，当前我国生育政策对生育行为的影响力度减小，认

[①] 赵琳华：《大城市"80后"群体生育意愿现状及差异分析——以上海静安区为例》，《人口与社会》2014年第3期，第57页。

[②] 张建武、薛继亮：《广东"80后"生育意愿及其影响因素研究》，《南方人口》2013年第2期，第13页。

[③] 江丽娜：《皖北地区"80后"青年生育意愿的实证分析——以安徽省利辛县为例》，《青年探索》2010年第6期，第63页。

为宽松的生育政策并不一定导致较高的生育水平,而较严格的生育政策也需要良好的工作和服务以达到预期效果[①]。我国新一代流动人口的生育意愿、生育需求及其影响因素研究发现,我国流动人口的生育观念发生了根本性的转变,传统的生育观已经被现代生育观取代[②]。北京市 2006 年和 2008 年的城乡独生子女生育意愿研究发现,城乡独生子女的生育意愿无论在生育数量还是在子女性别偏好、生育时间上都呈现趋同的现象[③]。

总的来说,"80 后"生育意愿具有双重性,处在从传统向现代转变的过渡期,传统性表现在未完全摆脱传统文化的影响,多子多福和传宗接代观念表现在较高的理想生育数和男孩偏好上,而现代性表现在理想子女数下降以及对生育质量的重视上;无论城市还是农村,"80 后"的生育意愿都呈现一种随年代发展而逐渐下降的趋势,但城乡之间、不同农村地区之间的变迁速度不一致。

(四) 生育政策调整下的生育意愿

在对假设生育政策放开问题的回答中,"80 后"生育意愿发生了分化,不同群体间的生育数量和性别偏好存在明显的个性化差异。如平均意愿生育数上升到 1.52 个,主要为二孩生育意愿增加,希望儿女双全;可以生育两个孩子,受访者中对性别无所谓的依然居多,占 56.2%,但希望儿女双全的比重明显增加,占 30.0%[④];有 83.7% 的受访者希望可以有一男一女[⑤]。但意愿生

[①] 王金营等:《中国农村生育意愿和生育水平转变的考察——基于对河北承德、邯郸两地区实地调查的比较》,《人口研究》2008 年第 5 期。
[②] 吴帆:《新一代乡-城流动人口生育意愿探析》,《南方人口》2009 年第 1 期。
[③] 马小红:《趋同的城乡生育意愿对生育政策调整的启示——基于北京市城乡独生子女生育意愿的比较研究》,《人口与发展》2011 年第 6 期。
[④] 赵琳华:《大城市"80 后"群体生育意愿现状及差异分析——以上海静安区为例》,《人口与社会》2014 年第 3 期,第 57 页。
[⑤] 江丽娜:《皖北地区"80 后"青年生育意愿的实证分析——以安徽省利辛县为例》,《青年探索》2010 年第 6 期,第 63 页。

育子女数低于理想子女数，说明当理想与现实发生冲突时，大城市"80后"更注重孩子的养育成本、自身职业发展以及家庭生活质量等外在因素，以孩子质量替代数量的意识更强①。

北京市人口研究所 2013 年 12 月的生育意愿调查显示，"80 后"是二孩生育的主体；2014 年 11 月的深度访谈显示，7 个 35 岁以上已生育一孩的妇女全部不选择生育二孩。而不生二孩的主要原因是事业压力大，精力不够，父母无法提供照料，第 1 个孩子教育成本高，等等②。

黄文政研究发现，从不同代际女性的生育趋势来看，"80后"未来的终身生育孩子数难以超过 1.6 个，未来生育率恢复到更替水平几乎不可能。且现在生育愿望最迫切的是"70后"女性，她们大多不是独生子女，每晚一年放开，就会有不少人抱憾终生③。近年生育率的小幅回升多来自高龄产妇，其他女性生育率持续下降，随着"60后"和"70后"女性生育期结束，预计总和生育率会继续下降。

（五）基于生育意愿分析生育潜力

在研究生育问题的文献中直接探讨育龄妇女生育潜力的很少。研究生育潜力大小的目的在于回答"生育政策允许 1 个，她会生 2 个，生育政策允许 2 个，她会生 3 个"等情况发生的可能性。风笑天等④曾对改革开放 20 年来国内发表的 51 篇有关我国城乡居民生育意愿状况的研究论文进行分析，从理想子女数与性

---

① 风笑天：《城市青年的生育意愿：现状与比较分析》，《江苏社会科学》2004 年第 4 期，第 180 页。
② 马小红：《单独二孩申请为什么遇冷——基于北京的研究》，"面向未来的中国人口研究"暨第三次生育政策研讨会，2014 年 12 月 19 日。
③ 黄文政：《中国的人口趋势和对未来的影响》，"面向未来的中国人口研究"暨第三次生育政策研讨会，2014 年 12 月 19 日。
④ 风笑天、张青松：《二十年城乡居民生育意愿变迁研究》，《市场与人口分析》2000 年第 5 期。

别偏好两个方面描述了城乡居民生育意愿的变迁。从已有研究结果来看，在理想子女数方面，无论城市还是农村都呈现一种随年代发展而逐渐下降的趋势；而与数量偏好的变化相比，性别偏好的变化则显得较为缓慢和滞后。风笑天对2014～2018年国内学界发表的12篇集中探讨育龄人群二孩生育意愿影响因素的经验研究论文进行综述得出，对于育龄人群二孩生育意愿，祖辈支持和家庭收入变量具有正向影响；女性年龄、地区经济发达程度变量具有负向影响；一孩性别主要对农村居民具有影响；健康状况没有影响；户口性质的影响只在真正的城乡居民之间存在差别，在流动人口与城市居民之间以及在城乡已婚独生子女之间或许并不存在；文化程度与二孩生育意愿之间的关系，目前还不能获得相对确切的认识①。

总的来说，关于"80后"生育政策调整下的生育意愿研究不多，结论主要集中在"如果允许，希望子女状态是儿女双全"上。

二 研究设计与样本分析

2013年8月，课题组开展了江西省生育意愿抽样调查，主要了解15～44周岁在婚育龄人群的生育意愿，包括：姓名、性别、婚姻状况、受教育程度、居住地、户籍地等基本情况；已出生的子女数量、性别结构、年龄结构和避孕方式等生育情况；理想的子女数、子女性别偏好、生育政策调整下的生育意愿情况。

抽样方法为分层、多阶段、与规模成比例的PPS抽样，并通过面对面访问调查对象、填写调查问卷等方式进行数据收集。实际抽取样本2400个，包括抚州市、赣州市、吉安市、景德镇市、

---

① 风笑天：《影响育龄人群二孩生育意愿的真相究竟是什么》，《探索与争鸣》2018年第10期，第54～61页。

九江市、南昌市、萍乡市、上饶市、鹰潭市、新余市和宜春市，最终获得有效样本2244个。

符合本研究的"80后"样本量有893个，其中男性占42.4%，女性占57.6%；农村户口占78.1%，城镇户口占21.9%；在受教育程度分布中，初中最高，占比超过一半，其次是高中，约占1/5，再次是大学专科，占比不到一成；民族分布以汉族为主；婚姻状况以初婚为主，具体情况见表9-1。

表9-1 江西省"80后"生育意愿调查样本分析

单位：人，%

	性别分布		户口性质		婚姻状况		受教育程度						
	男	女	农村	城镇	初婚	再婚	文盲	小学	初中	高中	大学专科	大学本科	研究生
人数	379	514	697	196	886	7	5	70	498	182	80	51	7
占比	42.4	57.6	78.1	21.9	99.2	0.8	0.6	7.9	55.8	20.4	8.9	5.7	0.8

三 结果分析

当死亡率稳定在低水平时，人口数量和结构的变动主要由生育和迁移决定，假定中国人口近似于封闭状态，那么总人口变化主要由处于一定年龄阶段育龄妇女的生育行为决定。在生育政策调整的背景下，"80后"正处于生育旺盛的年龄，研究"80后"生育意愿的目的主要是在人口相关外部因素变化的条件下，通过对其生育意愿的分析来预测未来生育行为的变化，从而判断生育政策调整背景下人口发展趋势。

（一）"80后"理想子女数分析

从表9-2中我们可以看出，"80后"对"理想子女数"回答倾向于有两个孩子，占86.8%；"70后"回答"二孩"的占82.5%，低于"80后",而回答"三孩及以上"的占比高于"80后"。总的来说,人们理想中的孩子数量是两个,而在多孩偏好上,"80后"占比是低于"70后"的。

表9-2 不同代际理想子女数分布

	理想子女数			
	一孩	二孩	三孩及以上	
"70后"	4.0%	82.5%	13.5%	100%(1438)
"80后"	4.1%	86.8%	9.1%	100%(892)

注:Pearson 卡方 = 10.895,p = 0.028。
括号内为样本数,下同。

从"80后"分户籍的理想子女数分布(见表9-3)中可以看出,不管是农村还是城镇的"80后"都倾向于两个孩子,城镇一孩偏好高于农村,而农村三孩及以上的理想子女数所占比例高于城镇。从一孩和多孩偏好可以得出,城镇"80后"生育意愿是低于农村的。

表9-3 "80后"分户籍的理想子女数分布

	理想子女数			
	一孩	二孩	三孩及以上	
农村	3.9%	85.5%	10.6%	100%(697)
城镇	5.1%	91.3%	3.6%	100%(195)

注:Pearson 卡方 = 9.449,p = 0.009。

从"80后"分性别的理想子女数分布(见表9-4)中可以看出,男性多孩偏好是高于女性的,女性一孩和二孩偏好是高于男性的,这在一定程度上反映了男性在生育数量上比女性更为传统和保守。女性承受怀孕、分娩的痛苦过程,在家庭养育中耗费更多的时间与精力,因此女性可能会选择放弃生育更多数量的孩子;而男性不仅是家庭的主要经济支柱,而且担负着家族的传宗接代、延续香火的重任,因此男性倾向于多孩。

表 9-4 "80 后"分性别的理想子女数分布

	理想子女数				
	一孩	二孩	三孩及以上		
男	2.9%	86.2%	10.8%	100%	(378)
女	5.1%	87.2%	7.8%	100%	(514)

注：Pearson 卡方 =4.697, $p=0.096$。

(二) 生育政策调整下生育意愿分析

2013 年 11 月 12 日，党的十八届三中全会通过的《中共中央关于全面深化改革若干重大问题的决定》提出，逐步调整人口政策，以促进人口长期均衡发展。包括单独两孩在内的生育政策调整集中在二孩的生育限制方面，"80 后"作为生育的主体，其二孩生育意愿关系到人口政策调整的影响。

(1) 不同代际的生育意愿对比

从"80 后"已生育孩子结构分布（见表 9-5）中可以看出，已生育一孩家庭占比最高，为 49.7%，其次是已生育二孩家庭，占 37.4%；相对而言，"70 后"家庭已生育二孩占比最高，为 55.2%，其次是已生育一孩，占 31.0%。结合理想子女数来看，差异的主要原因一方面是"70 后"生育已完全释放，而"80 后"可能会继续生育二孩，预示着"80 后"将是二孩生育政策调整影响的主体。

表 9-5 不同代际已生育孩子结构分布

	已生育孩子数					
	无	一孩	二孩	三孩及以上		
"70 后"	1.0%	31.0%	55.2%	12.8%	100%	(1445)
"80 后"	6.1%	49.7%	37.4%	6.8%	100%	(892)

注：Pearson 卡方 =286.376, $p=0.000$。

(2) 生育政策调整下"80 后"的再生育意愿

从"80 后"再生育的意愿分布（见表 9-6）中可以看出，已生育一孩的"80后"打算再要孩子的比例为76.1%,而已生育二孩的"80后"不想再要孩子的比例为78.2%。我们可以得出,"80后"再生育的意愿主要集中在二孩,多孩的意愿只占16.1%。

表9-6 "80后"再生育的意愿分布

	如果政策许可,是否打算再要孩子			
	是	否	说不好	
一孩	76.1%	7.4%	16.4%	100%(444)
二孩	16.1%	78.2%	5.7%	100%(335)

注:Pearson 卡方 = 407.952,$p = 0.000$。

(3)不同户籍"80后"的生育意愿

从表9-7可以看出,农村"80后"已生育二孩的比例最高,孩次结构中占43.3%,城镇"80后"已生育一孩的比例最高,达到74.1%。结合"如果政策许可,是否打算再要孩子"问题的回答(见表9-8),城镇"80后"打算再要孩子的比例为63.1%,大大高于农村(46.6%),回答"否"的比例,农村有42.9%,而城镇只有21.2%。我们可以得出,城镇"80后"已生育孩次结构偏向一孩,最主要的原因是计划生育的约束大于"80后"自身的生育约束,在前文理想子女数量分析假定农村、城镇生育意愿差异不大的前提下,可以得出计划生育在城镇的约束力大于农村,因此二孩生育政策调整要注意城镇生育反弹形成的生育堆积。

表9-7 "80后"分户籍已生育孩次结构分布

	已生育孩子数				
	无	一孩	二孩	三孩及以上	
农村	5.4%	42.6%	43.3%	8.7%	100%(698)
城镇	8.6%	74.1%	16.8%	0.5%	100%(197)

注:Pearson 卡方 = 77.342,$p = 0.000$。

表9-8 "80后"分户籍再生育的意愿分布

	如果政策许可,是否打算再要孩子			
	是	否	说不好	
农村	46.6%	42.9%	10.5%	100%（599）
城镇	63.1%	21.2%	15.6%	100%（179）

注：Pearson 卡方 = 27.664，$p = 0.000$。

（三）"80后"的避孕方式分析

从不同代际有子女者目前的避孕方式分布（见表9-9）来看，"80后"主要是"宫内节育器（上环）"，占比为38.5%，"70后"主要是"绝育（男扎/女扎）"，占比为47.1%，而"90后"主要是"其他方法"，占比为44.7%；从"未避孕"的比例来看，"90后"最高，占比为23.5%，其次是"80后"，"70后"只有7.0%，占比最低。

表9-9 不同代际有子女者的避孕方式分布

	有子女者目前的避孕方式				
	绝育（男扎/女扎）	宫内节育器（上环）	其他方法	未避孕	
"70后"	47.1%	35.0%	10.9%	7.0%	100%（1247）
"80后"	19.2%	38.5%	26.1%	16.2%	100%（777）
"90后"	0.0%	31.8%	44.7%	23.5%	100%（85）

注：Pearson 卡方 = 286.884，$p = 0.000$。

分户籍（见表9-10）来看，农村"80后"有子女者目前的避孕方式主要是"宫内节育器（上环）"，占比为38.2%，而城镇"80后"主要是"其他方法"，占比为46.4%；从农村与城镇"未避孕"比例来看，农村为18.3%，高于城镇（8.9%）。

表 9-10 "80 后"分户籍有子女者的避孕方式分布

	有子女者目前的避孕方式					
	绝育（男扎/女扎）	宫内节育器（上环）	其他方法	未避孕		
农村	23.3%	38.2%	20.2%	18.3%	100%	(600)
城镇	5.6%	39.1%	46.4%	8.9%	100%	(179)

注：Pearson 卡方 = 66.250，$p = 0.000$。

四 小结

本章以江西省生育意愿的实证调查为基础，通过不同代际对比，分户籍、分性别和已生孩次结构来分析"80 后"理想子女数、生育政策调整下再生育意愿和避孕方式，得出以下结论。

（一）"80 后"理想子女数

"80 后"的理想子女数偏好一儿一女，在多孩偏好上，"80 后"是低于"70 后"的；分户籍来看，城镇一孩偏好高于农村，而农村三孩及以上偏好高于城镇；从性别来看，男性在生育数量上比女性更为传统和保守，表现在男性的多孩偏好是高于女性的，女性的一孩和二孩偏好是高于男性的。

（二）"80 后"生育政策调整下再生育意愿

从不同代际已生育孩子结构分布中可以看出，"70 后"生育势能已完全释放，而"80 后"可能会继续生育二孩，预示着"80 后"将是二孩生育政策调整影响的主体，且如果生育政策调整，放开二孩的话，"80 后"生育意愿主要集中在二孩，体现在已生育一孩的"80 后"打算再要孩子的比例为 76.1%，多孩意愿的比例仅为 16.1%；从农村和城镇的对比来看，"80 后"生育意愿与计划生育控制严厉程度有关,从已生育孩次结构来看,农村的"80后"已生育二孩的比例最高,城镇"80后"已生育一孩的比例最高,可见计划生育在城镇的约束力大于农村;如果政策许可,城镇"80后"打算要二孩的比例高于农村"80后",可以预见一旦二孩生育政策放开,城镇"80后"将成为二孩生育的主体,较易带来生育反弹进而形成生育堆积。

(三)"80后"的避孕方式

从不同代际有子女者目前的避孕方式来看,"70后"主要是"绝育(男扎/女扎)","80后"主要是"宫内节育器(上环)","90后"主要是"其他方法";从"未避孕"的比例来看,"90后"最高,其次是"80后","70后"占比最低;不同户籍"80后"有子女者的避孕方式也有区别,农村"80后"主要是"宫内节育器(上环)",城镇"80后"主要是"其他方法";农村"未避孕"的比例高于城镇。

第十章
"生"或"不生":流动人口的生育响应

学界已有相关文献探讨我国生育行为可能的抑制因素以及提出"鼓励按政策生育"的相关办法,如生育政策调整下的生育意愿研究显示实际子女数低于意愿生育子女数,意愿生育子女数低于理想子女数,反映出部分家庭"能生"且"想生",结果却"没生",并认为经济条件差和缺乏家庭支持是抑制生育的重要因素[①]。但很少有通过生育政策调整下生育行为的实证研究来分析二孩政策下生育行为结果及其抑制因素。因此,本书采用2016年全国流动人口动态监测调查数据,以生育政策调整前已生育一孩的育龄妇女为研究对象,探讨在二孩政策背景下流动人口生育行为的影响因素。之所以基于流动人口动态监测数据来分析,是因为二孩生育行为以及抑制因素分析属于微观层面研究,这有赖于具有一定代表性的包含生育史回顾的全国调查数据库的支持,2016年全国流动人口动态监测调查数据正好符合这些要求。杨菊华的《流动人口二孩生育意愿研究》一文也采取了相似的研究设计,即以已生育一孩的流动人口为研究对象分析二孩生育意愿及

---

① 杨利春、陈远:《建设生育友好型社会是中国人口发展的战略选择——"全面两孩政策与生育友好型社会建设"专题研讨会综述》,《中国人口科学》2017年第4期,第121~126页;葛佳:《全面二孩时代二孩生育的阶层差异研究》,《人口与经济》2017年第3期,第109~119页。

其影响因素①。与其不同的是，本章关注的是二孩的实际生育行为及其抑制因素，从而更为直接地回应生育政策调整下生育响应情况和实际生育水平低于预期的原因等命题。

一 数据来源与研究设计

（一）调查与样本

在 2016 年全国流动人口动态监测调查报告中，流动人口被定义为在流入地居住 1 个月及以上、非本区（县、市）户口的 15 周岁及以上流入人口。抽样框为 31 个省份（港澳台除外）和新疆生产建设兵团 2015 年全员流动人口年报数据，采取分层、多阶段、与规模成比例的 PPS 抽样方法，得到 16.7 万人的样本量，本书分析全面两孩生育政策调整时已育一孩流动人口的二孩生育行为及其影响因素，因此研究对象为 2014 年 15～49 岁已育一孩的育龄妇女，共有 26334 个样本。其中，93.4% 为汉族；在受教育程度分布中，初中最高，占 48.9%，其次是高中/中专，占 22.7%，再次是小学，占 11.5%，其他合计占 17.0% 左右；在户口性质分布中，78.4% 为农业人口，非农人口占 18.6%；在婚姻结构中，93.9% 为初婚；在年龄分布中，26～30 岁占 36.2%，31～35 岁占 25.5%，36～40 岁占 17.3%，41～45 岁占 14.4%，46～50 岁占 6.6%。

（二）分析方法

人口学家除了使用各种生育行为指标度量、描述和刻画生育水平外，也会采用一些定量的统计模型分析影响生育行为的各个因素及其贡献。谢韦克把模型构造方法分为最小二乘法、参数估计法和模型仿真法。本章关注的二孩政策下流动人口生育行为抑

---

① 杨菊华：《流动人口二孩生育意愿研究》，《中国人口科学》2018 年第 1 期。

制因素的研究方法是用以最小二乘法为基础的统计模型来分析生育行为变化外在制约因素[①]。

具体的分析方法分为两步：一是考虑到检验结果不受同一类人中不同类别分布的影响，而采用了独立样本 T 检验来比较已生育一孩流动人口中未生育二孩和已生育二孩两个分组间各相关变量是否存在显著性差异，且为下一步回归分析筛选影响变量；二是基于已生育一孩育龄妇女是否生育二孩选择二元 Logistic 模型对样本进行回归分析，并根据相关研究假设通过不同自变量的选择设置了四个分析模型，以测试解释变量的敏感性。在控制相关变量的基础上，模型 1 进行了传统生育惯习对流动人口二孩生育影响的主效应分析；模型 2 进行了经济压力对流动人口二孩生育影响的主效应分析；模型 3 进行了女性单位性质对流动人口二孩生育影响的主效应分析；模型 4 纳入所有解释变量形成完整的分析模型以对比在平均效应基础上各变量参数值的变化，以测试模型的稳定性。

（三）研究假设

（1）传统生育惯习越强，生育二孩概率越高

孩子数量质量替代理论认为经济地位低的人群生育意愿和比例较高，而中等地位的人群较低。如果认同农村农民经济地位较低，而城镇市民经济地位较高的话，那流动人口的流出地越靠近农村生育二孩的概率就越高，越靠近城市生育二孩的概率就越低。从"场域 – 惯习"理论来看，基于农村场域形成的生育文化可以被认为是传统生育惯习，其会在一定的"压力 – 从众"机制下影响生育二孩的行为，包括男孩偏好对生育数量的影响[②]。因

---

① 谢韦克：《对概率分布生育模型的探讨》，《中国人口科学》1993 年第 6 期，第 12~21 页。
② 李银河：《生育与村落文化》，呼和浩特：内蒙古大学出版社，2009，第 55~90 页。

此，我们可以选择一孩的性别和老家所在地来测量生育惯习的影响①，具体可以表述为一孩为男孩的家庭选择生育二孩的可能性更小，而一孩为女孩的家庭选择生育二孩的可能性更大；老家所在地为农村的生育二孩的可能性越大，老家所在地为城市的生育二孩的可能性越小。其中，我们需控制流动时间长短的干扰变量，流动时间越长流动人口越有可能接受城市的生育观念影响而弱化流出地传统生育观念的影响。

（2）经济压力越大，效用越低，生育二孩概率越低

根据"成本-效用"理论，子女的养育成本越高和提供的效用越低，生育二孩的概率就越低。其中，养育成本可以直接等同于养育子女形成的家庭经济压力，效用可以理解为对成年后子女分散家庭经济风险的预期，如养儿防老。养育子女的经济压力是与家庭拥有的财富状况和养育成本相关的，而家庭拥有的财富状况可以通过控制"是否拥有住房"变量下的"家庭净收入"来测量；家庭提供子女照料支持的可及性和可能性是生育二孩决策的重要影响因素②，所以子女养育成本可以通过"一孩由谁照料"变量来测量成本压力。养育子女的效用与未来分散经济风险有关，而社会保障的本质就是降低参与者未来风险的损失，因此两者之间有着一定的替代作用，即参与社会保障越多，未来的经济风险越低，生育二孩的概率就越低。

具体可以表述为，家庭净收入越高者越有可能生育二孩，其中净收入的单位为1000元；一孩的主要照料者是父亲或母亲，生育二孩的可能性就小，而祖辈的照料可以大大减少养育成本，因此生育二孩的可能性大；参加的社会保障制度越多，意味着能

---

① 穆滢潭、原新：《"生"与"不生"的矛盾——家庭资源、文化价值还是子女性别？》，《人口研究》2018年第1期，第90~103页。
② 杨菊华：《流动人口二孩生育意研究》，《中国人口科学》2018年第1期，第72~83页。

够承受经济风险的能力越强,生育二孩的可能性越小[①],其中社会保障制度包括养老保险、失业保险、工伤保险、生育保险、住房公积金和医疗保险,参保附值为1,未参保附值为0,加总起来形成参保情况变量;住房等资产因素和每周工作时间的长短是需要控制的干扰变量,即经济压力的大小也体现在是否购买了住房,且稳定可持续的正式工作可以降低漂泊感和不确定因素,提高经济风险承受能力。

(3)与单位相关的生育成本越高,生育二孩概率越低

不同的单位性质会对职业女性生育二孩形成不同的机会成本。从经济因素的成本约束理论来看,与职业相关的成本可以通过所从事的职业和工作单位性质来体现。在控制工资收入的基础上,不同单位对生育不同的约束态度是生育成本的重要构成。机关事业单位有规范的产休假制度且性别歧视和竞争压力较小,更倾向于生育二孩;私营企业竞争压力大,更倾向于不生二孩;个体工商户由于没有组织单位的约束,生育二孩的倾向最高。

(四)变量设置

(1)生育二孩的因变量设置

本章主要关注的是生育政策调整下流动人口二孩生育行为及其影响因素,因此我们可以通过对流动人口动态监测数据中生育史的分析得出2014年后已生育一孩的育龄妇女是否有二孩生育行为作为因变量,属于0、1编码,其中1代表有二孩生育行为,0代表没有二孩生育行为。生育二孩因变量频数分布显示,已生育一孩育龄妇女在2014~2016年已生育二孩的比例为10.6%,未生育二孩的比例为89.4%。

---

① 杨菊华:《流动人口二孩生育意研究》,《中国人口科学》2018年第1期,第72~83页。

(2) 影响二孩生育行为的自变量设置

影响二孩生育行为的自变量设置可分为自变量的选择和自变量的操作化。本章通过两种分析确定纳入回归模型的自变量。一是相关研究的回顾。从生育政策调整下生育意愿和行为研究的相关文献回顾中我们可以把二孩政策下家庭关于生育二孩的行为影响因素分为传统生育惯习、经济因素和女性职业因素,并基于已有的分析,结合流动人口数据结构初步确定纳入分析模型的自变量。二是通过独立样本 T 检验的方式进行所选变量的描述性分析,观察不同自变量的均值在"已生育二孩"和"未生育二孩"两个分组间是否有显著性差异:如果有显著性差异,那就说明有可能会对不同生育行为有显著影响;如果没有显著性差异,那就说明不会对生育行为有显著影响。因此,本章的自变量的选择是以上两种方式的综合。纳入分析模型的自变量包括:反映育龄妇女个人特征的年龄、受教育程度、户口性质、老家所在地和参与社会保障情况;反映流动特征的流动范围、流动时间、流动区域;反映工作特征的家庭净收入、每周工作时间、单位性质和是否拥有住房,排除了是否签订劳动合同;反映已生育一孩特征的一孩年龄、一孩年龄平方、一孩性别和一孩主要照料者(见表 10 - 1)。

表 10-1 "已生育二孩"和"未生育二孩"间变量均值比较

	未生育二孩 ($N=23552$)	已生育二孩 ($N=2782$)	均值差值
2014 年育龄妇女年龄	34.79 (6.524)	30.56 (3.741)	4.223***
受教育程度	3.47 (1.073)	3.43 (0.965)	-0.034
户口性质	1.29 (0.682)	1.20 (0.603)	0.092***
老家所在地	1.53 (0.993)	1.35 (0.804)	0.180***
参保情况	2.20 (1.774)	1.92 (1.576)	0.276***
流动范围	1.74 (0.762)	1.72 (0.760)	0.012
流动时间	6.13 (5.136)	5.29 (4.292)	0.837***

续表

	未生育二孩（$N=23552$）	已生育二孩（$N=2782$）	均值差值
流动区域	2.10（1.055）	1.91（0.935）	0.190***
家庭净收入	3692.88（7052.252）	3366.13（4041.937）	326.753*
每周工作时间	53.52（16.816）	56.56（18.648）	-3.035***
单位性质	4.95（1.189）	5.04（0.897）	-0.088***
是否拥有住房	0.33（0.472）	0.30（0.458）	0.034***
是否签订劳动合同	0.81（0.676）	0.85（0.663）	-0.039
一孩年龄	9.49（7.153）	5.89（3.729）	3.599***
一孩年龄平方	141.21（175.342）	48.59（60.934）	92.616***
一孩性别	1.37（0.482）	1.55（0.497）	-0.186***
一孩主要照料者	3.04（1.013）	3.00（0.945）	0.049*

注：表中的数据为均值，括号内为标准差，考虑到检验结果不受同一类人中不同类别分布的影响，故使用了独立样本 T 检验来比较已生育一孩流动人口中未生育二孩和已生育二孩两个分组间各相关变量是否存在显著性差异；$***p<0.001$，$**p<0.01$，$*p<0.05$。

二 结果分析

根据前文的研究假设，本研究把生育二孩行为的影响因素分为控制变量和解释变量。控制变量包括育龄妇女个人特征，即 2014 年的年龄、受教育程度和户口性质；已生育一孩的特征，即一孩年龄、一孩年龄平方；流动与工作特征，即流动区域、流动时间和每周工作时间。解释变量包括传统生育惯习、经济压力和女性职业，并对比控制变量下纳入不同的解释变量的分析结果以确定不同因素对育龄妇女二孩生育行为影响的稳定性。具体为模型 1、模型 2 和模型 3 分别只纳入传统生育惯习、经济压力或女性职业变量进行主效应分析，模型 4 纳入所有解释变量形成完整的分析模型以对比在平均效应基础上各变量参数值的变化（见表 10-2）。分析结果包括以下几个方面。

（一）传统生育惯习与二孩生育

研究假设中通过一孩的性别和老家所在地来测量传统生育惯习对流动人口二孩生育的影响。从模型 1 分析结果可以看出一孩的性别变量的主效应估计值为负，即一孩为女孩的家庭生育二孩的可能性更大，男孩偏好的传统惯习显著影响着二孩生育率，回归系数的幂值显示一孩为男孩的育龄妇女生育二孩的概率是参照组一孩为女孩的 0.476 倍，降低了 52.4%；老家所在地各变量值中通过显著性检验的为区县和省会，且回归系数的估计值都为负，说明老家所在地为区县和省会的育龄妇女生育二孩的概率是低于农村的，且地区越发达二孩生育率越低，回归系数的幂值显示区县二孩生育率相对于农村降低了 33.8%，省会二孩生育率相对于农村降低了 73.0%。这一情况反映出老家所在地为农村的流动人口可能在场域的"压力－从众"机制下生育二孩的概率越大，而老家所在地为城市的流动人口在"结构－行为"机制下生育二孩的可能性越小。总的来说，传统生育惯习依然显著影响着流动人口生育二孩的选择。

（二）经济压力与二孩生育

研究假设中通过家庭拥有的财富状况、承受的经济风险和养育成本来测量经济压力对流动人口二孩生育的影响。从模型 2 分析结果可以看出控制了"是否拥有住房"变量下的家庭净收入的主效应估计值为正，说明家庭净收入越高的流动人口越倾向于生育二孩，回归系数的幂值显示家庭净收入每增加 1000 元，其生育二孩的概率将是原来的 1.020 倍，增长了 2%；一孩主要照料者各变量的主效应估计值都为负，说明一孩由父亲、母亲或父母双方共同照顾的流动人口二孩生育率都显著低于一孩由祖辈照顾的流动人口二孩生育率。如一孩由父亲照顾的回归系数的幂值显示其二孩生育率是祖辈的 0.435 倍，下降了 56.5%；母亲照顾一孩生育二孩的概率相对于祖辈照顾下降了 28.8%；父母双方照顾一孩生育二孩的概率相对于祖辈下降了 18.5%。参保情况变量主效应估计值为负，说明参与社会保障制度越多的育龄妇女生育二孩的可能性越小，回归系数的幂值显示每多参与 1 项，其生育二孩的概率将是原来的 0.949 倍，下降了 5.1%，这个结论支持了研究假设。但结合模型 4 的分析结果，即在控制更多变量的情况下参保情况变量的平均效应不显著，可以解释为现行的社会保障制度在消解家庭经济风险方面所起的作用微弱，而参与社会保障制度更多的育龄妇女有更为正式和稳定的工作，生育二孩的机会成本更高。

（三）女性单位性质与二孩生育

研究假设中通过已生育一孩流动育龄妇女不同就业单位生育二孩不同的机会成本来反映女性单位性质对流动人口二孩生育的影响，即在控制每周工作时间的基础上假设私营企业、股份或联营企业对女性生育行为有一定的歧视，生育会中断女性的职业发展，而机关、事业单位对二孩生育的抑制因素较少，个体工商户对生育二孩的抑制因素最少。

从模型分析结果可以看出个体工商户的主效应估计值为正，说明个体工商户育龄妇女生育二孩的概率高于私营企业就职的育龄妇女，回归系数的幂值显示个体工商户育龄妇女生育二孩的概率是私营企业就职的育龄妇女的 1.763 倍，增长了 76.3%；其他性质单位，包括机关事业单位、国有及国有控股企业、集体企业和股份/联营企业并未对二孩生育有显著影响。从已生育一孩流动育龄妇女就业单位性质频率分布来看，个体工商户所占比例最高，达到 55.2%，其次是私营企业，占比为 30.6%，机关事业单位占比仅为 3.3%，国有及国有控股企业占比在 4.9% 左右，集体企业占比为 1%，股份/联营企业占比为 5.0%。因此，没有足够的样本量和差异性来分析单位性质对二孩生育的影响，另外这也说明流动人口从事非正式工作的较多，就业单位规制较少，基本没有什么职业发展规划，进而对生育二孩决策的影响较小。

（四）模型稳定性检验

模型稳定性检验是把模型 1、模型 2 和模型 3 分别与模型 4 进行对比，通过各变量估计值的变化幅度来测试模型的稳定性。如果变量回归系数显著且没有太大的变化那就说明该变量对二孩生育行为的影响是稳定的，如果变化很大，那就需要进一步分析研究。对比结果显示，传统生育惯习各变量的回归系数幂值大多在 1% 范围波动；经济压力下一孩主要照料者的回归系数幂值变动在 1%~4%；女性职业下各个体工商户变量不仅稳健，而且有所加强。变动较大的变量是参保情况，由原来的显著变为不显著，说明其受其他因素平均效应的影响较大。在各控制变量中，一孩年龄、一孩年龄平方、2014 年育龄妇女年龄和流动区域各影响因素在各模型中都表现得很稳健，但每周工作时间在模型 4 中由原来的显著变为不显著，说明其影响受到平均效应的削弱。

表 10 - 2　流动人口二孩生育行为影响因素的模型分析结果

	模型 1	模型 2	模型 3	模型 4
一孩年龄	1.378*** (0.032)	1.359*** (0.032)	1.264*** (0.025)	1.382*** (0.032)
一孩年龄平方	0.978*** (0.002)	0.978*** (0.002)	0.984*** (0.002)	0.978*** (0.002)
2014 年育龄妇女年龄	0.904*** (0.011)	0.911*** (0.011)	0.902*** (0.011)	0.906*** (0.011)
流动区域（东部）				
中部地区	0.965 (0.084)	1.022 (0.085)	0.918 (0.082)	0.937 (0.087)

续表

	模型1	模型2	模型3	模型4
西部地区	0.945 (0.076)	1.014 (0.077)	0.921 (0.073)	0.934 (0.080)
东北地区	0.141*** (0.285)	0.152*** (0.286)	0.145*** (0.265)	0.144*** (0.287)
受教育程度	0.940 (0.038)	0.967 (0.040)	0.985 (0.037)	0.995 (0.041)
户口性质	0.937 (0.062)	0.916 (0.058)	0.931 (0.055)	0.964 (0.062)
流动时间	1.000 (0.008)	1.007 (0.008)	1.004 (0.008)	1.006 (0.008)
每周工作时间	1.009*** (0.002)	1.007*** (0.002)	1.005* (0.002)	1.004 (0.002)
老家所在地（农村）				
乡镇	1.029 (0.092)			1.015 (0.093)
区县	0.662** (0.150)			0.656** (0.151)
地市	0.944 (0.204)			0.960 (0.206)
省会	0.270* (0.591)			0.262* (0.593)
直辖市	2.127* (0.332)			2.188* (0.334)
一孩性别（女孩）	0.476*** (0.064)			0.473*** (0.065)
一孩主要照料者（祖辈）				
父亲		0.435*** (0.224)		0.442*** (0.225)
母亲		0.712** (0.107)		0.673*** (0.108)
父母		0.815** (0.074)		0.773** (0.075)
是否拥有住房		0.887 (0.078)		0.895 (0.079)

续表

	模型1	模型2	模型3	模型4
参保情况		0.949** (0.020)		1.021 (0.023)
家庭净收入		1.020** (0.008)		1.015* (0.008)
单位性质（私营企业）				
机关事业			0.665 (0.260)	0.589 (0.28)
国有及国有控股			0.967 (0.181)	0.867 (0.195)
集体企业			0.948 (0.397)	0.937 (0.431)
股份/联营企业			0.847 (0.176)	0.856 (0.179)
个体工商户			1.763*** (0.077)	1.797*** (0.085)
截距	1.357 (0.337)	0.954 (0.370)	0.957 (0.354)	1.095 (0.383)
Log-likelihood	7114.159	7231.217	7772.402	7006.579
R^2	0.107	0.087	0.139	0.124

注：括号内为对照组和标准误；*** $p<0.001$，** $p<0.01$，* $p<0.05$。

三 小结

本章采用 2016 年全国流动人口动态监测调查数据，以生育政策调整前已生育一孩的育龄妇女为研究对象，探讨在二孩政策背景下流动人口生育行为的影响因素。分析结果得出，传统生育惯习、经济压力和女性职业显著影响着流动人口的二孩生育行为。传统生育惯习方面，一孩为女孩的家庭生育二孩的可能性更大和老家所在地为农村的流动人口生育二孩的可能性更大，而老家所在地为城市的流动人口生育二孩的可能性更小,可以得出代表高生育水平的传统生育文化依然显著影响着流动人口的生育行为。经济压力方面,家庭净收入越高的流动人口越倾向于生育二孩,从"成本-效用"的角度来看,流动人口的二孩生育行为对经济压力是敏感的,而祖辈对一孩的照料降低了家庭的养育成本,从而增加了二孩的生育率。依据孩子数量质量替代理论可以解释为,流动人口正由低的经济地位向中的经济地位转变,抚养孩子的质量正逐渐替代孩子的数量,所以抚养成本显著影响着二孩生育行为。而参与社会保障情况对二孩生育行为影响的主效应显示,养育子女的效用在一定程度上也影响着二孩生育行为,但平均效应不显著,说明现行的社会保障制度在消解家庭经济风险方面所起的作用是微弱的。女性的单位性质方面,单位的约束越小,生育二孩的概率越高,显示了女性职业发展与生育的显著关系。

本章首先分析了流动育龄妇女的群体特征,流出地为农村的占 78.4%,且大部分从事非正式的工作,如个体工商户占 47.0%,其揭示了流动人口的社会经济地位处于由低向中的转变过程。因此,流动人口的生育文化带有传统生育惯习且显著影响生育行为,但其经济地位的转变和养育成本的敏感性显示流动人口"质量替代数量"生育观念的转变。最后本章指出新家庭经济学中效用假设在平均效应模型中没有得到证实,即子女未来的风险替代效用不会显著影响流动人口的生育行为。

结合政策建议探讨"生"的促进因素和"不生"的抑制因素可知,传统生育惯习和祖辈对家庭子女的照料支持是二孩生育的促进因素,而抚养子女的经济压力和女性职业发展是流动人口二孩生育的抑制因素。因此,从党的十九大报告"鼓励按政策生育"的角度来看,首先,尝试建立生育津贴制度,向按政策生育的家庭按月发放生育津贴,以减轻家庭生育成本负担。其次,加大公共服务领域的投入力度,推进义务教育前移和公办幼儿园建设,加强社会对家庭发展的支持。最后,妥善解决生育与女性职业发展的关系,依法保护育龄妇女的合法权益,惩罚组织单位中对女性生育的歧视行为。

第十一章
生育困境与选择效应：职业女性的生育响应

生育政策调整后的预期生育峰值并没有出现，有学者甚至担忧中国将陷入低生育率陷阱[①]。实际生育率低于政策生育率反映出基于生育意愿的家庭计划已替代国家计划成为影响生育水平的重要变量，而低于预期反映出家庭生育决策中存在众多抑制因素。其中，职业女性参与劳动是否成了二孩生育行为的抑制因素？世界劳工组织估计，2016 年中国女性的劳动参与率超过 63%；《2016 中国劳动力市场发展报告》数据显示，中国女性劳动参与率约为 64%，远高于世界平均水平[②]。且大多数职业女性在生育后并不退出劳动力市场，生育与就业的权衡必然成为生育水平的重要影响因素，因此有必要探讨职业女性的劳动参与对生育水平的影响。

学界对职业女性生育行为的研究可分为两个方面：一是以女性就业市场和家庭为主体探讨生育政策调整下生育行为对职业女

---

① 陈友华：《全面二孩政策与中国人口趋势》，《学海》2016 年第 1 期，第 62～66 页；乔晓春：《一孩政策后果的历史审视》，《学海》2016 年第 1 期，第 52～61 页。
② 《中国女人有多勤奋：劳动参与率世界第一 完败法国男人》，腾讯财经网，https://finance.qq.com/a/20170708/026197.htm。

性的影响①；二是从"鼓励按政策生育"角度探讨二孩政策下职业女性的生育意愿②、生育困境③和生育支持④。但相关研究都忽视了两者关系的原点，即女性劳动参与率的提高是否会降低生育行为，具体可以表述为职业女性和非职业女性生育行为是否存在显著性差异，如果存在差异，那么是不是女性参与劳动和就业市场激烈竞争导致了低生育行为，或者是职业女性的高学历、城镇户口和更为开放的生育观念等选择性导致了低生育行为。

"谁是职业女性"？决定成为职业女性的遗漏变量是否会对解释变量"女性劳动参与"和因变量"生育"之间的 OLS 参数估计产生偏误？因此，面对可能出现的样本选择性偏差和因变量"生育"的数据截除，我们有必要在控制影响职业女性生育行为的样本选择性前提下，探讨劳动参与率对其生育行为的真实影响，且只有验证了两者真实因果关系，才有探讨二孩政策调整下职业女性生育困境和生育支持的必要。因此，本书基于中国综合社会调查（Chinese General Social Survey，CGSS）2015 年数据，

---

① 程倩：《二孩政策对白领职业女性的影响——以 A 大学青年女教师为例》，安徽大学硕士学位论文，2017，第 8 页；於嘉、谢宇：《生育对我国职业女性工资率的影响》，《人口研究》2014 年第 1 期，第 18~29 页；苏津津、李婕：《生育对职业女性职业生涯发展的影响及对策》，《中国人力资源开发》2015 年第 5 期，第 59~65 页。

② 李静雅：《已育一孩职业女性的二孩生育意愿研究——基于生育效用感和再生育成本的实证分析》，《妇女研究论丛》2017 年第 3 期，第 27~40 页；蒋莱：《职业女性的生育二孩意愿——以上海市 HP 区楼宇就职女性为对象》，《中华女子学院学报》2016 年第 5 期，第 49~57 页；吴洪雪：《职业女性二胎生育意愿的研究》，沈阳师范大学硕士学位论文，2017，第 20 页。

③ 宋健、周宇香：《全面两孩政策执行中生育成本的分担——基于国家、家庭和用人单位三方视角》，《中国人民大学学报》2016 年第 6 期，第 107~118 页；张霞、茹雪：《中国职业女性生育困境原因探究——以"全面二孩"政策为背景》，《贵州社会科学》2016 年第 9 期，第 150~155 页。

④ 黄桂霞：《生育支持对女性职业中断的缓冲作用——以第三期中国妇女社会地位调查为基础》，《妇女研究论丛》2014 年第 4 期，第 27~34 页；梁宏：《家庭支持对职业女性二孩生育决策的影响——基于中山市二孩生育需求调查的实证研究》，《南方人口》2017 年第 6 期，第 14~24 页。

利用 Heckman 模型和反事实框架的倾向值匹配方法,在控制年龄、受教育程度、户口、家庭净收入、社会阶层和生育观念等混淆变量下探讨职业女性和非职业女性生育行为的差异是否存在选择效应(Selection Effect)以及劳动参与率提高是否降低女性的生育行为,回应职业女性的出现是不是二孩生育行为的抑制因素和"鼓励按政策生育"导向下建立职业女性生育支持的合理性等命题。

为方便表述,本章先对核心概念进行简单表述。

职业女性是指长期从事社会劳动并获得一定报酬的女性,具有社会性、规范性、有偿性和角色双重性四个特征①。其中,长期工作是个模糊的定义,如果按最低每天工作 8 小时,每周工作 5 天计算的话,有固定工作的职业女性每周工作时间应在 40 小时以上;工作的属性也需要界定,从事非农工作的女性才能被称为职业女性②。因此,结合本研究主题,受生育政策调整影响的职业女性是指每周从事非农劳动 40 小时以上的 15~49 岁育龄妇女。

一 相关研究

有学者认为在后人口转变时期应当重视从女性的角度研究低生育水平现象,并提出注重职业女性的时间、精力、工作、收入等成本交换生育的意愿在生育决策中的作用网③。因此,下文从生育的成本与效用的权衡、工作与家庭的失衡和个人特征三方面梳理女性参与市场劳动对生育水平的影响。

---

① 程倩:《二孩政策对白领职业女性的影响——以 A 大学青年女教师为例》,安徽大学硕士学位论文,2017,第 8 页。
② 黄桂霞:《生育支持对女性职业中断的缓冲作用——以第三期中国妇女社会地位调查为基础》,《妇女研究论丛》2014 年第 4 期,第 27~34 页。
③ Presser, H. B., "Comment: A Gender Perspective for Understanding Low Fertility in Post-Transitional Societies," *Population and Development Review* 2001, 27: 177 - 183.

（一）成本与效用的权衡

一方面，职业女性的生育会中断其职业规划，增加频繁进出劳动力市场导致的人力资本积累不足、就业歧视、收入惩罚、向下的职业流动甚至失业等额外生育成本。另一方面，职业女性经济收入的增加、经济地位的提高可以增强其在家庭生育决策中的权力[1]，降低对子女未来经济效用和养老效用的预期。因此，成本的增加和效用的降低成了职业女性二孩生育行为的主要抑制因素。

侯力指出，低生育水平形成的主要原因是女性劳动参与率的升高和职业女性在竞争激烈的就业市场中面临的生育困境[2]。蒋莱针对已经在目前单位工作满半年的年龄在45岁以下的女职工生育意愿的研究发现，经济成本、照料能力和福利水平是影响职业女性生育二孩意愿的主要因素[3]。李静雅对职业女性再生育成本的测量得出，再生育成本增加是导致职场女性在二孩问题上出现低生育热情的根源[4]。

（二）工作与家庭的失衡

宋健、周宇香认为职业女性所面临的工作与家庭平衡困境是阻碍其生育或继续生育的重要因素[5]。一方面，由于传统惯习和性别差异，女性主要承担家庭的家务劳动和子女抚育，压缩或侵占其闲暇时间；另一方面，职业女性经济收入的增加和经济地位

---

[1] 周兴、王芳：《中国女性的社会经济特征与生育决策》，《人口学刊》2010年第1期，第23～34页。
[2] 侯力：《东北地区长期低生育水平形成原因探析》，《人口学刊》2018年第2期，第96～104页。
[3] 蒋莱：《职业女性的生育二孩意愿——以上海市HP区楼宇就职女性为对象》，《中华女子学院学报》2016年第5期，第49～57页。
[4] 李静雅：《已育一孩职业女性的二孩生育意愿研究——基于生育效用感和再生育成本的实证分析》，《妇女研究论丛》2017年第3期，第27～40页。
[5] 宋健、周宇香：《全面两孩政策执行中生育成本的分担——基于国家、家庭和用人单位三方视角》，《中国人民大学学报》2016年第6期，第107～118页。

的提高，增强了其在家庭生育决策中的权力[①]，她们能够更加自主地决定自己的生育行为[②]，且在广泛参与社会劳动的情况下，生育权与劳动权之间的矛盾使职业女性面临工作与家庭平衡困境，从而降低生育意愿和生育水平。

（三）个人特征

吴洪雪研究得出，收入水平、受教育程度和职业地位等职业女性个人特征对二孩生育意愿有重要的影响[③]。具体来讲，中等收入水平的职业女性二孩生育意愿相对较高，较高和较低收入水平的职业女性二孩生育意愿相对较低；受教育程度较高的职业女性二孩生育意愿较低，而受教育程度较低的职业女性生育二孩的意愿较高；女性的职业地位越高，二孩生育意愿越低。

总的来说，影响职业女性生育行为的因素可分为与劳动参与相关的生育困境和与个人特征相关的选择效应。从文献综述中可以看出，大部分关于职业女性低生育行为的研究思路为，先实证分析职业女性低生育意愿或生育行为的结果，然后定性思辨或定量描述相应的原因，并在"鼓励按政策生育"背景下提出促进生育的对策。这种思路很有可能陷入了女性劳动参与造成低生育意愿或生育行为的虚假因果关系，忽略了职业女性中与生育相关的个人特征选择性。

二 研究设计

从职业女性的概念出发，研究职业女性生育的原问题应是中

[①] 周兴、王芳：《中国女性的社会经济特征与生育决策》，《人口学刊》2010年第1期，第23~34页。
[②] 朱楚珠、李树茁：《论以提高妇女地位和创造低生育率环境为中心的社区发展》，《人口研究》1994年第3期，第13~24页。
[③] 吴洪雪：《职业女性二胎生育意愿的研究》，沈阳师范大学硕士学位论文，2017，第20页。

国当下女性参与市场劳动对生育水平的影响,而围绕女性劳动参与率提高是否降低了其生育行为的命题,本研究拟采用职业女性与非职业女性是否存在生育行为的差异和进一步确定差异来源的研究思路,即结合本研究的主题我们可以将两者差异的来源归纳为女性参与劳动和职业女性的选择性。其中,选择性可包括相对于非职业女性,职业女性可能拥有高学历、城镇户口、高社会阶层、高家庭收入、高社会地位和更为开放的生育观念等。这些选择性会影响其生育意愿和生育行为,形成样本选择偏倚,从而混淆了劳动参与对生育水平的影响。总的来说,职业女性和非职业女性的生育行为的差异既可能来自劳动参与率的提高,也可能来自选择效应。因此,我们有必要通过适当的研究设计来分离选择效应得出劳动参与对生育水平的真实影响。具体的思路如下。

(一) 选择效应的分析

探讨劳动参与对女性的生育意愿和生育行为的影响,必须先回答"谁是职业女性"这一问题。因为职业女性在受教育程度、户口、社会阶层、家庭净收入和生育观念等各种特征上存在选择性,观察到的职业女性生育行为的样本存在偏差,即与非职业女性在生育水平上的差异可能来自两方面的因素:职业女性的选择性和市场劳动的参与。这种选择效应是否存在的分析可以利用 Heckman 模型来检验,即首先利用一个两步程序对选择偏差的结构进行建模,然后在结果分析中使用接受干预的条件概率去控制选择效用的偏差,具体可以理解把劳动参与对职业女性生育行为的影响拆分为两个函数方程,一是年龄、受教育程度、户口、社会阶层、家庭净收入、思想观念和劳动参与对生育行为的影响,二是年龄、受教育程度、户口、社会阶层、家庭净收入和思想观念对劳动参与的影响,最后利用 MLE 估计中的似然比结果检验是否存在选择效应,如显示反映误差项与结果变量相关性的系数 athrho = corr(ε,μ) 显著不为 0,即 ρ(athrho) 显著则表明存在选择性偏差,OLS 将导致不一致的估计,反之如不能拒绝"$H_0: \rho = 0$"的原假设,则放弃使用样本选择模型[①]。

(二) 倾向值匹配分析方法

倾向值匹配(Propensity Score Matching)分析方法是基于反事实框架的因果分析方法,即在可忽略性假定(Ignorable Assumption)下,利用观察数据按照一定的原则在实验组和控制组之间进行匹配,从而控制由选择偏差(Selection Bias)带来的混淆变量,得到参与者平均处理效应 ATT(Average Treatment Effect on the Treated)。具体逻辑如下。

如果 ATT = $E\{Y_i(1) - Y_i(0) | D = 1\}$,那么实验组和控制组之差可分解为:

$E\{Y_i(1) | D = 1\} - E\{Y_i(0) | D = 0\}$
$= (E\{Y_i(1) | D = 1\} - E\{Y_i(0) | D = 1\}) + (E\{Y_i(0) | D = 1\} - E\{Y_i(0) | D = 0\})$
$=$ ATT + *Selection Bias*

其中,$D = 1$ 表示接受干预的分组,$D = 0$ 表示未接受干预的分组。因此,本研究通过倾向值匹配,采用类实验的方法控制选择偏差,在观察数据的基础上获得真实的处理效应。结合本书主题的研究思路为,通过倾向值计算把与职业女性生育行为相关的混淆变量降为一维,并在职业女性与非职业女性之间进行匹配,形成实验组和对照组以消除职业女性与非职业女性之间由于混淆变量而形成生育水平的选择性差异,即两者的生育行为的差异只来源于参与市场劳动这一因素,在 CGSS 截面数据的基础上以准

---

① 郭申阳:《倾向值分析:统计方法与应用》,重庆:重庆大学出版社,2016,第 67~83 页。

第十一章　生育困境与选择效应：职业女性的生育响应

实验的方法分析劳动参与和生育行为之间的因果关系。其通过倾向值匹配思路化解了对影响职业女性生育水平的多维特征难以控制的难题，并通过反事实的分析在只有观察数据的基础上得到劳动参与和生育行为之间因果分析的结果。数据虽然难以控制影响职业女性生育行为的所有混淆变量，但足以回答职业女性生育水平研究中选择效应是否存在以及对生育行为的影响等相关命题，可以为进一步深入研究提供方法基础。

（三）变量的选取

劳动参与对职业女性生育行为的影响涉及的相关变量有研究对象职业女性，解释变量劳动参与，因变量生育意愿和生育行为，以及混淆变量年龄、受教育程度、户口、社会阶层、家庭净收入和生育观念。具体而言，解释变量劳动参与的操作化可以表述为从职业女性的概念出发，结合问卷中"性别"、"年龄"、"工作经历及状况"和"每周工作多长时间"问题选项，筛选出每周从事非农劳动40小时以上的15~49岁育龄妇女即职业女性和不满足以上条件的非职业女性两个分组，并对比两个分组之间因劳动参与差异而导致的生育意愿和生育行为差异；结合问卷中"您有几个子女"操作化生育行为变量，考虑到生育意愿更能全面反映未来可能的生育行为，本研究选取了"如果没有政策限制的话，您希望有几个孩子"的问题作为第二个模型的因变量分析生育意愿和生育行为之间的张力；根据影响职业女性生育行为的其他因素选取混淆变量，并结合问卷中"出生日期""最高受教育程度""户口登记状况""目前社会阶层""全年家庭总收入"问题控制女性生育行为的干扰因素，以及选取"夫妻应该均等分摊家务""在经济不景气时，应该先解雇女性员工"性别意识问题作为工具变量控制女性生育观念的差异。

由此，本章提出相应研究假设：劳动参与对职业女性生育行为的影响分析中存在选择效应；劳动参与对职业女性生育意愿的影响分析中存在选择效应；控制相应混淆变量下的职业女性生育水平低于非职业女性；控制相应混淆变量下的职业女性意愿生育水平低于非职业女性；职业女性生育行为中既存在与个人特征相关的选择效应，也存在因参与市场劳动而产生的生育困境。

（四）数据来源

中国综合社会调查是全国性、综合性、连续性的学术调查项目。其全面地收集社会、社区、家庭、个人多层次的数据，总结社会变迁的趋势，探讨具有重大科学和现实意义的议题。调查采用多阶分层 PPS 随机抽样，覆盖全国 28 个省份的 478 个村居，共完成有效问卷 10968 份。问卷设计包括核心模块、2005 年经济态度和行为评价的 10 年回顾模块、东亚社会调查和国际调查合作计划的工作模块、能源模块和法制模块。性别分布中，男性占 46.8%，女性占 53.2%；民族分布以汉族为主，占 92.1%；受教育程度分布中，初中所占比例最高，达到 28.2%，其次是小学，占 23.3%，再次是未上学，占 13.5%，大专及以上占 16.2%；政治面貌分布中，群众占 84.5%，其次是党员，占 10.4%，团员占 5.0%；户口分布中，农业人口占 56.5%，非农人口占 43.8%。根据职业女性的定义，职业女性与非职业女性分别占 35.9% 和 64.1%，而非职业女性中从未工作的占 73.8%，因此职业女性与非职业女性的对比可以近似等同于育龄妇女中有劳动参与和没有劳动参与的对比。

三 结果分析

职业女性生育行为分析分为两部分：一是通过 Heckman 模型检验选择性偏差是否存在，即职业女性高学历、城镇户口、高社会阶层、高家庭收入和更为开放的生育观念等特征是否导致了职业女性与非职业女性意愿生育水平和生育行为的差异；二是通过倾向值匹配控制混淆变量下的选择效应，分析劳动参与对职业女性意愿生育水平和生育行为的真实影响。具体分析结果如下。

（一）选择效应的检验

从 Heckman 模型的分析结果（见表 11-1）可以看出，以"您有几个子女"的曾生子女数为因变量的分析模型存在选择性偏差，而以"如果没有政策限制的话，您希望有几个孩子"的生育意愿为因变量的分析模型不存在选择性偏差。具体来说，"是否为职业女性"变量的系数在曾生子女数模型中通过了显著性检验，表明职业女性与非职业女性差异显著影响生育行为，即偏回归系数 -0.0605 表明职业女性的曾生子女数比非职业女性低 0.0605，而生育意愿模型中不显著，即职业女性与非职业女性差异不对希望生育孩子的数量有影响；反映选择成为职业女性的变量是否会对生育意愿和生育行为有显著影响的系数 ρ（athrho）在曾生子女数模型中通过显著性假设，拒绝等于"$H_0: \rho = 0$"的原假设，即意味着从模型整体可以看出职业女性曾生子女数存在选择效应，而生育意愿模型的 ρ（athrho）不显著，即不能确定职业女性的生育意愿存在选择效应。

Heckman 模型虽然可以计算控制选择偏差后的平均干预效应，但本质上是通过回归方程系数表示两个分组间的差异，其结果并不能真正表示平均干预效应[①]，因此需要通过倾向值匹配的方法进行反事实框架下的因果分析。

---

① 周浩：《人口流动对生育水平的影响：基于选择性的分析》，《人口研究》2015 年第 1 期，第 14~28 页。

表 11-1 Heckman 模型的分析结果

	生育意愿	曾生子女数
年龄	-0.0323 (0.0194)	-0.0123 *** (0.0034)
受教育程度	-0.0026 (0.0248)	-0.0137 *** (0.0052)
户口	-0.3379 *** (0.1710)	-0.0876 *** (0.0277)
社会阶层	0.0635 (0.0575)	0.0094 (0.0073)
初婚年龄	0.0406 *** (0.0165)	-0.0174 *** (0.0033)
家庭净收入	1.32e-08 (1.67e-07)	6.16e-08 (3.34e-08)
在经济不景气时，应该先解雇女性员工	0.0174 (0.0586)	-0.0006 (0.0116)
夫妻应该均等分摊家务	0.0098 (0.0632)	0.0040 (0.0117)
是否为职业女性	0.0723 (0.1142)	-0.0605 *** (0.0240)
常数项	2.4552 *** (0.5157)	1.7732 *** (0.1051)
劳动参与的选择性		
年龄	-0.0284 *** (0.0118)	0.0043 (0.0128)
受教育程度	-0.0036 (0.0190)	-0.0851 *** (0.0179)
户口	-0.2914 *** (0.1025)	-0.1790 (0.1085)
社会阶层	0.1109 *** (0.0264)	0.0098 (0.0293)
初婚年龄	0.0112 (0.0113)	0.0446 *** (0.0130)
家庭净收入	4.04e-07 (6.31e-07)	1.63e-06 *** (7.29e-07)

续表

	生育意愿	曾生子女数
在经济不景气时，应该先解雇女性员工	-0.0441 (0.0427)	-0.0165 (0.0478)
夫妻应该均等分摊家务	0.0660 (0.0420)	0.0234 (0.0459)
常数项	2.8553*** (0.3764)	1.3356*** (0.3922)
lambda	3.3297 (3.0115)	1.0963*** (0.3120)
athrho	18.3684 (106.9401)	0.3593*** (0.0696)
N	3912	3794
chi2	370.78	304.08

注：利用 Stata14 软件完成 Heckman 模型的分析，具体命令参考 Stata 手册；括号里数字为标准误；*** $p<0.05$。

（二）倾向值匹配的分析结果

从 Heckman 模型的检验结果可以看出劳动参与对职业女性生育行为的影响存在选择效应，因而需通过倾向值匹配的分析方法剔除选择偏差，观察职业女性与非职业女性间曾生子女数差异有什么样的变化。需要说明的是，职业女性生育行为存在众多的影响因素，受问卷设计的局限和已有认知的匮乏，很难完全剥离混淆变量，因此倾向值匹配后的结果只是作为选择效应大小的粗略分析。这里依然采用生育意愿和生育行为作为因变量分析，以便相互印证。一定意义上，我们可把倾向值匹配分析方法视为一种再抽样（resampling），即通过匹配再抽样的方法使观察数据尽可能地接近随机实验数据。本研究选用了最近邻匹配（Nearest Neighbor Matching）、马氏距离匹配（Mahalanobis Distance Matching）和核匹配（Kernel Matching）三种匹配方法，并对比各自的分析结果，以测试方法的稳定性。

(1) 匹配的均衡性检验

倾向值匹配的均衡性检验是考察匹配结果是否较好地平衡了数据,是匹配质量好坏的检验。下文以最近邻匹配方案为例,在 0.04 卡尺范围设定和有放回的 1 对 1 匹配下,通过 Stata 命令 pstest 的匹配结果。从匹配前后各混淆变量在职业女性和非职业女性两个分组之间的标准化偏差和显著性变动可以看出,匹配后大部分变量标准化偏差都在 10% 以内,且两组间的差异都不显著,虽然受教育程度和户口两个变量匹配后差异依然显著,但两者的标准化偏差分别下降了 50.3% 和 18.6%,说明匹配的整体均衡性较好(见表 11 - 2)。

表 11 - 2　职业女性与非职业女性分组间匹配的均衡性检验

		职业女性	非职业女性	标准化偏差
年龄	匹配前 匹配后	42.91 43.00	52.97 42.51	-75.7 *** 3.7
受教育程度	匹配前 匹配后	5.38 5.35	4.42 4.87	32.0 *** 15.9 ***
户口	匹配前 匹配后	1.44 1.44	1.52 1.38	-16.1 *** 13.1 ***
社会阶层	匹配前 匹配后	4.47 4.47	4.45 4.37	0.8 5.9
初婚年龄	匹配前 匹配后	30.38 19.80	19.77 19.87	76.6 *** -0.5
家庭净收入	匹配前 匹配后	75192 75140	68349 77765	2.3 -0.9
在经济不景气时,应该先解雇女性员工	匹配前 匹配后	2.05 2.05	2.16 2.09	-11.6 *** -4.5
夫妻应该均等分摊家务	匹配前 匹配后	3.99 3.98	3.86 3.93	13.5 *** 5.6

注:采用的是有放回的 1 对 1,卡尺范围设定为 0.04 的最近邻匹配方案; *** $p < 0.01$。

(2) 生育意愿与生育行为分析

不同因变量和不同匹配方法的平均处理效应分析结果可分为三部分,即匹配前的差异、匹配后的差异和不同匹配方法下的结果差异,以测试匹配的稳定性。

首先,从匹配前生育意愿与生育行为的差异可以看出,职业女性都显著低于非职业女性。职业女性的曾生子女数低于非职业女性 0.3979 个,如果没有政策限制的话,职业女性希望的孩子数低于非职业女性 0.1656 个。这种差异既有可能是参与市场劳动导致,也有可能是职业女性选择偏差的结果。

其次,从匹配后的两组之间生育意愿和生育行为的差异可以得出,控制选择效应后不同匹配方法下生育行为差异依然显著,即职业女性曾生子女数显著低于非职业女性。利用反事实因果推断可以解释为,职业女性如果不参加工作的话,她们的平均生育子女数应该比现在的职业女性要高。以匹配 1 结果为例,现在的职业女性曾生子女数为 1.344 个,如果她们不参加工作的话,其曾生子女数应该为 1.484 个,参加工作导致女性平均生育数量下降了 0.1398 个(见表 11-3),说明劳动参与显著降低了职业女性的生育行为;而不同匹配方法下控制混淆变量的生育意愿差异都不显著,即希望生育的孩子数在两个分组间没有差异,说明劳动参与对职业女性的生育意愿没有显著影响。

最后,对比不同匹配方法下的分析结果可以看出各系数的方向性和显著性保持一致,生育行为和生育意愿的平均处理效应是稳健的。以曾生子女数为例,最近邻匹配、马氏距离匹配和核匹配三种平均处理效应结果差异都为负且 T 检验显著,而希望生育孩子数的三种平均处理效应结果差异为负且 T 检验不显著。从具体系数值来看,不同匹配方案下变化也很小,说明以上分析的结果是稳健的。

表 11 – 3　生育行为和生育意愿的平均处理效应

方法	职业女性	非职业女性	差异	标准误	T值
曾生子女数					
匹配前	1.344	1.742	-0.3979***	0.0349	-11.39
匹配1	1.344	1.484	-0.1398***	0.0456	-3.07
匹配2	1.344	1.480	-0.1359***	0.0375	-3.62
匹配3	1.344	1.431	-0.0874***	0.0260	-3.36
匹配4	1.344	1.474	-0.1306***	0.0362	-3.60
生育意愿					
匹配前	1.933	2.099	-0.1656***	0.0259	-6.40
匹配1	1.933	1.990	-0.0568	0.0343	-1.66
匹配2	1.933	1.959	-0.0257	0.0290	-0.89
匹配3	1.933	1.975	-0.0414	0.0249	-1.66
匹配4	1.933	1.960	-0.0263	0.0270	-0.98

注：匹配1，以0.04为半径，有放回的1对1最近邻匹配；匹配2，以0.04为半径，有放回的1对4最近邻匹配（1对4匹配可以最小化均方误差）；匹配3，采用马氏距离匹配，$K=4$，$M=4$；匹配4，采用核匹配，kernel 设置均为默认值。其中，之所以卡尺范围设定为0.04，是因为生育行为的倾向值得分为 $0.25\hat{\sigma}_{pscore} \approx 0.0415$，生育意愿的倾向值得分为 $0.25\hat{\sigma}_{pscore} \approx 0.0406$，保守起见，将卡尺范围设定为0.04，即对倾向值得分相差4%的观察值进行匹配；*** $p<0.05$。

四　小结

相对于非职业女性，职业女性的低生育意愿和低生育行为既有可能来自职业女性高学历、城镇户口、高社会阶层和更为开放的生育观念等与生育行为有关的选择性特征，也有可能来自参与市场劳动而增加的生育机会成本、职场生存压力和家庭照顾压力等与劳动相关的生育困境。探讨劳动参与对职业女性生育行为的影响必须分离出选择效应才能得出真实的因果关系。因此，本章基于中国综合社会调查2015年数据，利用反事实框架的倾向值匹配方法，在控制年龄、受教育程度、户口、家庭净收入、社会

第十一章　生育困境与选择效应：职业女性的生育响应

阶层和生育观念等混淆变量下探讨职业女性和非职业女性生育行为的差异是否存在选择效应以及劳动参与率提高是否降低女性的生育行为。

具体的分析思路包括利用 Heckman 模型检验职业女性的曾生子女数和希望生育孩子数是否存在选择效应及利用倾向值匹配方法在控制选择效应的基础上分析劳动参与对生育意愿和生育行为的真实影响。Heckman 模型检验结果显示，职业女性曾生子女数存在选择效应，而希望生育孩子数量选择效应检验结果不显著。再结合倾向值匹配均衡性检验和平均处理效应结果得出劳动参与降低了职业女性的生育行为，但对生育意愿的影响不显著，匹配后的职业女性曾生子女数依然显著低于非职业女性，而希望生育孩子数在两个分组间不显著。从另一个角度来看，没有差异的生育意愿下职业女性的低生育行为证实了职业女性生育困境的存在，可以解释为参加工作而产生的成本与效用权衡和工作与家庭失衡可能成了职业女性生育的抑制因素，因此有必要在"鼓励按政策生育"背景下探讨如何从社会支持、家庭支持和规范就业环境等方面来缓解职业女性的生育困境，促进生育水平的提升。

进一步讨论利用意愿生育水平去衡量或预测实际生育水平的研究需要注意两者的差异性。郑真真的江苏生育意愿跟踪调查的结果显示，生育意愿是不等同于生育行为的且实际生育子女数低于生育意愿，具体而言是希望要两个孩子的妇女中已有两个孩子的只占 27.3%，而希望只要一个孩子的妇女中只有一个孩子的占 97.1%，说明一孩生育意愿和一孩生育行为接近，而二孩生育意愿与二孩生育行为之间有比较大的差距[①]。茅倬彦等的生育意愿

---

① 郑真真：《生育意愿的国际比较、中国现实及政策含义》，《人口与经济》创刊 30 年暨人口、就业和社会保障学术研讨会论文集，第 21~32 页。

跟踪调查也显示生育意愿之间生育行为的不同，生育意愿高于实际生育行为的占所有育龄妇女的 39.91%[①]。因此，利用生育意愿探讨职业女性生育行为的研究设计需要考虑两者的差异，只有具有明确的数量和时间的生育计划才有可能转化为生育行为，最终对生育水平产生影响[②]。

从文献综述中可以看出，大部分关于职业女性低生育行为的研究思路为，先实证分析职业女性低生育意愿或生育行为的结果，然后定性思辨或定量描述相应的原因，并在"鼓励按政策生育"背景下提出促进生育的对策。这种思路很有可能陷入了女性劳动参与造成低生育意愿或生育行为的虚假因果关系，忽略了职业女性中与生育相关的个人特征选择性。因此，本章尝试利用 Heckman 模型和基于反事实框架下倾向值匹配的结果来分离选择效应得出劳动参与对生育的真实影响。但受限于数据结构和认知，本研究不能完全控制影响职业女性生育行为的混淆变量，不能完全解释生育意愿分析中不同方法下生育意愿选择效应的差异。这有待于进一步指标的筛选、变量的选择、基于观察数据因果分析方法的探讨和回顾性调查或追踪数据（panel data）的利用。

---

① 茅倬彦、罗昊：《符合二胎政策妇女的生育意愿和生育行为差异》，《人口研究》2013 年第 1 期，第 84~87 页。
② 《人口研究》编辑部：《生育意愿、生育行为和生育水平人口研究》，《人口研究》2011 年第 2 期，第 43~59 页。

第十二章
生育政策调整下未来生育响应预测

未来人口发展趋势的影响因素有人口的出生、死亡和迁移等。生育政策调整下的未来人口发展趋势主要考虑生育水平的变化对人口未来规模和年龄结构变动的影响。学界一般用总和生育率指标来衡量一定时期内的生育水平,这样生育政策调整对人口规模和年龄结构的影响可以拆分为生育政策调整对总和生育率的影响与总和生育率的变动对人口规模和年龄结构的影响。

一 生育政策调整下总和生育率预测

有一部分学者认为中国已经掉入低生育率陷阱,现在中国生育历险人群的生育意愿已急剧下降,故已经进入了内生性的超低生育率陷阱,即使生育政策完全放开,也难以摆脱持续的超低生育率格局。但也有一部分学者认为中国当前实际的总和生育率之所以在 1.5~1.6,除了经济社会发展的因素外,更重要的是计划生育政策约束生育的结果,即当前生育政策抑制了生育水平[①],这意味着随着生育政策逐步放开,中国生育率存在较大的回升空

---

① 陈卫:《2000 年以来中国生育水平评估》,《学海》2014 年第 1 期,第 16~24 页。

间和潜力①。因此，准确预测生育政策调整下总和生育率变动趋势对理解国家生育政策与家庭意愿生育水平之间的关系、生育政策调整对生育水平及其人口规模和结构的影响有着重要的意义。

生育政策调整下的总和生育率参数设定可分为生育政策调整初期总和生育率与生育政策调整后期总和生育率。

（一）生育政策调整初期总和生育率预测

生育政策调整初期总和生育率设定必须回答两个基本问题：一是目标人群二孩终身生育率是多少，即生育政策调整下的递进生育模式；二是目标人群的二孩生育释放进度，即生育政策调整下目标育龄妇女几年内完成二孩生育行为。具体而言，在全面两孩政策下的递进生育模式中目标育龄妇女的二孩递进生育率的计算是终身递进生育率，也就是说年龄别目标人群乘以年龄别二孩递进比例参数得到的是生育政策调整下累计新增二孩出生人数，然后在考虑生育间隔的基础上结合二孩生育释放进度测算年度新增二孩出生人数，最终利用年龄 - 孩次递进模型分析得出生育政策调整初期总和生育率预测结果。

（1）生育政策调整下新增二孩出生人数估计

本研究利用王广州基于 2013 年生育意愿调查数据分"上限"、"均值"和"下限"估算分城乡的终身二孩递进率，然后按照五年孩次生育间隔分布计算二孩递进生育率，以测算全面两孩政策下的二孩出生人数②。我们采用目前学界达成的五年释放存量二孩生育行为的共识，结合一定生育间隔，采用翟振武等关于第一年至第五年再生育比例依次约为 20.3%、25.0%、

---

① 靳永爱：《低生育率陷阱：理论、事实与启示》，《人口研究》2014 年第 1 期，第 3~17 页。
② 王广州：《影响全面二孩政策新增出生人口规模的几个关键因素分析》，《学海》2016 年第 1 期，第 85~87 页。

22.4%、19.9%和 12.3%的释放进度,估计全面两孩政策下年度新增二孩出生人数①。对比国家卫计委最新公布的"截至 2016 年 12 月底,全国住院分娩的婴儿活产数是 1846 万人,比'十二五'期间年均出生人口数增加了 140 万人"的数据②,2016 年新增二孩出生人数均值 172.17 万人是符合预期的③,证明了本研究预测的准确性。

(2)生育政策调整下总和生育率估计

全面两孩政策下总和生育率估计可以通过以下几步完成:第一步,利用国家统计局公布的 2017 年年龄别育龄妇女人数,在一定的年龄别死亡率基础上通过年龄移算法获得 2018 年、2019 年和 2020 年 15~49 岁年龄别育龄妇女的人数;第二步,用各年度年龄别出生人数的估计除以相应年龄别育龄妇女人数,得到按上限、均值和下限三个方案的分年龄生育率;第三步,结合不同学者对政策不变下的总和生育率变动趋势的分析,将联合国预测的我国 2018~2020 年总和生育率 1.59④作为本书政策不变下的生育水平。简单相加,我们就得出了 2018~2020 年不同方案下全面两孩政策下总和生育率估计(见表 12-1)。

表 12-1　2018~2020 年不同方案下全面两孩政策下总和生育率估计

年份	政策不变	上限	均值	下限
2018	1.59	1.79	1.71	1.64
2019	1.59	1.77	1.69	1.62

---

① 翟振武、李龙、陈佳鞠:《全面两孩政策对未来中国人口的影响》,《东岳论丛》2016 年第 2 期,第 84~86 页。
② 王培安:《中国不缺人口数量　未来一百年都不缺》,http://news.ifeng.com/a/20170311/50770759_0.Shtml。
③ 这里需要解释的是通过住院分娩获得的出生人数会小于实际出生人数,因为住院分娩率不可能达到 100%,所以统计的出生人数会有一定的遗漏。
④ United Nations, *Department of Economic and Social Affairs, Population Division*. World Population Prospects: The 2015 Revision.

续表

年份	政策不变	上限	均值	下限
2020	1.59	1.75	1.67	1.60

资料来源：2018~2020年政策不变下的总和生育率来源于 United Nations, *Department of Economic and Social Affairs, Population Division. World Population Prospects: The 2017 Revision*；其他为笔者计算结果。

从表12-1的分析结果可以看出，即便是全面两孩政策下生育水平的上限，总和生育率也不可能超过2.1。2018~2020年总和生育率在1.65~1.70的可能性比较大。

（二）生育政策调整后期总和生育率预测

生育政策调整后期总和生育率参数设定是在当下中国生育水平的基础上叠加生育政策调整的因素，从而准确确定未来中国总和生育率的变动趋势。

(1) 中国当下生育水平估计

中国当下生育水平估计是依据一定的基础数据展开的，而不同来源的数据和对同一来源的数据不同的甄别是形成学界不同总和生育率判断的主要原因。学者们对基础数据不同的研究假设可分为三类：一是普查数据是可信的、准确的假设；二是普查数据存在一定漏报、瞒报的假设；三是教育数据、公安数据等其他系统收集统计的数据可以用来校对普查数据的假设。由此不同的生育水平估计也划分为三类（见表12-2）：一是直接利用普查数据估计总和生育率，研究结果显示总和生育率不超过1.5；二是根据普查数据不同的漏报或瞒报判断对普查数据不同的调整得出的总和生育率在1.45~1.75；三是利用教育数据、公安数据等数据对普查数据调整的基础上，得出的总和生育率在1.5~1.7。

表 12-2 不同学者对总和生育率的研究结论对比

学者	基础数据假设	总和生育率范围
郭志刚 郝娟等 朱勤 李汉东等 崔红艳等 王金营等 杨凡等 乔晓春 陈卫等 翟振武 王广州	1990年、2000年、2010年人口普查数据直接使用	1.4~1.5（1996~2003年）
	历年统计年鉴直接使用	1.22~1.47（2000~2010年）
	2000年、2010年人口普查数据直接使用	1.3~1.5（2001~2010年）
	2000年、2010年人口普查数据修正	平均1.57（2001~2010年）
	2010年人口普查数据修正和历年人口抽样数据	1.50~1.64（2000~2010年）
	历次人口普查数据修正	1.45~1.75（2001~2010年）
	普查数据修正、教育数据和公安数据	1.6~1.7（2000年以来）
	普查数据修正、教育数据和公安数据	1.5~1.7（2000~2015年）
	普查数据修正	1.49~1.70（2005~2013年）
	普查数据修正	1.66（2010年）
	人口普查数据修正和人口变动抽样调查数据	1.6左右（2005年以来）
	国民经济和社会发展统计公报	1.53~1.60（2012~2014年）
	2000年、2010年人口普查数据修正	1.27~1.53（2000年以来）

资料来源：郭志刚：《六普结果表明以往人口估计和预测严重失误》，《中国人口科学》2011年第6期，第2~5页；郝娟、邱长溶：《2000年以来中国城乡生育水平的比较分析》，《南方人口》2011年第5期，第36~39页；朱勤：《2000~2010年中国生育水平推算——基于"六普"数据的初步研究》，《中国人口科学》2012年第4期，第28~31页；李汉东、李流：《中国2000年以来生育水平估计》，《中国人口科学》2012年第5期，第10~16页；崔红艳、徐岚、李睿：《对2010年人口普查数据准确性的估计》，《人口研究》第1期，第16~40页；王金营、戈艳霞：《2010年人口普查数据质量评估以及对以往人口变动分析校正》，《人口研究》2013年第1期，第38~40页；杨凡、赵梦晗：《2000年以来中国生育水平的估计》，《人口研究》2013年第2期，第44~46页；陈卫：《2000年以来中国生育水平评估》，《学海》2014年第1期，第16~24页；乔晓春：《PADIS-INT人口预测模型经验算法研究》，"人口预测与动态监测经验算法与省级应用"研讨会论文，2014年10月24日；陈卫：《中国2010年总和生育率的再估计》，《人口研究》2014年第6期，第16~24页；陈卫、张玲玲：《中国近期生育率的再估计》，《人口研究》2015年第2期，第32~38页；翟振武：《中国出生人口的新变化与趋势》，《人口研究》2015年第2期，第48~54页；王广州：《影响全面二孩政策新增出生人口规模的几个关键因素分析》，《学海》2016年第1期，第85~87页。

对比不同学者对中国生育水平不同的估计可以发现，中国当下生育水平已在更替水平以下，且大部分学者的研究表明中国的生育水平正在逐步下降。陈友华认为中国的低生育机制已经形成，研究结论得出中国妇女生育率在1992年首次下降至更替水平以下，且随着时间的推移而呈现持续下降的趋势，与更替水平之间的距离越来越远。越来越多的迹象表明，中国妇女生育率进入低水平后并没有稳定下来，而是呈现持续下降的趋势，甚至已陷入低生育率陷阱[1]。低生育率陷阱意味着生育率下降趋势一旦形成，便会形成很强的惯性，历时数十年甚至更长时间的人口负增长将不可避免。

(2) 生育政策调整后期总和生育率预测

在中国当下生育水平的基础上，综合不同学者的研究成果，再参照国家卫生和计划生育委员会副主任王培安提出的我国的总和生育率应保持在1.8左右的观点[2]（其传递出政府主管部门未来生育政策调整可能对生育率的影响），本章在高、中、低三个生育水平上分别预测生育政策调整下生育响应水平。参照不同学者的研究结论，本研究在联合国人口司公布的中国总和生育率变动模式的基础上设定2021~2100年低、中、高方案下总和生育率的参数（见表12-3）。

低方案：采用陈友华等学者有关陷入低生育率陷阱研究结论，结合单独两孩政策调整遇冷的判断，假设2021年后总和生育率逐渐由1.43下降至2100年的1.25。

中方案：根据不同时期中国生育意愿调查育龄妇女平均理想子女数研究结论，设置中方案下总和生育率参数。育龄妇女平均理想子女数反映的是放开计划生育政策后人们想生育的子女数量，考虑到不孕不育等因素，实际生育数量会在理想生育数量之下。此外，不同时期理想子女数研究（见表12-4）早于生育政

---

[1] 陈友华：《全面二孩政策与中国人口趋势》，《学海》2016年第1期，第62~65页。

[2] 王培安：《论全面两孩政策》，《人口研究》2016年第1期，第3~7页。

策调整，考虑到生育政策调整后二孩生育行为相互影响的效应，调整前理想子女数可能会低于调整后的数量。因此，我们把生育政策调整前育龄妇女平均理想子女数研究结论作为中方案的参照标准，再结合不同学者的研究设置中方案下总和生育率参数，即假设 2021 年后总和生育率逐渐由 1.67 下降至 2100 年的 1.48。

表 12 – 3　2021~2100 年不同方案下总和生育率参数的设定

年份	低方案	中方案	高方案
2021~2024	1.43~1.41	1.67~1.66	2.02~2.00
2025~2029	1.41~1.40	1.65~1.64	2.00~1.99
2030~2034	1.39~1.38	1.63~1.62	1.98~1.97
2035~2039	1.38~1.36	1.61~1.60	1.96~1.95
2040~2044	1.36~1.35	1.59~1.58	1.95~1.94
2045~2049	1.34~1.33	1.57~1.56	1.93~1.92
2050~2054	1.32	1.55	1.91
2055~2059	1.31	1.54	1.90
2060~2064	1.30	1.53	1.89
2065~2069	1.29	1.52	1.88
2070~2074	1.28	1.51	1.8
2075~2079	1.27	1.50	1.86
2080~2084	1.27	1.50	1.86
2085~2089	1.26	1.49	1.85
2090~2094	1.26	1.49	1.85
2095~2100	1.25	1.48	1.84

高方案：采用翟振武等学者 "中国目前的总和生育率并未低至危机之中，伴随生育政策的进一步调整完善，中国的生育水平仍具有回升潜力，认为实施全面两孩政策后我国年度出生人口将会快速而大量增加"[①] 和 "全面两孩政策的累积生育势能释放之

---

① 翟振武、张现苓、靳永爱：《立即全面放开二胎政策的人口学后果分析》，《人口研究》2014 年第 2 期，第 3~17 页。

后，生育水平将会回落，但是由于政策空间得到扩展，总和生育率预计将会略微高于政策启动实施前的水平"① 的研究结论，再结合王培安提出的我国的总和生育率应保持在1.8左右的观点②和只有保持2.1的更替水平才能实现人口长期均衡发展战略目标的判断③，假设2021年后总和生育率能够回升到更替水平左右，并逐渐由2.02下降至2100年的1.84，进而得出1.8~2.1的生育水平对未来人口发展趋势的影响。

表12-4 近十年生育意愿调查育龄妇女平均理想子女数

单位：个

年份	调查项目	平均理想子女数
2006	第六次全国人口和计划生育抽样调查	1.70
2007	生育意愿调查	1.80
2010	江苏省六县市生育意愿调查	1.65
2013	全国生育意愿调查	1.93

资料来源：贾志科、吕红平：《论出生性别比失衡背后的生育意愿变迁》，《人口学刊》2012年第4期，第34~45页；庄亚儿、姜玉等：《当前我国城乡居民的生育意愿——基于2013年全国生育意愿调查》，《人口研究》2014年第3期，第3~14页。

二 总和生育率变动对人口规模和年龄结构的影响

总和生育率变动对人口规模和年龄结构的影响主要体现在总和

---

① 翟振武、李龙、陈佳鞠：《全面两孩政策对未来中国人口的影响》，《东岳论丛》2016年第2期，第84~86页。
② 王培安：《论全面两孩政策》，《人口研究》2016年第1期，第3~7页。
③ 曾毅：《试论二孩晚育政策软着陆的必要性与可行性》，《中国社会科学》2006年第2期，第34~42页；Peng, X., "China's Demographic History and Future Challenges," Science 2011, 333 (6042)；彭希哲、胡湛：《公共政策视角下的中国人口老龄化》，《中国社会科学》2011年第3期，第43~52页；石人炳、陈宁、郑淇予：《中国生育政策调整效果评估》，《中国人口科学》2018年第4期，第114~125页。

生育率影响预测期内的生育水平，不同的生育水平会对未来总的人口年龄结构造成不同的影响。在控制人口死亡和迁移等因素下，测算预测期内不同的总和生育率水平下人口年龄结构变动趋势。

具体而言，在联合国人口司公布的 2017 年中国（大陆）人口数据基础上，设定生育参数（包括生育水平和生育模式参数），即将前文测算出的不同方案的总和生育率变动情况作为维持生育政策不调整、低方案、中方案和高方案四个水平设定，以达到模拟各种可能的生育水平下中国人口变动趋势的目的；生育模式采用比较贴近中国育龄妇女年龄别生育率的联合国亚洲模式[1]；设定生育政策调整下出生性别比（sex ratio at birth）参数，即在联合国 2018~2100 年出生性别比的预测参数基础上，综合不同学者的研究[2]，考虑到生育政策调整和经济社会发展等多种因素的共同作用，将未来预测期内的出生性别比设定为 107~117；死亡参数包括平均预测寿命和死亡模式。死亡参数一般很稳定，其中分性别预期寿命（life expectancy at birth）采用联合国人口司关于中国 2018~2100 年分性别预期寿命作为预测参数，2018~2100 年男性预期寿命的区间为 75.03~89.54 岁，女性预期寿命的区间为 78.08~90.51 岁。死亡模式采用寇尔－德曼西区模型生命表（Coale－Demany Regional Model Life Tables），寇尔－德曼西区模型生命表是国际上应用最多的一种模型生命表，之所以采用西区模型生命表，一方面是因为它所采用的原始生命表最多，另一方面是因为它更接近中国的实际[3]。在迁移参数的设定上，考虑中国国际人口迁移数比较小，相对于其人口总量而言显得微不足

---

[1] 王培安主编《实施全面两孩政策人口变动测算研究》，北京：中国人口出版社，2016，第 46 页。
[2] 王培安主编《实施全面两孩政策人口变动测算研究》，北京：中国人口出版社，2016，第 46 页。
[3] 乔晓春：《"单独二孩"政策下新增人口测算方法及监测系统构建》，《人口与发展》2014 年第 1 期，第 2~12 页。

道,因此我们假定中国人口在预测期内人口净迁移率(net migration rate)为0,处于一个封闭式人口状态。

最终我们运用PADIS-INT软件进行分要素人口预测,得出总和生育率变动对人口规模和年龄结构影响的结果,其中包括预测期内出生人口、劳动年龄人口和老年人口的规模和结构变动趋势。

(一) 生育政策调整下出生人口规模变动趋势

相对于维持生育政策不变的假设条件,生育政策放宽将大幅度增加新生儿数量。从维持生育政策不变与生育政策调整中方案下的出生人口变动趋势(见图12-1)可以看出,由于生育政策调整而堆积的生育势能集中释放,2018年左右两者出生人口数量相差500万人左右,随后在育龄妇女数量影响下呈波浪式变化。总体而言,生育势能释放后2021~2100年两者之间出生人口数量差距维持在300万~450万人。

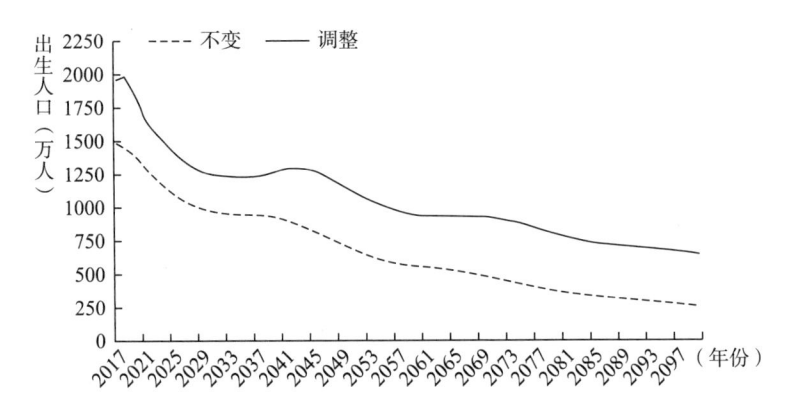

图12-1 不同生育政策下中国出生人口的变动趋势

注:图例中"调整"特指生育政策调整的中方案,下同。

(二) 生育政策调整下劳动年龄人口规模变动趋势

生育政策调整下劳动年龄人口规模变动趋势主要体现在生育政策调整下总和生育率的变动影响预测期内的生育水平,不同的生育水平会对未来劳动年龄人口规模造成不同的影响,即在控制人口死亡和迁移等因素下,测算预测期内不同的总和生育率水平下劳动年龄人口规模变动趋势。但生育政策调整对劳动年龄人口规模的影响存在一定的滞后性,即生育政策调整下出生的人口在一定时间后才会加入劳动年龄人口群体,即相对于维持生育政策不变的假设条件,生育政策放宽将大幅度增加新生儿数量,15年后将增加劳动年龄人口的数量。从总的趋势可以看出,生育政策调整下劳动年龄人口数量的增加只是放缓了劳动年龄人口规模下降的速度。

从15~59岁劳动年龄人口规模变动趋势(见图12-2)可以看出,不同生育政策下劳动年龄人口规模2026年下降到9亿人以下,之后整体维持下降趋势。生育政策调整与否的区别体现在劳动年龄人口下降的速度差别。具体而言,随着生育政策调整,新出生人口在2032年加入劳动年龄人口群体,其规模整体下降趋势得到一定的缓和,体现在生育政策调整下的劳动年龄人口规模在2051年下降到7亿人以下、2085年下降到5亿人以下,而维持生育政策不变的人口规模在2047年下降到7亿人以下、2066年下降到6亿人以下,且2100年生育政策调整下的劳动年龄人口比维持生育政策不变的人口规模多1.85亿人左右。

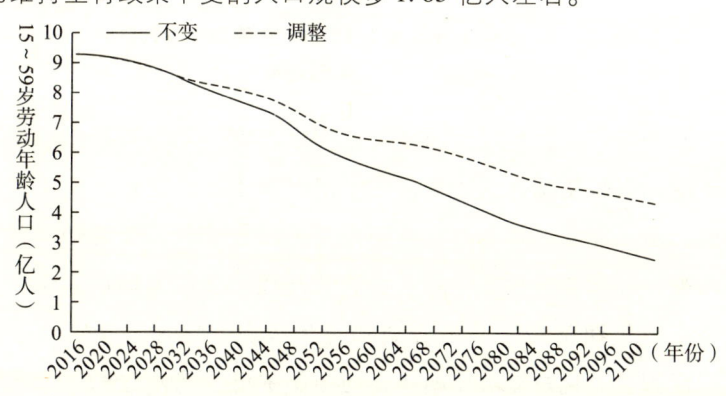

图12-2 不同生育政策下15~59岁劳动年龄人口的变动趋势

不同生育政策下 15~64 岁劳动年龄人口规模变动趋势与 15~59 岁人口规模变动趋势相近，不同的是其规模在 2020 年都下降到 10 亿人以下（见图 12-3）。随着生育政策调整，新出生人口逐渐加入劳动年龄人口群体，两者下降程度在 2032 年出现了区别。具体来讲，生育政策调整下的劳动年龄人口规模在 2040 年下降到 9 亿人以下、2065 年下降到 7 亿人以下、2099 年下降到 5 亿人以下；而维持生育政策不变的人口规模在 2038 年下降到 9 亿人以下、2055 年下降到 7 亿人以下、2074 年下降到 5 亿人以下，且 2100 年生育政策调整下的劳动年龄人口规模比维持生育政策不变的人口规模多 2 亿人左右。

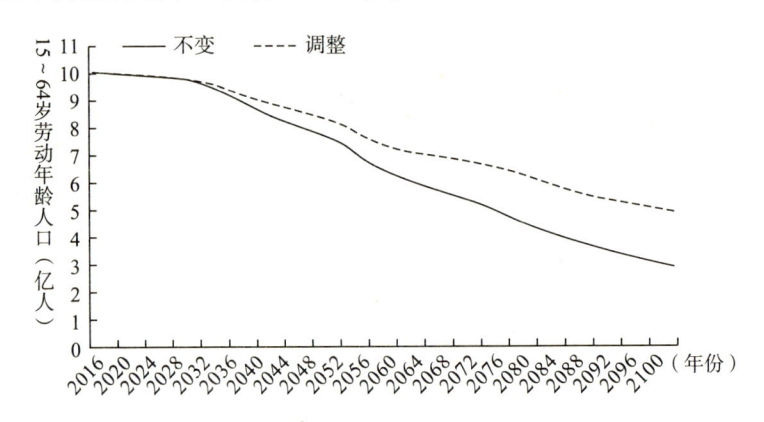

图 12-3 不同生育政策下 15~64 岁劳动年龄人口的变动趋势

总的来说，生育政策调整下总和生育率变动将有利于放慢劳动年龄人口数量减少的速度，在一定程度上达到优化人口结构的目的，但不能从根本上改变我国人口的发展趋势，即劳动年龄人口的减少和年龄结构老化的形势依然严峻。如陈友华认为全面两孩生育政策调整短时间内会增加出生人数，增加未来劳动力供给，缓解少子化与老龄化趋势，但中国的低生育率趋势不会因为生育政策调整而得以逆转，几乎不会提高劳动年龄人口比例，同时也会带来更为沉重的少儿人口抚养负担①。

(三) 生育政策调整下老年人口规模变动趋势

生育政策调整下总和生育率变动对老年人口规模的影响既反映在老年人口规模上,也反映在人口年龄结构上。生育政策调整对老年人口规模的影响存在一定的滞后性,即生育政策调整下出生的人口60年后才会加入老年人口群体,故生育政策调整不会改变未来60年内老年人口的规模,但会增加60年后老年人口的规模。

从维持生育政策不变与生育政策调整中方案下的老年人口变动趋势(见图12-4)得出,无论生育政策是否调整,中国老年人口的规模都将在2026年左右突破3亿人,2034年左右突破4亿人,2050年左右突破5亿人,2056年左右达到峰值5.3亿人。与假定生育政策不调整对比可以看出,2077年后生育政策调整下新出生的人口将步入老年阶段,进而增加老年人口的规模,降低老年人口数量下降的速度。从预测数据可以发现,生育政策调整下2077~2100年老年人口规模维持在4.3亿~4.8亿人,而如果生育政策不变,2077~2100年老年人口规模将维持在3.6亿~4.8亿人。

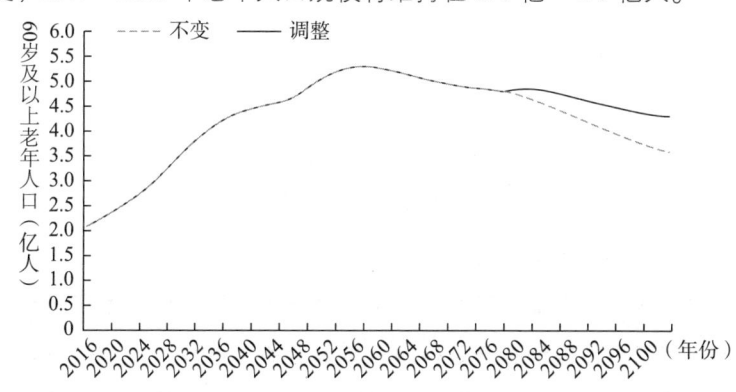

图12-4 不同生育政策下中国60岁及以上老年人口的变动趋势

---

① 陈友华:《全面二孩政策与中国人口趋势》,《学海》2016年第1期,第62~66页。

（四）生育政策调整下人口老龄化进程变化

在未来一定时间内，生育政策的调整将对中国的人口老龄化进程、高龄化速度和老年抚养比产生或多或少的影响。与维持原有生育政策不变相比，全面两孩政策下大量新增出生人口将持续改变中国的人口年龄结构，即提升少儿人口比例，降低老年人口比例，进而在一定程度上缓解人口老龄化。抚养比是从人口结构的视角量化每个劳动年龄人口平均承担的社会抚养压力的指标，而老年抚养比是指老年人口占劳动年龄人口的比例。因此，人口老龄化进程可以通过60岁及以上人口占15~59岁劳动年龄人口的比例来衡量，即通过对比不同生育政策条件下的60岁及以上抚养比来分析生育政策调整对人口老龄化进程的影响。

从维持生育政策不变与生育政策调整中方案下的60岁及以上抚养比变动趋势（见图12-5）得出，两者的抚养比在2032年出现差异。维持生育政策不变的60岁及以上抚养比在2066年攀升到1.0左右，然后继续波浪式上升，直到2100年的1.4左右；生育政策调整中方案下2016~2100年60岁及以上抚养比维持在1以下，即在2056年左右攀升到0.8，然后波浪式上升，直到2100年的0.99左右。从生育政策调整低、中、高三方案下的60岁及以上抚养比变动趋势可以看出，低方案下的60岁及以上抚养比在2071年左右攀升到1.0左右，2100年攀升到1.3；高方案下的60岁及以上抚养比在2048年攀升到0.6左右，然后波浪式上升，但维持在0.8以下。

总的来说，全面两孩生育政策的调整不可能从根本上扭转老龄化的大趋势，但能够在一定程度上缓解老龄化进程，显著缓解人口结构矛盾[1]，因此生育政策调整是缓解少子化和老龄化的一种有效

---

[1] 原新：《我国生育政策演进与人口均衡发展——从独生子女政策到全面二孩政策的思考》，《人口学刊》2016年第5期，第5~14页。

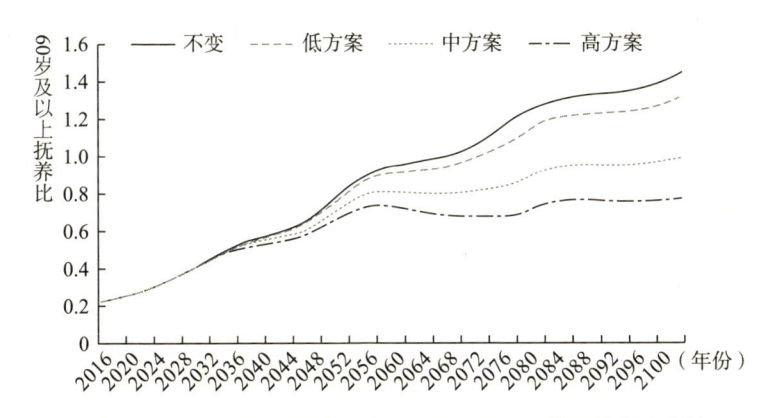

图 12-5　不同生育政策下中国 60 岁及以上抚养比的变动趋势

措施①。事实上，从国家生育政策的外部控制和家庭生育意愿的内部约束的关系来看，随着社会经济的发展，家庭生育意愿的内部约束逐渐取代国家生育政策的外部控制而对育龄妇女的生育行为起着决定性的作用，每个家庭基于养育成本等诸多因素的考虑，其总和生育率很难回到平均每个育龄妇女生育 3~4 个孩子的水平。只要一个国家或地区人口的总和生育率低于更替水平，其人口结构就存在一定问题，长期下去会出现人口老龄化并引发一系列社会和经济问题②。因此，庞大的老年人口规模、快速的高龄化趋势和不断加深的老龄化程度都将是中国必然要面对的未来。

三　小结

本书利用年龄-孩次递进模型分析生育政策调整下的目标育龄妇女的生育响应，将联合国人口司关于中国 2017 年 1 岁年龄组分性别人口数据作为起始年份人口，在一定的生育水平、死亡水

---

① 郭志刚：《清醒认识中国低生育率风险》，《国际经济评论》2015 年第 2 期，第 101~110 页。
② 王军：《全面二孩实施后人口研究转向》，《中国社会科学报》2016 年 11 月 23 日，第 6 版。

平、迁移水平和出生性别比参数假定下，利用队列要素法（Cohort-Component Method）预测生育政策调整对 2018～2100 年中国人口规模和年龄结构的影响。具体的研究结论可分为三部分。

一是利用年龄-孩次递进模型按高、中、低三方案测算全面两孩政策下的生育水平，然后通过二孩生育时间分布模式与释放进度测算 2018～2020 年每年可能的新增二孩出生人口数。从分析结果可以看出，全面两孩政策调整后 5 年内累计新增二孩出生人口在 900 万人以内。出生人口堆积高峰下年度新增二孩出生人口不大可能达到或超过 300 万人，5 年内累计新增二孩出生人口不大可能达到或超过 1200 万人。2018～2020 年每年新增二孩出生人口最可能在 100 万～190 万人。翟振武等测算结果显示，生育政策调整后，5% 拟合高、中、低方案下 5 年内年度新增出生人口数量分别为 210 万～570 万人、160 万～470 万人和 110 万～360 万人[①]。王广州等的测算结果显示，5 年内全面两孩政策下二孩累计出生规模上限、均值和下限分别为 2889.69 万人、1701.85 万人和 843.95 万人[②]。截至 2016 年 12 月底，全国住院分娩的婴儿活产数是 1846 万人，比"十二五"期间年均出生人口数增加了 140 万人[③]。对比不同学者的研究结果和 2016 年实际的生育数可以看出，本书的测算波动范围相对较窄且在两位学者的测算范围内，进而说明利用年龄-孩次递进模型测算全面两孩政策下生育响应的可行性和准确性。

二是在当下生育水平估计的基础上，结合不同学者的研究成果和叠加生育政策调整的因素，本章在高、中、低三个生育水平

[①] 翟振武、陈佳鞠、李龙：《中国出生人口的新变化与趋势》，《人口研究》2015 年第 2 期，第 48～56 页。
[②] 王广州、张丽萍：《到底能生多少孩子？——中国人的政策生育潜力估计》，《社会学研究》2012 年第 5 期。
[③] 王培安：《中国不缺人口数量 未来一百年都不缺》，凤凰网，http://news.ifeng.com/a/20170311/50770759_0.shtml。

下分别预测生育政策调整下生育响应水平,即参照不同学者的研究结论,并在联合国人口司公布的中国总和生育率变动模式的基础上设定2021~2100年低、中、高三方案和生育政策不变下总和生育率的参数。

三是在对比不同生育政策下出生人口规模、劳动年龄人口规模、老年人口规模、60岁及以上抚养比分析结果后发现,生育政策调整不但不能降低未来的老年人口规模,反而会增加60年后老年人口的规模。但从人口年龄结构变动趋势可以看出,与维持原有生育政策不变的老龄化进程相比,生育政策调整大大降低了未来老年人口的抚养比,即从维持生育政策不变与生育政策调整中方案下的60岁及以上抚养比变动趋势可以看出,2100年60岁及以上抚养比下降0.41,因此生育政策调整是有助于缓解人口老龄化进程的。

虽然生育政策调整能够在一定程度上放缓老龄化进程,但仔细分析生育政策调整对人口老龄化进程影响的原因可以得出,生育政策调整通过增加未来人口出生数量进而增加未来劳动年龄人口数量来缓解人口年龄结构老化的速度,减轻老年抚养比。但如果引入少儿抚养比,即从总抚养比的角度来看,社会抚养少儿和赡养老人的压力依然很大。翟振武等指出,随着经济社会的发展,中国的总和生育率将稳定在一个相对较低的水平上,结合不同的预测方案可以看出生育政策调整下的生育水平很难回到总和生育率为2.1的时代,整个人口年龄结构不可能再年轻,庞大的老年人口规模、快速的高龄化趋势以及不断加深的老龄化程度都将是中国必然要面对的未来[1]。

---

[1] 翟振武、李龙、陈佳鞠:《全面两孩政策对未来中国人口的影响》,《东岳论丛》2016年第2期,第84~86页。

第十三章
生育政策调整对中国人口红利的影响

2013年11月党的十八届三中全会启动实施的单独两孩政策和2015年10月党的十八届五中全会提出的全面两孩政策是人口政策的重大调整,其影响是全面而深远的。王培安指出,包括单独两孩和全面两孩在内的生育政策调整有利于优化人口结构,增加劳动力供给,减缓人口老龄化进程;有利于促进经济持续健康发展,实现全面建成小康社会的奋斗目标。到2050年中国将增加3000多万劳动年龄人口,老年人口占比下降2个百分点,对经济潜在增长率的长期红利为0.4%~0.5%[1]。其中,红利是指人口红利。Mason、Bloom和Williamson在研究人口转变对东亚经济增长的影响时首次使用人口红利的概念[2]。人口红利关注人口年龄结构变化与经济发展之间的关系,核心观点为经济增长来源于低负担系数的人口年龄结构。具体而言,劳动年龄人口数量持续增长,比重不断提高的人口年龄结构可以保证劳动力的充足供给和社会储蓄率的提高,为经济增长提供一个额外的源泉,

---

[1] 王培安:《论全面两孩政策》,《人口研究》2016年第1期,第3~7页。
[2] Mason, A., "Population and Asian Economic Miracle," *Asia - Pacific Population & Policy* 1997, 43 (11): 1-4; Bloom, D. E., and Williamson, J. G., "Demographic Transitions and Economic Miracles in Emerging Asia," *The World Bank Economic Review* 1998, 12 (3): 419-455.

第十三章 生育政策调整对中国人口红利的影响

即人口红利①。

假设生育政策调整下新增出生人口必然会增加劳动年龄人口数量，改变人口年龄结构，对人口红利产生影响，那么生育政策的调整具体会对人口红利产生多大程度的影响，从而对经济增长产生多少影响？本章将联合国人口司关于中国2015年1岁年龄组分性别人口数据作为起始年份人口，在一定的生育水平、死亡水平、迁移水平和出生性别比参数假定下，利用队列要素法预测生育政策调整对2021~2100年中国人口红利的影响，试图回答生育政策调整是否延长人口红利，能否促进经济持续发展等关切，以对生育政策进一步调整和潜在的经济增长预测提供一定的参考。

为了方便表述和读者理解，这里先对本章几个核心概念进行界定。

生育政策调整，是指国家有关生育数量限制性政策的改变，即2013年11月党的十八届三中全会启动实施的单独两孩政策和2015年10月党的十八届五中全会提出的全面两孩政策。

少儿抚养比，是指人口年龄结构中，少儿人口与劳动年龄人口数之比，即0~14岁人口占15~64岁劳动年龄人口的比例。

老年抚养比，是指人口年龄结构中，老年人口与劳动年龄人口数之比，即65岁及以上人口占15~64岁劳动年龄人口的比例。

人口总抚养比，是指依赖型人口（15岁以下和65岁及以上）占劳动年龄人口（16~64岁）的比例。

一 我国人口红利的形成与发展

新中国成立以来，我国人口红利的形成和发展主要分为三个

---

① 蔡昉：《未来的人口红利——中国经济增长源泉的开拓》，《中国人口研究》2009年第1期，第3~10页。

阶段：第一阶段为新中国成立之后到改革开放前（1949~1978年）的人口红利孕育期；第二阶段为改革开放后到2010年间人口机会窗口扩大和人口红利收获期；第三阶段为2010年以后的人口机会窗口收窄和人口红利逐渐消失期。

（一）人口转变与人口机会窗口的形成

新中国成立以后，随着生活水平和医疗条件的逐渐改善，人口的生育模式开始由高出生率、高死亡率、低自然增长率向高出生率、低死亡率和高自然增长率转变。如1950年，我国出生率为37‰，死亡率为18‰，自然增长率为19‰；而1978年，我国出生率为18.25‰，死亡率为6.52‰，自然增下降为12‰。20世纪50~60年代高达33‰的出生率和高达25‰的人口自然增长率形成的"婴儿潮"直接促使七八十年代劳动力人口快速增加，劳动年龄人口的比重快速上升，人口机会窗口逐渐形成。

（二）人口机会窗口扩大和人口红利收获期

20世纪七八十年代以后，随着"婴儿潮"时期出生的人口长大成为劳动力大规模进入劳动力市场和严格生育政策下生育率的急剧下降，社会总抚养比持续走低，形成了有利于经济发展的人口机会窗口。如1979~2013年，我国劳动年龄人口比重由58%上升到了2010年最高的73.75%，劳动年龄人口规模由1979年的5.7亿人上升到了2013年的峰值10.06亿人。而相应的生育率保持在较低水平，这使我国在拥有规模巨大的劳动年龄人口的同时，人口抚养比也从1979年的0.79持续下降到了2010年的0.355，人口负担保持相对较低的水平，人口机会窗口在这几十年里持续扩大。

自20世纪70年代末以来，在改革开放背景下各类生产要素配置效率的提升与人口机会窗口的叠加，使人口机会窗口迅速转变为人口红利。如市场化改革，承认和发展民营经济，激发市场活力，激发城市部门对劳动力的需求；逐步消除劳动力城乡流动的制度性障碍，促进农村剩余劳动力资源的优化配置，以大幅提高劳动生产率；实施对外开放政策，大力引进国外先进资本、技术，学习先进的管理经验，以加速我国现代化的进程。这一系列政策措施有利于劳动要素生产和配置效率的提升，促使人口机会窗口转变为人口红利。

（三）人口机会窗口收窄和人口红利逐渐消失期

随着我国的人口总抚养比和劳动年龄人口比重以及劳动年龄人口规模在2010年和2013年相继进入拐点，人口机会窗口自20世纪70年代以来的扩大趋势发生了改变。2013年后，我国劳动年龄人口规模和比重都将出现缓慢下降的势头。与此同时，随着我国人口老龄化水平持续提高和生育政策的转变，人口抚养比也将逐年提升。这也意味着，2010年后，我国由人口年龄结构转变形成的人口机会窗口将持续收窄。

二　相关研究回顾

20世纪70年代末以前，我国由高出生率、高死亡率、低自然增长率的人口增长模式向高出生率、低死亡率、高自然增长率的转变为70年代后人口机会窗口的形成奠定了基础。20世纪70年代末期以后，我国劳动年龄人口比重较大，人口抚养比较低，形成了人口机会窗口。我国的改革开放与人口机会窗口重叠使人口机会窗口迅速转变为人口红利，进而实现了经济社会的快速发展。

刘元春认为，人口红利理论的内在逻辑为"社会抚养少儿和老年人口负担较轻、劳动年龄人口规模较大"的人口年龄结构会形成一段"人口机会窗口"时期,人口机会窗口期可以为经济增长提供丰富的劳动力资源和相对较低的社会总抚养比,减轻社会负担,形成较高的社会储蓄率,从而有利于资金的积累,为经济发展提供良好的机遇[①]。梳理有关人口红利的研究文献发现,学界争论的焦点可分为人口红利的度量、人口红利期的确定、人口红利的形成机制和生育政策与人口红利的关系四个方面。

(一) 人口红利的度量

综合不同学者关于人口红利的研究文献可以发现一般以反映人口年龄结构的人口抚养比为中间变量来度量人口红利,即以反映劳动年龄人口规模、少儿和老年人口规模及相应的人口抚养比的变化来衡量人口红利。陈友华按总抚养比的构成把人口红利划分为少儿人口红利和老年人口红利,少儿人口红利是指少年儿童人口负担轻,而老年人口红利是指老年人口负担轻[②]。蔡昉以人口抚养比为指标,估算了人口红利对 1982～2000 年我国人均 GDP 增长率的贡献为 26.8%[③]。

总抚养比在什么区间内才能认为一个国家或地区处在人口红利期是一个必须解决的问题。车士义认为,当总抚养比为 50%,且老龄化率低于 10% 时,我们可以称该国进入了人口红利期[④]。陈友华以瑞典 1957 年生命表人口为基准,将以 60 岁为老年起始年龄计算的少儿抚养比、老年抚养比以及总抚养比分别低于 33%、35%、67% 时的人口年龄结构或者以 65 岁为老年起

---

① 刘元春:《"人口红利说":四大误区》,《人口研究》2009 年第 1 期,第 81～85 页。
② 陈友华:《人口红利与人口负债:数量界定、经验观察与理论思考》,《人口研究》2005 年第 6 期,第 21～31 页。
③ 蔡昉:《人口转变、人口红利与刘易斯转折点》,《经济研究》2010 年第 4 期,第 4～11 页。
④ 车士义:《人口红利问题研究》,《西北人口》2009 年第 2 期,第 50～53 页。

始年龄计算的少儿抚养比、老年抚养比以及总抚养比分别低于 30%、23%、53%时的人口年龄结构确定为人口红利期[1]。蔡昉认为，如果以45%的人口抚养比为测算人口红利的标准，那么在2030年之前都可以继续收获人口红利；如果以50%的人口抚养比为测算标准，那么人口红利消失的年份可以延长到2035年左右[2]。

综上所述，人口红利度量的关键因素是老年人口的年龄和以此为基础计算的人口总抚养比，其中60岁和65岁是老年人口常用的年龄标准，人口总抚养比一般按45%和50%来度量人口红利。因此，本章按照此思路设定人口红利的度量标准来测算生育政策调整下未来的人口红利期的变化。

（二）人口红利期的确定

王德文等认为人口转变是动态的，年轻的人口结构带来的人口红利不是永久性的[3]，因此人口年龄结构的变动会影响人口红利期的长短，但是现阶段关于中国人口红利期的长短存在一定的争论。

悲观者认为我国人口红利窗口已经关闭，如叶文振认为中国人口红利于2010年左右消失[4]；沈君丽利用新中国成立以来至2001年的人口年龄结构数据分析指出我国人口红利窗口在1971年开启，2001年保持进一步打开趋势，2015年人口红利窗口逐

---

[1] 陈友华：《人口红利与人口负债：数量界定、经验观察与理论思考》，《人口研究》2005年第6期，第21~31页。
[2] 蔡昉：《中国的人口红利还能持续多久》，《经济学动态》2011年第6期，第3~10页。
[3] 王德文、蔡昉、张学辉：《人口转变的储蓄效应和增长效应——论中国增长可持续性的人口因素》，《人口研究》2004年第4期，第21~26页。
[4] 叶文振：《不要用人口红利误导我国人口政策》，《市场与人口分析》2007年第4期，第15~19页。

渐关闭①；杨云彦等认为有利的人口年龄结构将持续到2015年左右②。王德文等认为，根据劳动力数量变化的情况，中国的人口红利始于20世纪70年代末，在1982年到2000年间对中国经济增长的贡献达到最大，但在2000年中国步入老龄化社会以后贡献开始减小，到了2013年左右劳动力总量开始减少，标志着人口红利已经枯竭③。

乐观者认为我国人口红利还可以持续，如陈友华指出我国于1990年进入人口红利期，2030年人口红利期结束④。于学军等根据人口抚养比大小来判断，中国的人口红利期大约能持续40年，从1990年到2030年。其认为人口抚养比将在2010年达到最低，此后由于人口年龄结构逐渐向老龄化发展，人口抚养比转而上升，人口红利逐渐减小，2030年左右人口红利期将关闭⑤。田雪原等认为，如果将总抚养比小于50%作为人口机会窗口，人口红利期则为1995~2020年；如果将总抚养比小于45%作为人口机会窗口，人口红利期则为1990~2030年⑥。陈卫等指出从2000年到2025年，我国15~64岁人口将维持高达70%的比例，2025年以后这一比例将下降，意味着人口红利期将结束⑦。陈佳鹏指出1987~2034年为第一次人口红利期，持续约48年，而2040~

---

① 沈君丽：《二元经济结构下的人口红利及其实现》，《南方人口》2005年第1期，第41~47页。
② 杨云彦、向华丽、黄瑞芹：《"单独二孩"政策的人口红利效应分析——以湖北省为例》，《中南财经政法大学学报》2014年第5期，第3~11页。
③ 王德文、蔡昉、张学辉：《人口转变的储蓄效应和增长效应——论中国增长可持续性的人口因素》，《人口研究》2004年第4期，第21~26页。
④ 陈友华：《人口红利与人口负债：数量界定、经验观察与理论思考》，《人口研究》2005年第6期，第21~31页。
⑤ 于学军、解振明：《中国人口生育问题研究综述》，载于学军、解振明主编《中国人口发展评论：回顾与展望》，北京：人民出版社，2000，第21~38页。
⑥ 田雪原、王金营、周广庆编《老龄化——从"人口盈利"到"人口亏损"》，北京：中国经济出版社，2006，第121~156页。
⑦ 陈卫、宋健：《中国人口的年龄性别结构》，《人口研究》2006年第2期，第6~14页。

2080年将是中国开发第二次人口红利（老年人口红利）的最佳时期[①]。蔡昉指出，中国人口红利的峰值在2010年出现，当前中国正处在人口红利峰值的前期，而且峰值过去之后直到2030年，人口红利仍然可观，只不过这个盈利在2010年之前是累进的，之后是递减的[②]。

总的来说，借用王向的观点[③]，即学界虽然对人口红利期还将持续多久尚有争议，但是普遍认为中国人口机会窗口即将关闭。因此，生育政策调整是否会对现有关于人口红利期的研究共识造成一定的影响，这一问题值得关注。

（三）人口红利的形成机制

人口红利的形成机制可以简单理解为在人口转变的过程中产生的高劳动年龄人口比重和低社会抚养比的人口机会窗口，加之经济社会的发展形成的生产要素配置效率的提升，形成促进经济快速发展的人口红利。具体而言，人口再生产在"高出生率、高死亡率、低自然增长率"、"高出生率、低死亡率、高自然增长率"和"低出生率、低死亡率、低自然增长率"三个阶段的转变过程中形成特定的低负担人口年龄结构，即在人口增长模式由第二阶段向第三阶段转型的过程中，第二阶段形成的"婴儿潮"会在一定时期后形成规模较大的劳动年龄人口，随着第三阶段生育率的快速下降，较低的人口出生率又会减轻人口抚养压力，从而形成人口机会窗口期。结合其他要素，人口机会窗口期有利于提高储蓄率和投资率，在一定条件下形成有利于经济社会快速发展

---

① 陈佳鹏：《关于中国人口红利的内涵解读、定量分析及政策建议》，《思想战线》2012年第2期，第21～28页。
② 蔡昉：《中国的人口红利还能持续多久》，《经济学动态》2011年第6期，第3～10页。
③ 王向：《关于人口红利与刘易斯转折点问题的文献评述》，《经济评论》2012年第2期，第138～141页。

的人口红利。

(四) 生育政策与人口红利的关系

中国的人口红利与生育政策有着密切的关系，结合学界对人口红利的研究结论可以发现，人口红利首先与生育率密切相关，高低生育率转变形成"两头小、中间大"的人口结构是人口红利形成的主要原因，而中国的生育率主要是受计划生育政策影响的。

陈友华认为中国目前人口红利的形成是建立在20世纪50~60年代人口的快速增长与20世纪70年代以来人口严格控制的基础上的，并认为中国的人口红利在很大程度上得益于人口生育政策的宏观调控[①]。杨云彦等认为人口红利期与生育政策调整时间大致同步，严格的生育政策控制使中国人口年龄结构尽早进入人口红利期，而渐进的生育政策调整在一定程度上延长了人口红利期[②]。

总而言之，人口红利是以人口转变的机会窗口作为必要条件和前置条件，在以一定社会经济和制度匹配作为充分条件的情况下，所发生的从人口机会窗口到经济意义上的人口红利的过程和结果。对人口红利概念的理解，需要注意以下几个关键点：第一，人口红利是一种机会窗口，有时间性和阶段性，会关闭或消失；第二，人口机会窗口只是对经济发展提供了一种潜在的有利条件，人口机会窗口不会自动转变成人口红利；第三，人口机会窗口是人口红利产生的必要条件，但不是充分条件，人口红利的发生需要有其他条件加以匹配。因此，在人口机会窗口期，需要

[①] 陈友华：《人口红利与人口负债：数量界定、经验观察与理论思考》，《人口研究》2005年第6期，第21~31页。

[②] 杨云彦、向华丽、黄瑞芹：《"单独二孩"政策的人口红利效应分析——以湖北省为例》，《中南财经政法大学学报》2014年第5期，第3~11页。

对其他社会经济、制度、国家发展战略等条件进行相应的改革和调整，使之与丰富的劳动力社会特征相适应，社会经济发展才能将丰富的劳动力转化为经济发展的动力，人口机会窗口也才能转变为人口红利。

三 模型构建与参数确定

本书将联合国人口司关于中国2015年1岁年龄组分性别人口数据作为起始年份人口，在一定的生育水平、死亡水平、迁移水平和出生性别比参数假定下，利用队列要素法预测2021~2100年劳动年龄人口规模、人口抚养比等变动趋势来反映生育政策调整对中国人口红利的影响。

（一）数据来源

本书数据来源于联合国人口司公布的有关中国人口年龄结构的相关数据[①]，其中包括2017年1岁年龄组分性别人口数、2018~2100年出生性别比、2018~2100年分性别预期寿命、2018~2100年5岁年龄组生育率、2018~2100年总和生育率。预测时我们可以将生育水平设定为两种方案：一种为"生育政策不调整"下的预测方案，即在假定生育水平随时间发生变化前提下对联合国人口司公布数据进行修正而得到2018~2100年的总和生育率；另一种为"生育政策调整"下的预测方案。在第二种方案中又分为高、中、低三方案。具体而言，高方案为最高可能生育水平设定的方案，低方案为最低可能生育水平设定的方案，中方案为可能的生育水平平均值方案。

---

① 联合国人口司网站，http://esa.un.org/unpd/wpp/JS-Charts/aging-median-age_0.htm。

(二) 人口预测模型

本书采用队列要素法对人口进行预测,即将人口按性别、年龄分组并分别预测生育、死亡与迁移水平。具体而言,就是从起始年度的分年龄和性别人口出发,根据年度年龄别生育率、年龄别死亡率、年龄别净迁移率,以及它们未来可能变化的趋势,预测未来各年度的总人口、分性别年龄人口等。其预测过程可分为三步:第一步,根据预期区间起始时间点每一人群的存活人数预测下一区间开始时仍存活的人数;第二步,计算每一人群在预测区间内的新出生人数,将新生人口加入对应的人群,并计算新出生人口存活到下一个预测区间时点的人数;第三步,在每一人群中加入相应的净迁移人口,计算预测区间的生育数,并预测迁移人口和新出生人口存活到下一个预测区间的人数。

国际人口迁移规模相对于中国人口总量来说很小,因此本书预测可以在没有迁移的封闭系统假设下完成。队列要素预测法可以简明表达为矩阵形式,其中莱斯利矩阵预测模型因考虑了绝大部分的影响因素而成为一种相对较为精确的方法。因而本书采取莱斯利人口预测矩阵 (Leslie Population Matrix) 并对其加以改进,来预测生育政策调整对人口红利的影响。

根据莱斯利人口预测矩阵得到的人口预测模型如下:

$$X(t+1) = \begin{pmatrix} x_0(t+1) \\ x_1(t+1) \\ \vdots \\ x_{n-1}(t+1) \\ x_n(t+1) \end{pmatrix} = \begin{pmatrix} w_0 b_0 & w_1 b_1 & \cdots & w_{n-1} b_{n-1} & w_n \\ p_1 & 0 & \cdots & 0 & 0 \\ 0 & p_2 & \cdots & 0 & 0 \\ \vdots & \vdots & \vdots & \vdots & \vdots \\ 0 & 0 & \cdots & p_{n-1} & 0 \end{pmatrix} \begin{pmatrix} x_0(t) \\ x_1(t) \\ \vdots \\ x_{n-1}(t) \\ x_n(t) \end{pmatrix}$$

其中, $w_i(t)$ 为 t 年 i 岁人口女性比例, $i = 0, 1, \cdots, n$; $b_i(t)$ 为 t 年 i 岁育龄妇女生育率; p_i 为 i 岁一年内存活率; $X(t)$ 为 t 年年龄

别人口分布列向量；$x_i(t)$ 为 t 年 i 岁个体数量。

（三）生育政策调整下生育水平估计

综合不同学者的研究，本书在高、中、低三个生育水平下分别预测生育政策调整对未来人口年龄结构的影响，并与假设生育政策不调整的人口年龄结构进行对比分析，即参照不同学者的研究结论，并在联合国人口司公布的中国总和生育率变动模式的基础上设定 2021~2100 年高、中、低三方案和生育政策不调整下总和生育率的参数。

（四）生育政策调整下其他参数估计

生育政策调整下死亡模式采用寇尔 - 德曼西区模型生命表，寇尔 - 德曼模型生命表是国际上应用最多的一种模型生命表，之所以采用其中的西区模型生命表，一方面是因为它所采用的原始生命表最多，另一方面是因为它更接近中国的实际[1]。生育政策调整下分性别预期寿命采用联合国人口司关于中国 2018~2100 年分性别预期寿命作为预测参数，具体内容见第十一章第二节。

四 结果分析

生育政策调整是通过影响育龄妇女的生育率进而影响人口红利，人口红利涉及劳动年龄人口规模、少儿抚养比、老年抚养比和总抚养比等人口年龄结构。具体而言，生育政策调整首先通过改变出生人口数量来影响少儿抚养比，一定时间后影响劳动年龄人口规模，进而影响老年抚养比和总抚养比。以下是生育政策调

---

[1] 乔晓春：《"单独二孩"政策下新增人口测算方法及监测系统构建》，《人口与发展》2014 年第 1 期，第 2~12 页。

整对 2021~2100 年人口红利的影响分析。

（一）生育政策调整下少儿抚养比的变动趋势

从维持生育政策不变与生育政策调整中方案下的 0~14 岁少儿抚养比变动趋势（见图 13-1）得出，维持生育政策不变的少儿抚养比一直保持下降趋势，在 2028 年下降到 20% 以下，2035 年下降到 17% 以下，然后缓慢下降，直到 2100 年下降到 14.8%；生育政策调整中方案下少儿抚养比由于出生人口释放进度不同而呈现波浪式发展趋势，由 2016 年的 23.53% 上升到 2020 年的 25% 以上，再下降到 2026 年的 25% 以下，2033 年下降到 22.5% 以下，之后在 20%~22.5% 波动。

从生育政策调整低、中、高三方案下的少儿抚养比变动趋势可以看出，低方案下 2021~2100 年少儿抚养比下降趋势接近于维持生育政策不变的少儿抚养比下降趋势，只是整体略高于政策不变的少儿抚养比。中方案和高方案的波动幅度比较大，高方案下少儿抚养比最高超过了 27.5%，且 2021~2100 年基本上维持在 25% 以上。

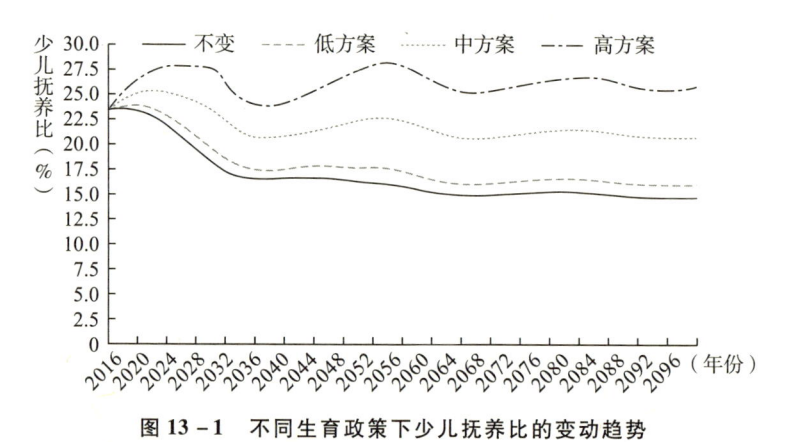

图 13-1 不同生育政策下少儿抚养比的变动趋势

（二）生育政策调整下老年抚养比的变动趋势

从维持生育政策不变与生育政策调整中方案下的 65 岁及以

上老年抚养比变动趋势（见图 13-2）得出，两者的抚养比在 2032 年出现差异，维持生育政策不变的老年抚养比在 2055 年攀升到 60% 左右，然后继续波浪式上升，直到 2100 年的 107% 左右；生育政策调整中方案下 2021~2100 年老年抚养比维持在 80% 以下，即在 2059 年左右攀升到 60%，然后波浪式上升，直到 2100 年的 75% 左右。从生育政策调整低、中、高三方案下的老年抚养比变动趋势可以看出，低方案下 2021~2100 年老年抚养比维持在 100% 以下，在 2056 年左右攀升到 60% 左右，2100 年攀升到 98% 左右；高方案下老年抚养比在 2043 年攀升到 40% 左右，然后波浪式上升，但维持在 60% 以下。

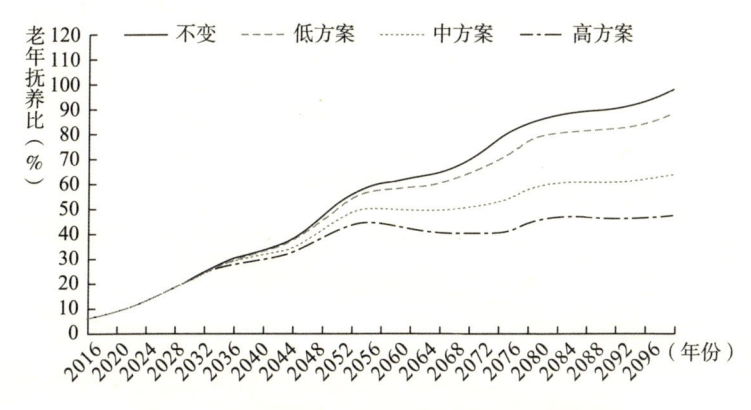

图 13-2　不同生育政策下老年抚养比的变动趋势

（三）生育政策调整下总抚养比的变动趋势

从维持生育政策不变与生育政策调整中方案下的总抚养比变动趋势（见图 13-3）得出，两者的关系呈现两个阶段：2021~2056 年生育政策调整下总抚养比大于维持生育政策不变的总抚养比；而 2057~2100 年生育政策调整下总抚养比小于维持生育政策不变的总抚养比。生育政策调整低、中、高三方案下的总抚养比发展趋势也呈现相似的规律，高方案下初期的总抚养比最高，后期的总抚养比最低。

不管波动幅度怎么不一样，不同方案下的总抚养比整体的趋势依然是上升的，不同方案下的差别体现在上升的幅度不一样。

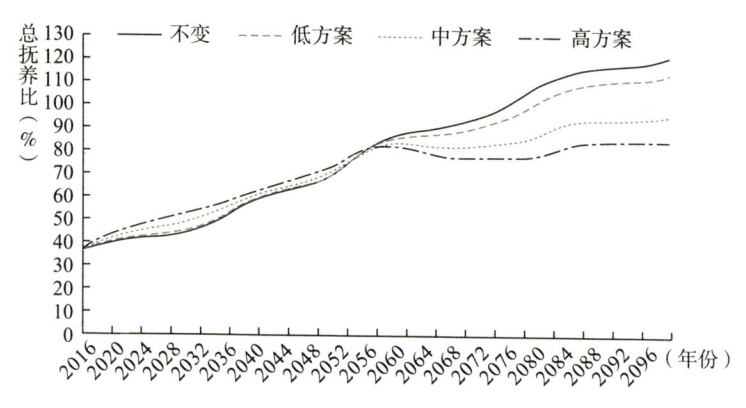

图 13-3　不同生育政策下总抚养比的变动趋势

（四）生育政策调整下人口红利的变动趋势

结合不同学者关于人口红利度量的研究结论，可以看出不管是以陈友华度量人口红利期总抚养比低于 53% 的人口年龄结构为标准，还是以蔡昉的 45% 或者 50% 的总抚养比为测算人口红利的标准，生育政策调整都不能延后人口机会窗口期，而是提前了人口机会窗口期。如以 50% 的人口抚养比为测算标准，生育政策调整下低、中、高方案将使人口机会窗口期分别提前 1 年、4 年和 9 年结束。

如果按照王德文、蔡昉等[①]的研究发现，总抚养比的边际效应为 -0.115，即人口抚养比每下降 1%，人均 GDP 增长率提高 0.115%。按此测算得出生育政策调整对经济增长的影响，从分析结果（见图 13-4）可以看出，生育政策调整对经济增长先抑

---

① Fang, C., & Wang, D., "China's Demographic Transition: Implications for Growth," in Garnaut, R., and Song, L. (eds.) *The China Boom and Its Discontents*, Canberra: Asia Pacific Press, 2005.

后扬,生育政策调整首先对人口红利产生负面影响,如低、中、高三方案下的经济增长率都降低了 1 个百分点左右;2057 年后才能降低维持生育政策不变的总抚养比,有效地促进经济增长,直到 2100 年低、中、高三方案下总抚养比分别降低了 7.53%、25.65% 和 36.51%,即生育政策调整下低、中、高三方案将导致经济增长率分别上升 1%、3% 和 4% 左右。

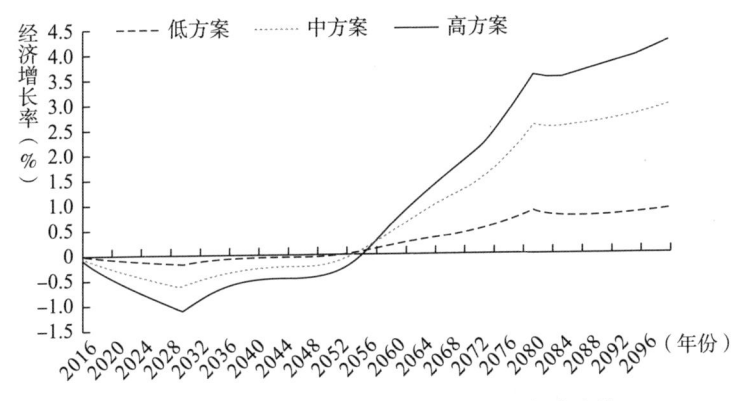

图 13-4 不同生育政策下人口红利的变动趋势

五 小结

本书对比不同生育政策下 15~59 岁、15~64 岁劳动年龄人口规模预测数据发现,生育政策调整下总和生育率的反弹增加了预测期内劳动年龄人口数,缓解了其下降的趋势。但从少儿抚养比、老年抚养比角度来看,生育政策调整下新增的出生人口提高了少儿抚养比,而对老年抚养比的缓解作用在 2032 年后才会出现。从总抚养比变动趋势可以得出,生育政策调整的初期社会的抚养负担增加了,2057 年后才能有效缓解社会的抚养负担,但并不能逆转其上升的趋势。

结合不同学者关于人口红利度量的研究结论,可以看出不管是以陈友华度量人口红利期总抚养比低于 53% 的人口年龄结构为标准,还是以蔡昉的45%或者50%的总抚养比为测算人口红利的标准,生育政策调整都不能延后人口机会窗口期,而是提前了人口机会窗口期。如以50%的人口抚养比为测算标准,生育政策调整将使人口机会窗口期提前4年左右结束。但如果按照王德文、蔡昉等的研究发现,总抚养比的边际效应为-0.115,即人口抚养比每下降1%,人均GDP增长率提高0.115%[①]。那么生育政策调整在2057年后才能有效降低维持生育政策不变的总抚养比,如2100年总抚养比降低了25.65%,生育政策调整将导致经济增长率上升3%左右。

如果从杨云彦等分人口数量红利、人口结构红利和人口素质红利的三维人口红利理论来看,虽然生育政策调整对人口年龄结构红利影响甚微,但其增加了劳动年龄人口,优化了人口的城乡结构,放缓了人口年龄结构的老化,2057年后可以有效降低社会的抚养负担[②]。因此,未来的中国应将对人口红利的挖掘从人口数量红利、年龄结构红利转向人口城乡结构红利、人口素质红利上来,从而稳定乃至促进人口红利增加。

总之,从以上的分析可以看出,劳动力数量、人口年龄结构和抚养比的变动对传统人口红利产生了极大的冲击和影响。中国经济发展对劳动力的需求已经从数量需求转向质量需求,人口数量红利、人口结构红利逐渐消失,但人口素质红利正凸显其影响。伴随传统的人口机会窗口的收窄,依靠丰富劳动力以及高储蓄所带来的人口红利基础已经发生变化,传统人口红利的人口条件和经济社会条件都已发生改变,逐渐消退,未来也不会再次出现。

[①] Fang, C., & Wang, D., "China's Demographic Transition: Implications for Growth," in Garnaut, R., and Song, L. (eds.) *The China Boom and Its Discontents*, Canberra: Asia Pacific Press, 2005.

[②] 杨云彦、向华丽、黄瑞芹:《"单独二孩"政策的人口红利效应分析——以湖北省为例》,《中南财经政法大学学报》2014年第5期,第3~11页。

近年来，有学者根据亚洲国家老年人的消费模式提出了二次人口红利的概念，其认为当一个国家的死亡率大幅降低，预期寿命延长，子女较少，家庭规模变小时，人们会在劳动年龄阶段准备更多的储蓄，以满足老年时的消费，更多的储蓄会促进投资，进而实现经济发展。也有学者认为，今后随着经济增长，我国将进一步依靠创新驱动，高技术和高素质人才投入将成为经济增长的巨大动力。因此，我们需要根据人口转变规律和经济社会发展的趋势，从寻求人口数量红利转变为寻求人口素质红利，抓住可能存在的新的人口机会窗口，在人力资本投资、基础健康等政策和制度设计上进行探索，以利于二次人口红利的实现。

第十四章
低生育率与鼓励生育的家庭政策

从驱动生育率下降主导因素的变化,可将生育率的变动划分为四个阶段:高死亡率驱动阶段,人们需要以高生育率抗衡高死亡率,总和生育率能到 6.0 以上;死亡率下降驱动阶段,人们认识到低生育率也能保证收益最大化,总和生育率从 6.0 以上降到 3.0 左右;功利性生育消退阶段,人们的生育行为更接近情感需求,并重视子女质量提升,总和生育率从 3.0 降到 2.0 左右;成本约束的低生育率阶段,总和生育率降至更替水平 2.0 以下,低于意愿生育水平。中国当下的生育水平估计的均值在 1.57 左右,且已经进入了低生育率阶段和低生育水平国家的行列[①]。

长期低生育率会造成人口年龄结构的老化,影响社会活力和创新力等人口红利与社会养老和医疗等福利制度的可持续性发展;长期的低生育率会造成人口规模大幅度的缩减,持续的时间越长,累积的人口负增长惯性越大,从而会带来社会公共投资收益缩减和公共服务成本上升;长期低生育率会引发人口锐减、民族国家以及宗教文化冲突,带来政治、军事、外交等国家安

---

① 郭志刚:《对中国 1990 年代生育水平的研究与讨论》,《人口研究》2004 年第 2 期;中国国家统计局、美国东西方中心编《中国各省生育率估计:1975 - 2000》,北京:中国统计出版社,2007;翟振武、陈卫:《1990 年代中国生育水平研究》,《人口研究》2007 年第 1 期;石人炳、陈宁、郑淇予:《中国生育政策调整效果评估》,《中国人口科学》2018 年第 4 期,第 114 ~ 125 页。

全风险。因此，陷入低生育率的国家试图通过鼓励生育的家庭政策改变生育率下降的趋势，促进生育率的回升。本章以欧洲和亚洲低生育率国家为例，梳理和评估低生育水平背景下家庭政策变迁，结合当下生育形势从更为宏观的视角提出构建中国鼓励生育的家庭政策的必要性和可行性，以促进人口的长期均衡发展。

一 低生育率国家和地区生育水平变化

（一）低生育率国家和地区的类别划分

低生育率国家生育水平变动趋势有着很大的区别，有"深陷低生育率陷阱的国家和地区"，有"未陷入低生育率陷阱的国家和地区"和"摆脱低生育率陷阱的国家和地区"，其中"深陷低生育率陷阱的国家和地区"又可以分为"生育率有回升，但未达到1.5再次回落"、"生育率提高到1.5及以上，但又回落到1.5以下"和"生育率缓慢上升，但未达到1.5"。

吴帆以生育率在更替水平之下的66个国家和地区为对象，利用世界银行、官方和学术机构的最新统计数据，参照总和生育率低于1.5且持续时间超过20年的标准[1]，区分出"深陷低生育率陷阱的国家和地区"、"未陷入低生育率陷阱的国家和地区"和"摆脱低生育率陷阱的国家和地区"，并分析了各自的原因[2]。

---

[1] McDonald, P., "Low Fertility in Singapore: Causes, Consequences and Policies," *Paper Presented at the Forum on Population and Development in East Asia*, Beijing, 2005: 16 - 17.
Lutz, W., Skirbekk, V., and Testa, M. R., "The Low-fertility Trap Hypothesis: Forces that May Lead to Further Postponement and Fewer Birth in Europe," *Vienna Yearbook of Population Research* 2006, 4: 167 - 192.

[2] 吴帆:《低生育率陷阱究竟是否存在？——对后生育率转变国家（地区）生育率长期变化趋势的观察》,《人口研究》2019年第4期，第50~61页。

(1) 深陷低生育率陷阱的国家和地区

截至2017年，世界上至少有14个国家和地区正处于低生育率陷阱之中，包括匈牙利、意大利、乌克兰、西班牙、葡萄牙、希腊、中国澳门、中国香港、韩国、日本、新加坡等国家和地区，其中意大利、中国香港和西班牙都超过了30年。14个"深陷低生育率陷阱的国家和地区"又可以分为"生育率有回升，但未达到1.5再次回落"、"生育率提高到1.5及以上，但又回落到1.5以下"和"生育率缓慢上升，但未达到1.5"。生育率有回升，但未达到1.5再次回落，这类国家和地区包括意大利、西班牙、波兰、韩国、新加坡和中国香港，其中，韩国、新加坡和中国香港2016年的总和生育率分别只有1.17、1.20和1.21；生育率提高到1.5及以上，但又回落到1.5以下，这类国家包括希腊和乌克兰，希腊的总和生育率曾在2008年和2009年达到1.5，2013年又降到了1.29，2016年为1.33，乌克兰的总和生育率在2012年回升到1.53，但2016年又降到了1.47；生育率缓慢上升，但未达到1.5，这类国家和地区包括日本、匈牙利、斯洛伐克、葡萄牙、中国澳门和海峡群岛，其中，葡萄牙和中国澳门2016年的总和生育率仅为1.31。

(2) 未陷入低生育率陷阱的国家和地区

在66个观察样本中，有21个国家和地区的总和生育率一直保持在1.5以上，其中半数国家和地区都保持在1.7或1.8以上，具体国家有瑞典、比利时、美国、英国、法国、挪威、澳大利亚、新西兰、冰岛和古巴等，美国和法国最低的总和生育率也分别在1.80和1.73以上。

(3) 摆脱低生育率陷阱的国家和地区

摆脱低生育率陷阱是指曾经总和生育率低于1.5但又回升到1.5以上，相关的国家和地区可分为两组：一组是东欧国家和苏联加盟共和国，包括俄罗斯、罗马尼亚、捷克、斯洛文尼亚、保加利亚、立陶宛和白俄罗斯等；另一组是德语国家，包括德国和奥地利。第一组国家生育率变动与政治变革和经济波动有关，在20世纪80年代末90年代初国家政治制度变革与经济负增长的背景下，90年代中期生育率降至1.3以下，随着政局的稳定和经济的复苏，90年代末生育率开始回升至1.5以上，如2016年白俄罗斯和拉脱维亚的生育率都超过了1.7；第二组国家曾长期处于很低的生育水平，且总和生育率回升的时间较晚，如奥地利是从2008年开始生育率回升，德国是从2010年开始生育率回升，其生育率的回升与鼓励生育的家庭政策有关，如德国和奥地利从2003年开始不断加大鼓励生育的政策力度。

(二) 低生育率国家总体变动趋势

从1975～2015年欧洲总和生育率变动趋势（见图14-1）可以看出，欧洲整体生育水平呈现先急剧下降和缓慢回升再下降的波动变化，具体为从20世纪70年代初的接近2.2的总和生育率下降为20世纪90年代初的接近1.4的低生育水平，2000年后缓慢回升至2010年的接近1.60的水平，然后下降至2015年的1.50左右的生育水平（欧盟28国统计）。以日本、韩国和新加坡为代表的亚洲低生育率国家的生育水平变动趋势与欧洲低生育率国家类似，呈现波动下降的变动趋势，日本的总和生育率2005年跌至历史最低1.26，韩国和新加坡的总和生育率也一度低于1.2，不同的是其生育水平更低且长期困于低生育率陷阱，至今看不到摆脱的希望。如新加坡的总和生育率从20世纪70年代的1.84波动下降至2010年的1.23，2013年总和生育率为1.2，保持继续下降的趋势。

横向对比来看，低生育率国家之间呈现明显的差异，如生育水平最低的欧洲各国之间对比发现，北欧国家和西欧一些国家生育率波动较为平缓，生育水平较高，其中挪威和瑞典在1986年率先回升到 1.7 以上，后跟进的国家有芬兰（1988 年）、丹麦（1990 年），2010 年后瑞典、法国和爱尔兰成为接近更替水平的"最高的低生育率"（highest low fertility）国家；而南欧、东欧以及西欧一些国家陷入了极低的生育水平，2011 年希腊、捷克、意大利、西班牙、波兰、拉脱维亚、匈牙利、德国等的生育率都远低于 1.5 水平。在亚洲低生育率国家中，日本和韩国的生育水平在 2000 年后有些许回升，而新加坡继续保持下降的趋势。

整体上看，欧洲低生育率国家生育水平在 2000 年后出现了较小的回升，但 2010 年几乎所有国家的生育率又开始回落，亚洲低生育率国家的生育水平更低，且回升乏力。虽然都属于低生育率国家，但不同国家和不同地区之间的生育率的波动存在较大的差异，有的国家呈现较好的回升趋势，且生育率接近更替水平，有的国家呈现极低的生育率且深陷低生育率陷阱。

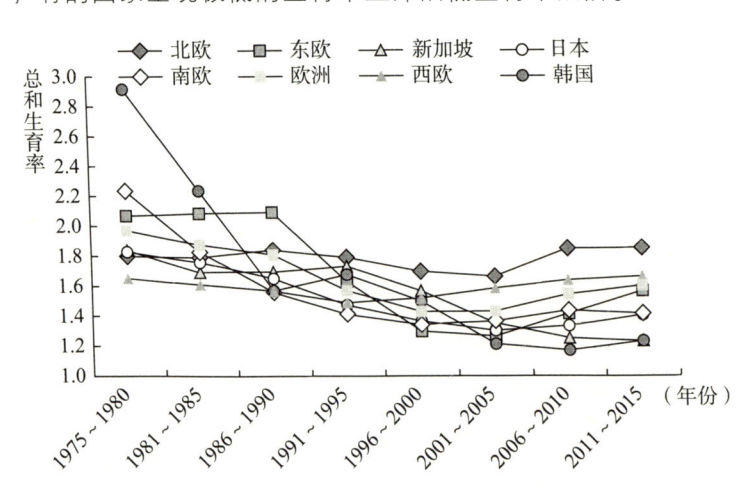

图 14-1　低生育率国家和地区生育水平变动趋势

资料来源：World Population Prospects，Volume 1：Demographic Profiles，2017 Revision。

因此，人口学家试图对整体低生育率的发展趋势、不同国家之间生育的差异以及低生育率背后的原因进行解释，相关的研究结论有：文化[1]、失业率[2]、女性发展水平[3]、社会性别平等程度[4]、工作-家庭平衡水平[5]、不同的家庭政策[6]等因素导致不同国家之间生育水平的差异。如 1955 年一项调查显示，法国女性终身未育的比例为 8.3%，而同龄德国女性终身未育的比例为 20.3%。这种比例的差异与儿童照料服务有关，在德国母亲被认为是子女最好的照料者，有工作的女性更倾向于放弃生育，而法国女性更倾向于利用儿童照料服务，因此母亲可以兼顾工作与子女抚育[7]。

二 家庭政策

在现代社会，生育率的进一步下降主要是直接、间接成本的提高和功利性收益的下降导致人们的生育意愿不能完全实现，实际生育水平与意愿生育水平的差距取决于成本的高低。因此，降低生育成本鼓励生育的家庭政策有利于改变低生育率现状，成为

---

[1] Goldstein, J., Lutz, W., & Testa, M. R., "The Emergence of Sub-replacement Family Size Ideals in Europe," *Population Research and Policy Review* 2003, 22 (5-6): 476-496.

[2] Kohler, H. P., Billari, F. C., & Ortega, J. A., "The Emergence of Lowest-low Fertility in Europe During the 1990s," *Population and Development Review* 2002, 28 (4): 641-680.

[3] 吴帆：《欧洲家庭政策与生育率变化——兼论中国低生育率陷阱的风险》，《社会学研究》2016 年第 1 期，第 49~74 页。

[4] Billingsley, S., & Ferrarini, T., "Family Policy and Fertility Intentions in 21 European Countries," *Journal of Marriage and Family* 2014, 76 (2).

[5] Lewin-Epstein, N., Stier, H., Braun, M., & Langfeldt, B., "Family Policy and Public Attitudes in Germany and Israel," *European Sociological Review* 2000, 16 (4).

[6] Kaufmann, F. X., Kuijsten, A., Schulze, H. J., & Strohmeier, K. P. (eds.), *Family Life and Family Policies in Europe*: Vol. 2, *Problems and Issues in Comparative Perspective*. Oxford: Oxford University Press, 2002.

[7] http://appsso.eurostat.ec.europa.eu/。

低生育率国家的政策优选项。

从20世纪90年代中期以来,家庭政策在国际上逐步受到重视并作为一个独特的政策领域发展起来,如德国1995年设立家庭事务、老年人、妇女和青少年部;英国1997年在内政部中设立专门的家庭政策单位等。广义的家庭政策是指所有直接或间接对家庭产生影响的政策与项目;而狭义的家庭政策概念是指针对家庭福利并对家庭资源或家庭行为产生影响的政策,其主要内容包括鼓励生育政策、老年福利政策和家庭救助政策[1]。有关家庭政策的研究目前多集中于家庭政策的变化、家庭政策的评估及其未来的发展方向。

(一) 家庭政策的发展背景

为了应对工业化和城市化背景下欧洲各国的家庭结构与规模、居住安排、家庭婚姻、代际关系、家庭类型及生活方式等显著变化导致的家庭自我保障能力和发展能力的弱化,20世纪20~30年代欧洲国家陆续建立起了相关家庭政策[2]。在工业化和城市化的背景下,家庭传统的社会保障功能弱化,为了弥补家庭功能的不足,早期家庭政策提出建立家庭补贴、儿童福利计划和社会保险制度等缓解家庭的经济压力[3],如实现鼓励家庭承担抚育子女的责任、提高出生率等特定目标[4]。20世纪90年代,家庭政策的目

---

[1] 穆光宗、常青松:《欧洲家庭发展和家庭政策的变迁及启示》,《中国浦东干部学院学报》2016年第6期,第112~120页。

[2] Dumon, W. A., & Nesari-Slingerland, H. M., *Family Policy: A Selected and Annotated Bibliography* (1948 – 1972), Leuven, Belgium: Catholic University of Leuven, 1973.

[3] Scherer, P., "The Role of Family Obligations in Developed Economies," in Marshall, K., & Butzbach, O. (eds.), *New Social Policy Agendas for Europe and Asia: Challenges, Experience, and Lessons*. World Bank, 2003, pp. 45 – 53. Finch, J., & Mason, J., *Negotiating Family Responsibilities*. London: Sage, 1993.

[4] Gilbert, N., & Terrell, P., *Dimensions of Social Welfare Policy*. Allyn and Bacon, 2002.

标多元化，形成比较成熟的家庭政策体系[1]。

20世纪40年代～70年代中期，在西方国家经济繁荣和民主政治的基础上，社会福利采取"去家庭化"（defamilization）政策，试图通过提供几乎覆盖所有家庭风险的各种收入保障和社会服务的福利政策，以减少家庭成员之间的照料和财务责任的相互依赖性，减少家庭的束缚，摆脱家庭带来的风险和负担。20世纪70年代中后期，在经济衰退和政治动荡的压力下，西方国家对政府、家庭责任界限进行重新界定，社会福利政策再次转向家庭和社区等非正规社会保护系统寻求出路，通过确立家庭成员之间的相互依赖性，如女性依赖家庭获得生活来源、孩子依赖父母的看护、父母依赖成年子女的照料等家庭化（familization）政策，从战略发展的角度给予家庭积极的支持。

总的来说，传统家庭政策的主要目标是解决市场经济下的市场失灵问题，政府为社会成员提供广泛的、具有防御性的社会福利，以应对社会制度存在的缺陷。但面对日益严重的贫困、失业、青少年犯罪、家庭暴力、精神疾病等社会问题，人们意识到放弃家庭责任的社会成员带来的危害不会局限于家庭本身，社会也以社会问题的形式承担相应的成本，社会问题的根源在于家庭不能发挥其正常职能，稳定和功能完整的家庭不仅是家庭成员，也是社会的资源。因此，西方国家的福利政策开始转向完善家庭政策，促进家庭功能的发展。

（二）家庭政策的理念与理论

家庭对个人的生存和发展具有重要的意义，良好的家庭功能是保障和支持个人发展的基础，是国家经济和社会发展的基础。

---

[1] Gauthier, A. H., "Family Policies in Industrialized Countries: Is There Convergence?" *Population* 2002, 57 (3).

人力资本理论认为良好的家庭功能是形成和发展人力资本的重要环境。家庭不仅对儿童及青少年早期的教育有影响,而且对人的社会能力、价值观念、精神品质,如良好的人际交流能力、合作能力、团队精神、领导能力以及创新精神等劳动者人力资本的重要构成因素有着重要的影响[1]。

公民社会理论认为家庭是公民个人角色发挥的基础,"第三条道路"提出强大、积极和活跃的公民社会是成功社会的基础,而公民社会的核心是公民个人角色的有效扮演。家庭对公民不同生命阶段以及同一阶段不同角色的扮演有着重要的影响,即公民个人角色的扮演取决于工作、学习、闲暇活动与家庭责任之间是否平衡[2]。

资产投资理论认为一个履行家庭责任的社会成员,会倾向于节制或推迟自己的消费,增加储蓄,形成资产用于家庭未来计划和投资,家庭也会激励人们承担更多的社会责任,更加关注社区、环境以及社会的未来等[3]。因此,家庭政策应将家庭看作社会的资产,帮助家庭形成和巩固其功能与优势。

有学者从国家、家庭和市场角度将家庭政策分为自由主义、保守主义和社会民主主义三种模式[4],也有学者从国家与家庭关系的角度将家庭政策分为平均主义家庭政策、亲家庭主义家庭政策、传统主义家庭政策和有限支持家庭政策四种类型[5]。中国家

---

[1] OECD, *The Well-being of Nations: The role of Human and Social Capital*, OECD Publishing, 2001.

[2] Esping-Andersen, G. et al., "A New Welfare Architecture for Europe?" *Report Submitted to the Belgian Presidency of the European Union*, 2001.

[3] Schumpeter, J. A., *Capitalism, Socialism, and Democracy*. New York: Harper and Row, 1950.

[4] Esping-Andersen, G., *The Three Worlds of Welfare Capitalism*. Oxford: Polity Press, 1990.

[5] Gauthier, A. H., *The State and the Family: A Comparative Analysis of Family Policies in Industrialized Countries*. Oxford: Clarendon Press, 1996.

庭政策主要向失去自我保障功能的残缺式家庭或贫困家庭提供满足家庭的基本经济需求的残补型福利，应从残补型导向转为发展型导向，从对弱势群体的救济转变为健全家庭的功能发展，从满足家庭最基本的生存需求转变为提升家庭的发展能力[①]。

三 鼓励生育的家庭政策

2000年左右低生育率国家基于不乐观的人口形势纷纷出台相关鼓励生育的家庭政策，不同国家鼓励生育的家庭政策存在较大差别。这些政策包括经济补贴、带薪生育休假和托育公共服务等，如OECD国家鼓励生育政策主要包括保障休假、提高经济补贴、提供托幼服务、加强女性就业支持四个方面。

保障休假。如2016年75%的OECD国家拥有3~5个月产假，产假平均为18周；56%的OECD国家拥有6~35个月育儿假，也有12个国家没有设置育儿假，OECD国家育儿假平均为37周。育儿假一般在产假之后，时间更长。各国妇女在休假期间可享受的薪资水平存在差异，统一调整成平时薪资的100%以进行横向对比，OECD各国女性总假期平均为30周。2013年部分低生育率国家生育假对比如表14-1所示。

提高经济补贴。2013年OECD国家家庭福利开支占GDP的比例平均约为2.4%，其中最高是英国，家庭福利开支占比为4.0%，现金补助占比为2.4%（见表14-2）。从家庭福利开支占比与生育水平相关关系可以看出，两者呈一定的正相关关系，如冰岛家庭福利开支占比为3.63%，2014年总和生育率为1.93；韩国家庭福利开支占比为1.32%，总和生育率为1.21。

[①] 吴帆：《第二次人口转变背景下的中国家庭变迁及政策思考》，《广东社会科学》2012年第2期，第23~30页。

提供托幼服务。大部分 OECD 国家通过政府新建托幼机构和鼓励私营托幼机构发展来支持生育，2014 年 OECD 国家中有 85% 的国家 0~2 岁入托率在 10%~60%，平均为 34.2%。此外，韩国、日本、新加坡、澳大利亚等国家还出台政策鼓励（外）祖父母隔代照料孩子，以减轻父母压力。

表 14-1 2013 年部分低生育率国家生育假对比

国家	产假（周）	育儿假（周）	产假补偿率（%）	育儿假补偿率（%）	陪产假（周）	陪产假补偿率（%）
英国	39	0	31	0	2.0	20
法国	16	26	94	15	2.0	93
德国	14	44	100	65	0.0	0
意大利	22	26	80	30	0.4	100
西班牙	16	0	100	0	2.1	100
瑞典	13	43	78	58	1.4	61
日本	14	44	67	60	0.0	0
韩国	13	52	79	28	0.6	100
澳大利亚	18	0	42	0	2.0	42
新西兰	18	0	43	0	0.0	0

资料来源：OECD Family Detabase。

加强女性就业支持。低生育率国家重视女性就业权利保护，如瑞典政府主导的公共服务事业为女性提供了大量的就业岗位，德国、韩国、日本、新加坡都为产后女性的再就业提供培训等。世界银行报告显示，1990~2017 年 OECD 国家女性劳动参与率从 47.8% 上升至 51.3%，男女劳动参与率差距从 26.1 个百分点降至 17.2 个百分点。男女就业差距的缩小意味着女性的就业权利得到了更好的保障，生育率更高。瑞典 2014 年男女就业率差距仅为 3.4 个百分点、总和生育率为 1.88；而意大利男女就业率差距为 18.2 个百分点，总和生育率仅为 1.37。

表 14 – 2　2013 年部分低生育率国家家庭福利开支占比分析

单位：%

国家	家庭福利开支占比	现金补助占比	托幼服务占比	税收返还占比
英国	4.0	2.4	1.4	0.1
法国	3.7	1.6	1.3	0.7
德国	3.0	1.1	1.1	0.9
意大利	2.0	0.8	0.7	0.6
西班牙	1.5	0.5	0.8	0.1
瑞典	3.6	1.4	2.2	0.0
日本	1.5	0.8	0.5	0.2
韩国	1.3	0.2	0.9	0.2
澳大利亚	2.8	1.9	0.9	0.0
新西兰	2.8	1.7	1.1	0.0

资料来源：OECD Family Detabase。

综上所述，低生育率国家鼓励生育的家庭政策种类和水平差异较大，有学者将其归纳为四类：包括围产保健和生育分娩等的母亲支持政策；包括与出生相关的生育津贴的儿童支持政策；家庭津贴、税收减免、补贴教育费用等与孩子数量挂钩的福利政策；帮助父母兼顾工作和养育子女的托幼服务、育儿假、工资补贴等平衡工作 – 家庭的政策[①]。不论鼓励生育的家庭政策多么复杂，归根结底都是通过一系列政策措施缓解生育和育儿导致精力和时间资源在工作和家庭之间分配的紧张与冲突，降低生育和育儿的直接和间接成本，改善儿童的成长环境，提高父母对子女发展的预期来影响家庭生育行为决策，鼓励生育。因此，参照吴帆的研究，我们把鼓励生育的家庭政策分为三个

---

① Thévenon, O., "Family Policies in OECD Countries: A Comparative Analysis," *Population and Development Review* 2011, 37 (1).

方面：包括妇幼保健服务、育儿补贴在内的现金补贴、减免税收等生育福利；工作与家庭平衡机制；儿童照料和儿童发展服务①。

生育福利是针对孩子孕育、出生和抚养等不同环节，提供围产保健、生育保险、育儿津贴等现金支持，以减轻家庭育儿负担，通过对生育及育儿家庭按生育数量计算的现金补贴和税收减免等财政支持，提高育儿家庭的生活水平以影响家庭的生育决策。

工作－家庭平衡机制是指通过法定产假、育儿假、托幼照料服务和约束用人单位行为与创造劳动市场家庭友好氛围等政策应对职业女性和孩子母亲的双重角色导致的精力和时间资源分配的紧张，平衡家务劳动和市场工作的冲突，以在不降低总效用的前提下促进女性市场劳动参与率和提高家庭生育决策。

儿童照料和儿童发展服务是指政府通过对学前教育、小学和中学儿童教育的公共支出等儿童成长和发展的支持影响家庭资源配置和生育决策，如将幼儿教育，特别是学龄前教育优先纳入义务教育体系，减少家庭养育孩子的经济成本。

（一）鼓励生育政策对生育水平的影响

不同国家鼓励生育政策对生育水平的影响不同，整体来看，鼓励生育政策背景下的低生育率国家生育水平有所回升，但回升的幅度有限且存在一定的差异。从典型低生育率国家总和生育率回升的趋势（见图14－2）可以看出，鼓励生育政策背景下总和生育率变动趋势可分为三类：即生育率显著回升至更替水平附近；生育率回升至1.4或1.5以上；回升乏力，陷入极低生育水

---

① 吴帆：《欧洲家庭政策与生育率变化——兼论中国低生育率陷阱的风险》，《社会学研究》2016年第1期，第49～74页。

平。如法国 2005 年总和生育率回升至 1.92，2013 年总和生育率接近 2.0，瑞典的生育水平恢复至 1.9 左右，但也有低生育率国家生育水平继续下降且低于 1.5 的情况，新加坡、韩国 2013 年总和生育率低至 1.23。

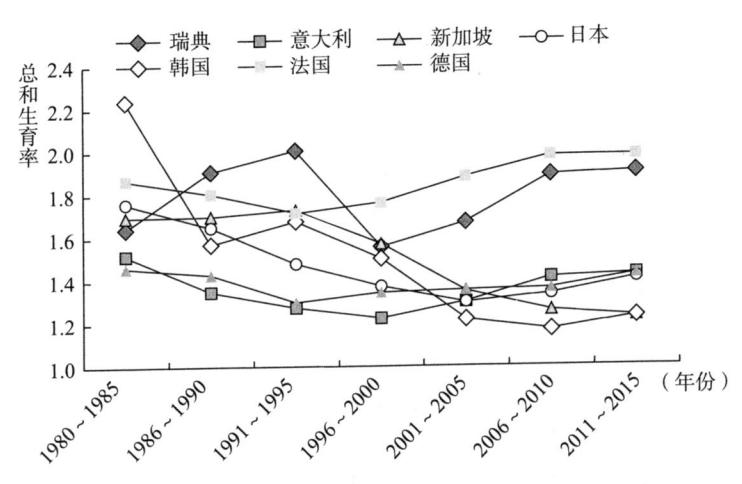

图 14 - 2　典型低生育率国家总和生育率回升趋势

资料来源：World Population Prospects, Volume 1: Demographic Profiles, 2017 Revision。

以下挑选法国和日本作为生育水平有效回升和生育水平持续低迷的典型案例对比鼓励生育的家庭政策发展与人口形势的差异。

法国：积极促进家庭和工作的平衡，总和生育率接近 2.0。

法国在二战前就开始通过完善细致的津贴体系、多样化的托幼服务和打造家庭友好型企业氛围等来实现工作和家庭的平衡，以鼓励生育。1939 年法国颁布家庭政策的源头《家庭法典》，之后出台和完善鼓励生育政策，主要包括以下措施。

产假、育儿假与津贴。根据法国政府官网，目前法国设置了 16 周产假，包括产前假 6 周和产后假 10 周（针对生育一孩和二孩而言），产假期间社会保险机构提供 9~86 欧元/天的津贴；法国有 11 天的男性陪产假，其间他们可获得和产假一样的每日津贴；法国还设置了夫妇可共享的 1 年育儿假，续假只需提前一个月向雇主申请，雇主不能反对，育儿假期间法国家庭补助局提供 396 欧元/月的津贴（见表 14-3）。

表 14-3 法国产假、育儿假和津贴明细

	条件	时长	津贴
产假	一孩	产前假 6 周，产后假 10 周	法国社会保险机构会提供 9~86 欧元/天的津贴，可获得休假前三个月平均工资的 79%（3311 欧元/月）
	二孩	产前假 6 周，产后假 10 周	
	三孩及以上	产前假 8 周，产后假 18 周	
	双胎	产前假 12 周，产后假 22 周	
	三胎及以上	产前假 22 周，产后假 24 周	
陪产假	双胎	11 天	同产假
	双胎及以上	18 天	
育儿假	单胎	初育假 1 年，可续假 2 次	法国家庭补助局提供 396 欧元/月的津贴，生 1 个孩可领 6 个月，生 2 个孩可领 12 个月
	双胎	初育假 1 年，可续假 2 次	
	三胎及以上	初育假 1 年，可续假 5 次	
	孩子疾病或严重残疾	可延长 1 年	

资料来源：法国政府官网。

家庭按生育数量计算的现金补贴。目前法国已建立比较完善、多样化的津贴制度，涵盖幼儿出生、养育、托幼、对父母收入损失等多个环节的补贴（见表 14-4），且结合家庭收入和孩子数量等条件补贴相对应的金额（见表 14-5）。OECD 数据显示，2013 年法国家庭福利开支占 GDP 的比重为 3.7%。

表 14-4 法国有儿童家庭支持津贴类别和金额

	津贴名称	明细	给付条件	津贴金额
一孩津贴	出生补助	用于支付生育有关费用	收入限制内	941 欧元
	养育基本津贴	3 岁以下儿童抚养和教育费用	中低收入	85~171 欧元/月

续表

	津贴名称	明细	给付条件	津贴金额（欧元）
二孩及以上津贴	家庭津贴	2名20岁以下儿童的家庭	中低收入	32~131欧元/月
		3名20岁以下儿童的家庭	中低收入	75~299欧元/月
		4名20岁以下儿童的家庭	中低收入	117~467欧元/月
	家庭补助	至少有3名3岁以上，21岁以下儿童的家庭	中低收入	171~256欧元
	搬运津贴	有3名及以上儿童且需要搬家的家庭	中低收入	989~1071欧元
抚养儿童父母补贴	儿童教育津贴	因抚养3岁及以下儿童，收入减少的家庭	收入中断	396欧元/月，6~24个月
			有50%的工资	256欧元/月
			有50%~80%的工资	148欧元/月
	伤残津贴	有重病、伤残儿童的家庭	单亲家庭	51.77欧元/日，22天/月，最长3年
			双亲家庭	43.57欧元/日，22天/月，最长3年
家庭支持津贴	单亲家庭	独自抚养儿童单亲家庭的津贴	—	115欧元/（月·孩）
	收养家庭	收养儿童的家庭的津贴	—	154欧元/（月·孩）

资料来源：法国政府官网。

儿童托幼服务体系。法国的儿童托幼服务体系健全，包括：集体托儿所等集体接待机构、幼儿园助理等家庭接待机构；保姆等家庭看护、"娱乐接待员"等。无论采取哪种方式，法国家庭津贴基金都会提供资助。根据OECD数据，2014年法国0~2岁入托率为51.9%，高于OECD平均水平的34.4%。

表 14-5　法国家庭现金补贴假设案例

	家庭年收入（欧元）	孩子数（个）	孩子岁数（岁）	一次性补助（欧元）	每月补助（欧元/月）
假设案例	40000	1	2	941	85
	40000	2	2、4	1882	216
	20000	2	2、4	1882	302
	40000	3	2、4、8	2993	470
	20000	3	2、4、8	3079	470

资料来源：法国政府官网。

建立家庭友好的就业氛围，包括推动女性雇员的升迁，推动父亲使用全薪的陪产假等。世界银行数据显示，2017年法国女性劳动参与率为50.6%，男女劳动参与率差距仅为9.6个百分点，小于OECD平均水平的17.22个百分点。OECD数据显示，2016年法国男女收入中位数差距仅为9.9%，小于OECD平均水平的13.5%。

日本：工作-家庭冲突严重，人口形势严峻。

日本从20世纪90年代开始鼓励生育，但2016年总和生育率仍停留在1.4左右，人口形势严峻。从日本生育水平的变动趋势可以看出，日本总和生育率1950年在3.0左右，1974年下降至2.05，2005年达到最低点1.26，2016年回升至1.44，这一现象说明日本已陷入低生育率陷阱。在长期的低生育率下，2008年日本人口数量达到1.28亿人的最高点，其统计年鉴预测，2050年日本人口将降至1.02亿人，比峰值减少约20%，2100年日本人口降至不到6000万人，比峰值减少53%。

日本的家庭政策经历了控制人口、稳定人口、鼓励生育三阶段。1948~1970年是控制人口增长阶段。1947~1949年日本出现了第一次"婴儿潮"，三年共出生802万人，粗生育率由1945年的26.4‰急速上升到1949年的32.9‰。在此背景下日本政府开始研究如何抑制人口过快增长，1948年日本政府出台《优生保护法》，实行少生优育，放宽人工流产限制，1949年日本众议院决定健全和普及"家庭计划"，免费派发避孕工具和避孕药品等。1971~1989年是稳定人口规模阶段。1971~1973年日本出现了第二次"婴儿潮"，1974年日本总和生育率首次降至更替水平以下，在此背景下日本厚生劳动省把静止人口作为人口发展的新战略目标。1990年以来是鼓励生育阶段，1990年总和生育率降至1.57，日本逐渐认识到低生育率现状，开始出台休假、经济补贴、入托等相关鼓励生育政策。

产假、育儿假与津贴。日本设立了产前6周、产后8周的产假。产假后到孩子1岁前，日本女性可休10个月育儿假。另外，日本男性也有8周育儿假。产假期间生育津贴的工资替代率为100%，而育儿假期间津贴的工资替代率最多达到80%。

家庭按生育数量计算的现金补贴。日本女性生产可以获得42万日元的一次性生育临时金，养育儿童可获得儿童补贴。在年收入限制内、抚养一个3岁以下的孩子的家庭，每月可以获得1.5万日元的儿童补贴；抚养3岁到小学毕业的孩子的家庭，2个孩子以内的每月可获得1.0万日元，3个孩子及以上的每月可获得1.5万日元（见表14-5）。

表14-5 日本有儿童家庭支持津贴类别和金额

儿童数	双亲家庭				单亲家庭	
	年收入限制（万日元）	津贴（万日元/月）			年收入限制（万日元）	津贴（万日元/月）
		3岁以下	3岁至小学毕业	中学生（至15岁）		
1	660		1.0		130	0.999~4.232
2	698		1.0		160	1.5~5.232
3	736	1.5		1.0	270	
4	774		1.5		324	1.8~5.632
5	812				376	

资料来源：日本厚生劳动省。

儿童托幼服务支持体系。日本分别在 1994 年、1999 年和 2004 年实施"天使计划"、"新天使计划"和"天使计划"第三期,着力扩大托幼服务。2001 年和 2008 年日本政府又制订"待机儿童零作战"和"新待机儿童零作战"计划,意图将需要进入保育所但由于设施和人手不足等而只能在家排队等待的"待机儿童"数降为零。

建立家庭友好的就业氛围。日本 1999 年、2003 年和 2004 年分别制定了《少子化对策基本方针》、《少子化社会对策基本法》和《少子化社会对策大纲》,通过改善雇佣环境和社会医疗保健、教育环境、生活环境促进生育。如员工有 3 岁以下的孩子,可以向公司申请缩短每天工作时间至 6 小时;员工有学前儿童,一个月不能加班超过 24 小时等。

整体来看,对比法国鼓励生育的家庭政策效果明显而日本鼓励生育政策下生育水平回升乏力的结果差异,其原因可以归纳为三点。

一是错过调整生育政策的最佳时机。日本总和生育率在 1974 年跌至更替水平以下,但 1990 年后才开始实施鼓励生育的政策;而法国总和生育率于 1975 年跌至更替水平以下,但 1939 年就开始实施鼓励生育的政策。二是日本鼓励生育的政策力度较弱,家庭福利开支占比仅为 1.5%,在 OECD 国家中排名倒数。日本国立社会保障和人口问题研究所数据显示,1980~2014 年家庭福利开支占 GDP 的比重仅从 0.47% 上升至 1.34%。OECD 数据显示,2013 年日本家庭福利开支仅占 GDP 的 1.49%,低于 OECD 平均水平的 2.43%。托幼方面,OECD 数据显示,2013 年日本 0~2 岁入托率仅为 30.6%,远低于法国的 51.9%。三是日本"男主外、女主内"的性别分工较为普遍,育儿养老责任多由家庭女性承担,将女性的角色定位为全职家庭主妇的思想仍然存在。世界银行数据显示,2017 年日本女性劳动参与率为 50.5%,低于 OECD 平均水平的 51.3%;2017 年日本男女劳动参与率差距达 20.1 个百分点，高于 OECD 平均水平的 17.2 个百分点。职场性别歧视严重导致越来越多的日本女性放弃结婚生育，1990～2015 年 50 岁以上的女性终身未婚率从 4.3% 激增至 14.6%。日本国立社会保障和人口问题研究所研究数据显示，1990 年、2010 年、2015 年男性终身未婚率分别为 5.6%、20.4%、23.4%，女性终身未婚率分别为 4.3%、10.6%、14.6%。日本社会已形成一种不愿结婚和生育的观念，积重难返。

总的来说，学者们对鼓励生育的家庭政策对生育率是否产生影响，以及产生多大程度的影响的研究结论存在差异。有学者认为，鼓励生育的家庭政策对生育率的影响微弱，没有确定的结论[1]。如有研究显示，欧洲鼓励生育的家庭政策与生育水平之间没有呈现一致性的正相关关系，中、高支持力度的低生育率国家生育率最先跌落到 1.5 以下，而低支持力度的低生育率国家生育率仍能维持较高的水平。同一家庭政策模式下低生育率国家的生育水平差异显著，大于不同家庭政策模式下低生育率国家的生育水平差异[2]。

有学者认为家庭政策的差异是欧洲低生育率国家生育水平差异形成的原因。如有研究指出，鼓励生育的家庭政策综合指数与总和生育率之间呈现高度正相关性，具体到工作 - 家庭平衡机制、儿童发展支持和家庭福利与总和生育率之间也呈正相关关系。从政策效果来看，经济补贴对低收入家庭的短期生育安排有一定影响，对中高收入家庭影响非常有限[3]。有研究表明，家庭可支配收入增加 10%，总和生育率可以增加 0.02～0.04，且覆盖

---

[1] Neyer, G., "Family Policy and Low Fertility in Western Europe." MPIDR working paper, *Max Planck Institute for Demographic Research*, Rostock, 2003.
[2] 吴帆、林川：《欧洲第二次人口转变理论及其对中国的启示》，《南开学报》（哲学社会科学版）2013 年第 6 期，第 52～62 页。
[3] 吴帆：《欧洲家庭政策与生育率变化——兼论中国低生育率陷阱的风险》，《社会学研究》2016 年第 1 期，第 49～70 页。

育儿整个生命周期的财政支持可能对生育率的提升有更加显著的作用，产假补贴对生育水平产生显著的积极影响[1]。工作－家庭友好型的家庭政策形成了较高的生育水平，而传统主义家庭政策下国家的生育率处于极低水平[2]。具体家庭政策对生育行为微观研究结果显示，育儿假和儿童津贴分别对二孩和三孩的生育决策影响最大[3]，性别平等分工的家庭模式与二孩的生育意愿呈正相关关系[4]，鼓励生育的家庭政策对缩短生育间隔有显著影响，促进社会性别平等的生育假期、薪酬安排以及托幼服务措施对提高生育水平作用明显[5]。相关研究显示，可及性的托幼服务对生育有正效应，正规托幼提供和托幼登记率与女性生育率有较强的相关性[6]。

总的来说，鼓励生育的家庭政策提高了低生育率国家的生育水平，导致了总和生育率一定的波动，但女性受教育水平等其他因素对生育率的负效应超过了家庭政策对生育率的正效应，整体生育水平依然呈现下降的趋势[7]。

（二）鼓励生育的家庭政策评估

虽然低生育率国家生育支持政策框架大体相近，但措施侧重点不同、支持力度不同，导致效果出现分化。因此，从正反两面来评

---

[1] Luci, A. and Thevenon, O., *The Impact of Family Policy Packages on Fertility Trends of OECD Countries*, Washington: Population American Association, 2011.

[2] Thévenon, O., "Family Policies in OECD Countries: A Comparative Analysis," *Population and Development Review* 2011, 37 (1).

[3] Lappegard, T., "Family Policies and Fertility in Norway," *European Journal of Population* 2010, 26 (1).

[4] Billingsley, S., & Ferrarini, T., "Family Policy and Fertility Intentions in 21 European Countries," *Journal of Marriage and Family* 2014, 76 (2).

[5] Thévenon, O., "Family Policies in Europe: Available Databases and Initial Comparisons," *Vienna Yearbook of Population Research* 2008, 6.

[6] Rindfuss, R. R., & Guilkey, D. K. et al., "Child-care Availability and Fertility in Norway," *Population and Development Review* 2010 (4): 725–748.

[7] Bjorklund, A., "Does Family Policy Affect Fertility? Lessons from Sweden," *Journal of Population Economics* 2006, 19 (1).

估鼓励生育家庭政策的效果，即分别选取以法国、瑞典为代表的，总和生育率回升到 1.8 以上的国家，以及以德国、日本为代表的，总和生育率停滞在 1.4 左右的国家来对比分析差异背后的原因。

鼓励生育家庭政策效果显著，总和生育率快速提升的国家有法国和瑞典，进入 21 世纪后的两国总和生育率都逐渐回升至更替水平，被称为"最高的低生育率国家"，总结背后的原因可得出以下几点：鼓励生育的政策实施时间较长，连续性好，形成了稳定的预期，如法国是欧洲最早实行鼓励生育政策的国家之一；注重家庭文化传统，法国民众认为中等规模的家庭是"幸福的源泉"；政策支持力度大，法国实行了一系列的鼓励政策，涉及个人、家庭、社会各个领域、各个方面，其做法在发达国家中是比较积极和人性化的，资金支持也非常充裕；很好地平衡了工作和家庭冲突，国家十分注重帮助家庭分担育儿负担，其儿童保育模式也多种多样，尽可能避免妇女陷入家庭与工作的两难选择，如瑞典在促进女性就业方面也做得较好，保障了女性在工作、家庭和社会享有平等的地位；较高的女性发展和社会性别平等水平，瑞典的鼓励生育政策在两性平等方面做得比较突出，体现在其政策中的"父亲配额"设计方面，男性承担更多家庭责任的社会性别平等有利于鼓励生育；较好的经济环境与较高的收入水平，如瑞典 2011 年人均国民收入超过了 4 万美元，是世界人均收入最高的国家之一，纵向来看 80 年代较好的经济状况使瑞典家庭选择生育更多的孩子，而 90 年代的经济低迷、家庭收入的下降，失业的增加和公共资金的紧缩，使年轻人延长教育时间，从而生育较少的孩子，整体经济环境对生育的影响较年轻人劳动力参与率的作用大[1]。

选取日本、韩国、新加坡和德国来分析鼓励生育政策效果不

---

[1] 蔚志新：《瑞典的生育变动及家庭政策对其影响和启示》，《人口与健康》2019 年第 1 期。

明显的原因，21世纪后日本和德国的总和生育率一直徘徊在1.4左右，韩国和新加坡的总和生育率接近于1.2。究其原因，可归纳为以下几点：传统性别不平等的观念与女性性别平等期望的冲突，如德国社会"男主外、女主内"的传统思想较为普遍，女性若生育，更容易陷入工作和家庭的两难处境，日本男性主导的传统与女权意识增强的冲突使女性把生儿育女视为自我实现的障碍，社会性别平等的缺乏抑制了家庭政策对生育的鼓励作用；政策制定和实施较晚，政策效果需要一定时间后才能展现，人口下降的惯性短时间内难以抑制，如1990年民主德国、联邦德国合并后德国才开始实施较为人性化的鼓励生育政策，而新加坡生育政策的调整几乎是在一夜之间完成的，从控制人口政策转变为鼓励生育政策，当生育率低于更替水平时，日本仍采用抑制生育的政策；鼓励生育政策内容单一且力度较小，对降低家庭的生育成本来说几乎是杯水车薪[1]，如德国儿童保育措施的缺失，使儿童照料主要依赖母亲，所以德国女性在生育选择上更为困难，又如三个亚洲国家育儿现金补贴相对较低，且未能覆盖整个儿童期，对家庭生育缺乏足够的吸引力；社会竞争激烈、就业压力大，如日本经济长期停滞，经济收入不稳定而使选择不结婚的年轻人增多，而养育子女的高成本又使部分已婚家庭少生甚至放弃生育，不愿意再尽家庭义务和在生养子女上花费时间和精力；对女性不友好用工制度，日本男性的终身雇佣制、年功序列制度和"男主外、女主内"的职工家庭模式使社会性别不平等现象被长期固化，现有体制与社会政策之间的矛盾使鼓励生育的政策效果有限[2]。

总的来说，鼓励生育的家庭政策在各国总和生育率的变动中

---

[1] 阚唯、梁颖、李成福：《国际鼓励生育政策实践对中国的启示》，《西北人口》2018年第5期，第47~56页。

[2] 梁颖、阚唯、程志勇：《日本应对少子化政策及其效果评价》，《人口与健康》2019年第2期。

究竟起到什么作用,还应根据各国的国情进一步探讨,二者之间的因果关系还难以明确判断。

四 小结

鼓励生育的家庭政策不能改变极低生育率国家的生育现状,但达到一定强度家庭政策能对生育产生激励效应,可以阻止低生育率国家生育水平的继续下降。在第二次人口转变的背景下,国家需要综合运用促进社会性别平等和女性发展等家庭政策才能使生育率维持在一个相对较高的水平。

从人口转变理论来看,第一次人口转变时期和第二次人口转变时期的生育抑制因素不同。在第一次人口转变时期,收入水平、女性发展、性别平等与生育率呈负相关关系;而在第二次人口转变时期,这些因素与生育率的关系发生了逆转。以社会性别平等为例,多证据表明社会性别平等的增加有利于生育水平的提高,比如男性更多地承担家庭义务有利于形成家庭多生育的决策。因此,国家应该积极构建家庭友好型的制度环境,减少家庭育儿成本、支持儿童成长与发展、促进社会性别平等,维护工作-家庭平衡,使生育率回升到更替水平,以实现人口的长期均衡发展[1]。

(一) 中国鼓励生育的政策已明显滞后

中国在 1992 年就已经进入低生育水平[2],虽然不同学者对中国当下的生育水平测算结果存在分歧,但总和生育率估计的均值

---

[1] 吴帆:《欧洲家庭政策与生育率变化——兼论中国低生育率陷阱的风险》,《社会学研究》2016 年第 1 期,第 49~70 页。

[2] 郭志刚:《对中国 1990 年代生育水平的研究与讨论》,《人口研究》2004 年第 2 期;中国国家统计局、美国东西方中心编《中国各省生育率估计:1975-2000》,北京:中国统计出版社,2007;翟振武、陈卫:《1990 年代中国生育水平研究》,《人口研究》2007 年第 1 期。

为 1.57 左右，且呈现逐年下降趋势①。而判断当下生育形势是否合适涉及不同的标准，学界一般认为 2.1 的更替水平是出生和死亡相平衡的稳态生育水平，是判断人口政策是否合适的临界点②。总和生育率 1.5 的生育水平是判断一个国家或地区是否陷入低生育率陷阱的临界点③，有迹象表明中国面临低生育率陷阱的风险，如生育率已接近低生育率陷阱临界水平，平均生育意愿显著低于更替水平，以及其他对生育率具有负面影响的人口学因素的强化等④。总的来说，不管是哪个标准都表明中国已经进入低生育率国家行列且生育形势不容乐观。

基于中国当下的生育形势，横向对比低生育率国家鼓励生育政策实施时生育水平与政策效果的关系，可以得出中国生育政策调整和鼓励生育的政策实施已经明显滞后。从图 14-3 可以看出，鼓励生育的家庭政策效果显著的法国、瑞典和澳大利亚，政策实施时的生育率接近更替水平，而低于 1.6 的生育率时实施鼓励生育的家庭政策的韩国、日本和德国的政策效果都不明显。与中国有着类似的生育政策变动的新加坡，长期生育控制政策下生育率有着巨大的下降惯性，即使在 1984 年 1.76 的生育率基础上开始放开和鼓励生育，但生育率依然急剧下降，且深陷极低生育水平，回升乏力⑤。

---

① 石人炳、陈宁、郑淇予：《中国生育政策调整效果评估》，《中国人口科学》2018 年第 4 期，第 114~125 页。
② Morgan, S. P., "Is Low Fertility a Twenty-First-Century Demographic Crisis?" *Demography* 2003, 40 (4).
③ Lutz, W., Skirbekk, V., & Testa, M. R., "The Low Fertility Trap Hypothesis: Forces that May Lead to Further Postponement and Fewer Births in Europe." *Vienna Yearbook of Population Research* 2006, 4 (4).
④ 吴帆：《低生育率陷阱究竟是否存在？——对后生育率转变国家（地区）生育率长期变化趋势的观察》，《人口研究》2019 年第 4 期，第 50~61 页。
⑤ Atoh, M, Kandiah, V., & Ivanov, S., "The Second Demographic Transition in Asia? Comparative Analysis of the Low Fertility Situation in East and South-east Asian Countries," *The Japanese Journal of Population* 2004, 2 (1).

第十四章　低生育率与鼓励生育的家庭政策

因此，结合日本、德国和新加坡的较晚鼓励生育政策和法国、瑞典的较早且连贯政策是生育率回升幅度差异主要原因之一的研究结论①，对比中国当下的生育形势，我们可以认为中国生育政策调整和鼓励生育政策实施的时点已明显滞后于国际平均水平，应尽快构建鼓励生育的家庭政策。

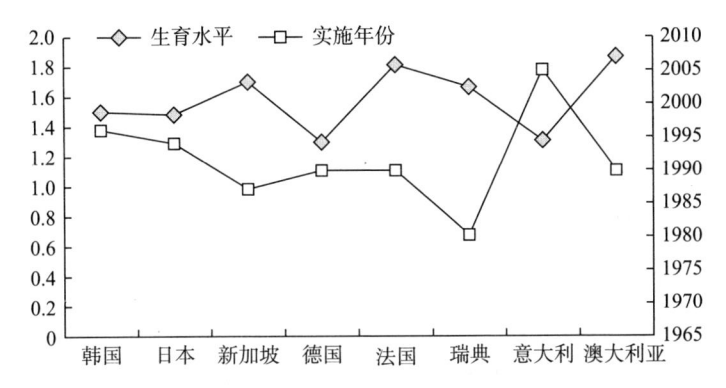

图 14-3　低生育率国家鼓励生育政策实施时生育水平与年份对比

资料来源：World Population Prospects, Volume 1: Demographic Profiles, 2017 Revision。

以工作-家庭平衡机制的构建为例，家庭高昂的育儿成本与"男主外、女主内"传统会给女性带来繁重的家务和育儿负担，产生家庭与工作的冲突，而工作-家庭平衡机制的建立能够在较好地保障女性参与市场劳动权利的同时，提高本国的生育水平，通过新加坡、德国、澳大利亚、法国和韩国等女性就业率和生育数据的相对变化可以看出，有效的生育支持政策在生育与女性就业之间可以发挥双赢的效果，如韩国和法国女性的就业率保持2%~5%增长的同时，法国生育水平也保持了较快的增长，韩国生育水平也在缓慢回升；90年代中期后瑞典的女性就业率稳中有升，维持在52%以上，而生育水平的快速提高表明该国并未牺牲

---

① 阚唯、梁颖、李成福：《国际鼓励生育政策实践对中国的启示》，《西北人口》2018年第5期，第47~56页。

女性参与市场劳动的权利。

生育和市场劳动参与是家庭尤其是女性生育决策过程中面临的艰难抉择，而鼓励生育的家庭政策中工作－家庭平衡机制有利于消减生育对女性职业发展的束缚，缓解工作对家庭的制约[①]。如1980年多数女性就业率较高的OECD国家生育率都比较低，而2009年后二者呈现正向关系，这说明鼓励生育政策中工作－家庭平衡机制能很好地维持女性生育和劳动参与的平衡。因此，构建中国的工作－家庭平衡机制，缓解家庭生育与市场工作的冲突非常重要。

（二）中国鼓励生育的家庭政策的构建

党的十九大报告提出"促进生育政策和相关经济社会政策配套衔接"的要求，王培安提出"补短板、抓重点和强弱项"的应对措施，从生育保险和税费减免、照看和托幼服务、女性家庭和工作平衡等方面制定符合国情的家庭政策，提高公共服务发展水平，构建性别平等的家庭友好型社会[②]。2019年5月国务院办公厅印发《关于促进3岁以下婴幼儿照护服务发展的指导意见》（国办发〔2019〕15号），指出建立完善促进婴幼儿照护服务发展的政策法规体系、标准规范体系和服务供给体系，充分调动社会力量的积极性，以多种形式开展婴幼儿照护服务，逐步满足人民群众对婴幼儿照护服务的需求。因此，结合党和国家的政策要求，学者提出建立包括现金和税收补贴的生育福利、工作－家庭平衡机制、儿童照料和儿童发展服务体系三个方面的鼓励生育的家庭政策。

---

① 杨菊华：《健全托幼服务推动女性工作与家庭平衡》，《妇女研究论丛》2016年第2期，第11~14页。
② 王培安：《科学把握人口发展规律 促进新时代人口均衡发展》，人民网，http://theory.people.com.cn/n1/2019/0530/c40531-31109907.html。

第十四章 低生育率与鼓励生育的家庭政策

生育福利是指针对孩子孕育、出生和抚养等不同的环节，提供围产保健、生育保险、育儿津贴等按家庭生育数量计算现金补贴和税收减免的生育津贴制度，以降低生育和养育的经济成本，提高育儿家庭的生活水平。育儿津贴对总和生育率有正向影响。研究表明，家庭可支配收入增加10%，总和生育率可以增加 0.02～0.04，且覆盖育儿整个生命周期的财政支持可能对生育率的提升有更加显著的作用。探索建立差异化的个税抵扣和经济补贴政策，以及从怀孕保健到孕期分娩再到18岁或学历教育结束的全面鼓励生育体系，包括孕期保健补助、住院分娩补助、托育津贴、教育津贴、家庭个税抵扣，以及对不符合交个税标准的低收入人群给予直接经济补贴等。具体措施可以体现在减免产前检查和住院分娩费用，对母婴医疗保险予以优惠，降低子女生育成本，继续实施按政策生育的家庭减免个人所得税，建立高水平的育儿津贴制度，每个家庭都可以按月领取基于物价和儿童数量的津贴，完善各种儿童福利制度等。

工作-家庭平衡机制是指通过法定产假、育儿假、托幼照料服务和约束用人单位行为与创造劳动市场家庭友好氛围等政策应对职业女性和孩子母亲的双重角色导致的精力和时间资源分配的紧张与冲突。产假补贴对生育水平产生显著的积极影响，育儿假能够缩短妇女生育孩子的间隔，而针对育儿假中的父亲假分析得出，父亲参与抚养孩子与较高生育存在正相关。欧盟成员国研究显示，父亲对育儿假的利用与女性再生育意愿和生育二孩的可能性存在正相关[1]。因此，进一步完善女性就业权益保障，并对企业实行生育税收优惠，加快构建生育成本在国家、企业、家庭之间合理有效的分担机制。一方面，进一步推动落实产假、哺乳假

---

[1] Luci, A., and Thevenon, O., *The Impact of Family Policy Packages on Fertility Trends of OECD Countries.* Washington: Population American Association, 2011.

等制度，妥善解决延长生育假、男性陪产假等奖励假的待遇保障，对损害女性就业权益的单位进行经济或行政处罚。另一方面，根据单位女员工规模及年度生育情况，实行一定程度的税收优惠以降低企业承担的生育成本。具体措施可以体现在：中国应维护女职工孕产期合法权益，保障母亲的产假和育儿假；延长男性陪护假，鼓励男性参与子女养育；尝试建立家中有0~5岁儿童的成年人带薪休假制度和子女生病时的父母休假制度；女性就业方面，鼓励企业承担一定责任，提供人性化服务，帮助女性平衡工作和家庭的关系；改善工作场所的服务设施，提供便利的哺乳环境，为女性就业提供指导，创造更为公平的就业条件，建立与女性就业政策相衔接的鼓励生育的家庭政策，以此来减少女性及其家庭因生育而要付出的机会成本，帮助女性平衡工作和家庭的关系。

儿童照料和儿童发展服务体系是指政府通过对学前教育、小学和中学儿童教育的公共支出等儿童成长和发展的支持来影响家庭资源配置和生育决策。托幼与儿童发展对生育有正向作用，北欧国家的研究证实优质和广覆盖的保育服务对生育率的提升有较大影响。如2007年挪威的相关研究显示，可及性的托幼服务对生育有正效应；欧盟成员国的相关研究也显示，正规托幼提供和托幼登记率与女性生育率有较强的相关性[1]。具体措施可以体现在发展托幼机构、发挥社区育儿功能，特别是鼓励0~3岁的社会育儿机构的发展，建立足够的托幼机构和多样的社会育幼模式减轻家庭育儿负担；加强学前教育建设，确保资源配置满足教育需求，将幼儿教育，特别是学龄前教育优先纳入义务教育体系，减少家庭养育孩子的经济成本；大力鼓励和支持用人单位和社会

---

[1] Rindfuss, R. R., & Guilkey, D. K. et al., "Child-care Availability and Fertility in Norway," *Population and Development Review* 2010 (4): 725–748.

力量兴办婴幼儿托育服务机构,形成全日托、半日托、计时托和临时托等多种形式的服务网络;对进行隔代照料的(外)祖父母提供津贴,以提高祖辈隔代照料的积极性,减轻父母的照料压力。

图书在版编目(CIP)数据

"生"或"不生":二孩政策下的生育响应/薛君著.--北京:社会科学文献出版社,2022.4
 ISBN 978-7-5201-7304-9

Ⅰ.①生… Ⅱ.①薛… Ⅲ.①生育观-研究-中国 Ⅳ.①C923

中国版本图书馆 CIP 数据核字(2022)第 051718 号

"生"或"不生":二孩政策下的生育响应

著　者 / 薛　君

出 版 人 / 王利民
责任编辑 / 任晓霞
文稿编辑 / 马甜甜
责任印制 / 王京美

出　　版 / 社会科学文献出版社·群学出版分社 (010) 59366453
　　　　　 地址:北京市北三环中路甲 29 号院华龙大厦　邮编:100029
　　　　　 网址:www.ssap.com.cn
发　　行 / 社会科学文献出版社 (010) 59367028
印　　装 / 三河市尚艺印装有限公司

规　　格 / 开本:787mm×1092mm　1/16
　　　　　 印张:16　字数:209 千字
版　　次 / 2022 年 4 月第 1 版　2022 年 4 月第 1 次印刷
书　　号 / ISBN 978-7-5201-7304-9
定　　价 / 99.00 元

读者服务电话:4008918866

版权所有 翻印必究